Joachim Schaffer-Suchomel und Martina Pletsch-Betancourt

ENTDECKE DIE MACHT DER SPRACHE

Was wir wirklich sagen, wenn wir sprechen

mvgverlag

Bibliografische Information der Deutschen Nationalbibliothek:
Die Deutsche Nationalbibliothek verzeichnet diese Publikation in der Deutschen Nationalbibliografie;
detaillierte bibliografische Daten sind im Internet über http://d-nb.de abrufbar.

Für Fragen und Anregungen:
machtdersprache@mvg-verlag.de

2. Auflage 2013

© 2012 by mvg Verlag, ein Imprint der Münchner Verlagsgruppe GmbH,
Nymphenburger Straße 86
D-80636 München
Tel.: 089 651285-0
Fax: 089 652096

Redaktion: Stephanie Ehrenschwendner
Innenillustrationen: Martina Pletsch-Betancourt, Bad Sooden - Allendorf
Umschlaggestaltung: Pamela Günther, München
Satz: Georg Stadler, München
Druck: CPI – Ebner & Spiegel, Ulm
Printed in Germany

ISBN Print 978-3-86882-284-7
ISBN E-Book (PDF) 978-3-86415-322-8
ISBN E-Book (EPUB, Mobi): 978-3-86415-241-2

Weitere Informationen zum Verlag finden Sie unter

www.mvg-verlag.de

Beachten Sie auch unsere weiteren Verlage unter www.muenchner-verlagsgruppe.de.

Wir widmen dieses Buch unseren Töchtern und deren Frauenpower. Den Töchtern von Martina und Marco: Valerie, Isabel und Jolanda. Den Töchtern von Michaela und Joachim: Viviane, Catalina und Joanina.

Inhaltsverzeichnis

Willkommen in der Welt der Sprache

»Im Anfang war das Wort.« Diese biblische Weisheit aus dem Johannesevangelium zeigt, dass wir mit Sprache einen Anfang, einen positiven oder negativen ersten Impuls setzen. Mit jedem weiteren Wort geben wir erneute Impulse in die Welt zur Entstehung eines guten Lebens oder irgendeines Lebens. Wir können uns mit unserer Sprache an den Puls unserer eigenen Zeit anschließen. Bestenfalls fühle ich in und mit meiner Sprache, dass meine Zeit gekommen ist: wenn das, was ich denke, dem entspricht, was ich sage und schließlich auch tue.

Unsere Gedanken und unsere Sprache sind uns in der Kreation unserer Wirklichkeit zu Diensten. Doch »unsere Gedanken sind unvollkommener als die Sprache«, heißt es bei Vauvenargues (Reflexionen und Maximen)[1]. *Entdecke die Macht der Sprache* unterstützt Sie, sich der Kraft Ihrer Gedanken und der Macht Ihrer Worte bewusst zu werden, statt das, was Sie denken, sagen oder tun, dem Zufall zu überlassen. Sie können lernen, sich selbst beim Denken und Sprechen zu beobachten und korrigierend einzugreifen, indem Sie Wörter und Phrasen weglassen, mit denen Sie keine großen Sätze machen werden, sondern sich und andere blockieren. Sie können erfahren, wie Sie mit wertschätzender, klarer Sprache Menschen gewinnen, Projekte bewegen und zum Erfolg führen. Wir wünschen Ihnen viel Spaß beim Ent-decken!

Sprache macht mächtig oder schmächtig

Mit Worten kann ich mich und andere groß oder klein machen. Worte entscheiden über Erfolg oder Misserfolg, denn Sprache schafft Wirklichkeit. »Yes, we can« ruft zu einer guten Einstellung auf, »yes, we do« fordert gemeinsames Handeln ein. Ein scheinbar feiner, in Wirklichkeit aber großer Unterschied! Mittels Begriffen kann ich begreifen, wer ich bin, und meine Ideen werden auch für andere greifbar. Menschen, die das Sagen haben, wissen um die Macht der Bilder hinter den Worten, mit ihnen laden sie andere Menschen ein oder aus und stabilisieren ihren Erfolg bzw. Misserfolg.

Sprache lässt uns in die Zukunft blicken: Ein Manager reagierte auf eine Einladung zu einem Meditations-Workshop für Führungskräfte mit folgender Antwort: »Wenn nichts dazwischenkommt, dann könnte ich mir vorstellen, eventuell zu kommen.« Raten Sie, ob er gekommen ist! Sprache lässt uns unbestimmt bleiben, wenn wir die Worte *eigentlich*, *versuchen* und *vielleicht* zu häufig oder an unpassender Stelle benutzen: »Eigentlich geht es mir ganz gut«, »ich versuche dich zu erreichen«, »vielleicht schaffe ich das«. Wir wollen uns nicht festlegen, verunsichern andere und bleiben selbst ebenfalls in der Ungewissheit.

Sprache kann wirkungslos bleiben, wenn Eltern meinen: »Die Kinderzimmer müssten mal wieder aufgeräumt werden.« Keines der Kinder fühlt sich betroffen, wenn Eltern nicht Klartext sprechen.

Mit einer Schuldzuweisung kann ich mich ins Recht und andere ins Unrecht setzen. Sprache kann wütend machen oder hoffnungslos und den Gesprächspartner in Lähmung versetzen, indem ich allen guten Ideen ein »Ja, aber« entgegensetze. Sprache raubt Energie, wenn ich abfällig über jemanden rede. Sie vermag Energie zu schenken, wenn ich vertrauensvoll, wertschätzend, motiviert, klar und konkret spreche.

Die Worte selbst sind weder falsch noch schlecht. Stets kommt es darauf an, in welcher Situation sie verwendet werden. Am Beispiel des Wortes *schon* können wir die unterschiedlichen Bedeutungen erkennen. »Das habe ich schon getan« heißt, es ist bereits erledigt. Im Satz »Du wirst das schon schaffen« deute ich dagegen an, dass ich Zweifel hege. Es ist wichtig, Zweifel klar zum Ausdruck zu bringen, damit der andere weiß, woran er ist. Meist verwenden wir das Wörtchen *schon* als automatisiertes Sprachmuster. Dahinter steht eine generelle Verunsicherung hinsichtlich unserer Lebenseinstellung, die wir über die Sprache an andere Menschen weitergeben.

Wir werden nie ganz perfekt sprechen, weil wir keine Automaten sind, sondern Menschen mit Gefühlen und Gefühlsschwankungen. Die Häufigkeit der Verwendung von Wörtern beeinflusst die Stimmung. Benutze ich zu häufig *vielleicht* und *irgendwie*, spürt mein Gesprächspartner meine Unklarheit und wird selbst verunsichert. Zudem ist entscheidend, in welchem Tonfall sowie mit welcher Mimik und Gestik ich spreche. Stimme und Körperhaltung verraten die Motivation, aus der ich spreche. Ein Coach antwortete einmal einer Teilnehmerin, die behauptete, glücklich zu sein: »Dann informiere dein Gesicht!« Jemanden mit ablehnender Gestik einzuladen führt nicht zum Erfolg. Doppelbotschaften verwirren, und in der Regel gewinnt die negative Botschaft. »Wollen Sie noch reinkommen, oder müssen Sie gleich wieder weg?« hört sich so an, als ob *Sie* gleich wegmüssen. Aus Höflichkeit haben Sie eingeladen, aber eigentlich haben Sie gar keine Zeit.

Letztlich entscheidet unsere Haltung über Erfolg oder Misserfolg. Es genügt nicht, seine Sprachmuster zu ändern – wenn die dahinterliegende Einstellung bestehen bleibt, verharren wir in alten Mustern und damit in einer Wirklichkeit, die wir »eigentlich« nicht wollen. Oder doch, weil sie uns so vertraut ist? Eine klare Sprache – die richtigen Worten im rechten Moment – fördert Ihr Selbstbewusstsein und erhöht die Wahrscheinlichkeit, Gehör zu finden. Die Gewissheit, Ihre eigenen Ideen in die Tat umzusetzen, überträgt sich mittels Sprache auf

Ihren Gesprächspartner. Auch Gewissheit kann ansteckend sein. Wir können nur mit anderen Menschen erfolgreich sein. Es gilt also, so zu sprechen, dass die anderen nicht aus Angst oder schlechtem Gewissen handeln, sondern gerne etwas für und mit uns tun. Denn nur das, was wir mit Leidenschaft tun, hat nachhaltigen Erfolg.

Kapitel 1

Unsere Energie entscheidet über Gefühle der Macht oder der Ohnmacht

Leitfragen zu Kapitel 1

- Welche Bedeutung hat Energie für unser Leben?
- Wie können wir Energie erzeugen?
- Wie können wir Energie für Glück und Erfolg nutzen?

Das griechische *en-érgia* bedeutet *wirkende Kraft*. Im übertragenen Sinn meint es laut Duden *Spannkraft* und *Tatkraft*. Unsere Wirklichkeit hängt von unserer Tatkraft, unseren Taten und deren Wirkkraft ab. Viel und gute Energie bringt uns in gute Stimmung, versetzt uns möglicherweise sogar, weil wir unsere Möglichkeiten sehen, in Hochstimmung. In ihr erahnen oder sehen wir unsere Bestimmung. Mit diesen Bildern können wir *tat-sächlich* unseren ureigenen Weg gehen, statt in die Fußstapfen des Vaters, der Mutter oder von Menschen zu treten, mit denen wir uns vergleichen oder die wir zum Idol erheben. In der Hochstimmung, auf dem Höhepunkt der guten Gefühle zweier Menschen, kann sogar neues Leben entstehen. Denn »Gott ruht im Stein, schläft in der Pflanze, träumt im Tier und erwacht im Menschen« (Rabindranath Tagore, 1861–1941).

Entwicklung braucht Energie, gleich, ob eine Pflanze weiterwachsen oder ein Heranwachsender seine Persönlichkeit entwickeln soll. Die Pflanze gedeiht mit Wasser und vielleicht Dünger, die Persönlichkeit benötigt für ihre Entwicklung geistige Nahrung, beispielsweise gute Vorbilder und eine positive Vorstellung vom Leben. Von der Grundeinstellung hängt es ab, wie viel Lebensessenz – Wirkstoffe aus Nahrungsmitteln sowie geistige Essenzen aus schönen Momenten – wir aufzunehmen vermögen. Ängste und Sorgen mindern die Aufnahmefähigkeit. Prentice Mulford beschreibt dies folgendermaßen in »Meisterschaft des Lebens«: »Würde die Rose mit ihrer beschränkten Intelligenz von der Furcht beunruhigt und geplagt, die Sonne könnte morgen nicht scheinen oder es gäbe kein Wasser mehr oder kein Geld im Haus oder keine Kartoffeln im Keller – sie wäre gewiss eine niedergeschlagene, hilflos und verlassen dreinblickende Blume. Sie würde die Kraft, die sie zum Einsammeln und Aufnehmen jener Elemente verbraucht, die ihr nötig sind, um eine Rose zu werden, in Angst und Ängstlichkeit verbrauchen. Wie nun die unbeschwerte, ungeängstigte und sorglose Rose die Kraft aufnimmt, um zu wachsen und sich aus den Elementen um sich herum in Schönheit zu kleiden, so nimmt auch der sorglose, ungeängstigte Menschengeist tausendfach mehr davon auf, was ihm zur Ausführung seiner Pläne nötig ist und ihm zu seinem Glück verhilft.«[2]

Energie ist eine Grundlage für Glück

Um glücklich zu sein, brauchen wir ebenfalls Energie, natürlich auch gute Nahrung, vor allem aber gute Freunde und schöne gedankliche Bilder. Der griechische Philosoph Epiktet drückte das so aus: »Nicht die Dinge selbst, sondern nur unsere Vorstellungen über die Dinge machen uns glücklich oder unglücklich.« Positiv auf Menschen und Situationen eingestimmt zu sein bringt Energie und gibt uns auch in scheinbar negativen Situationen das Vertrauen, dass am Ende alles gut ist. Denn: »Ist es nicht gut, dann ist es noch nicht zu Ende«, besagt ein Sinnspruch. Dieses Feintuning bringt uns direkt zu Fortuna, der Glücksgöttin: Das, was gerade den Ton angibt und unser Leben bestimmt, beschert uns gutes Schicksal und Glück. Beide Begriffe, Schicksal und Glück, gehen auf das lateinische *fortuna* zurück. Mit Fortuna sind wir voller Energie, fühlen uns stark, einfach »fortissimo« und sind verbunden mit *una*, der Einheit.

Mit viel Energie erleben wir Hochgefühle, mit sinkendem Energiepegel wächst unsere Angst, und wir beginnen, Unglück anzuziehen. »Ein Unglück kommt selten allein«, so der Volksmund. Eckart von Hirschhausen nahm die Umkehrung dieser Weisheit zum Titel seines Buches: »Glück kommt selten allein«, ein gutes Beispiel für positives Denken. Das entspricht dem Gesetz der Anziehung, das wir auch vom Magnetismus kennen: Plötzlich macht es »klack«, und die Magnete hängen aneinander, weil das Kraftfeld groß genug war. Wenn wir uns über eine Balustrade beugen und den Kipppunkt erreichen, ist der freie Fall nicht mehr zu verhindern. Sind wir stark positioniert, zieht das wiederum Gleiches an: »Gleich und Gleich gesellt sich gern.«

Energie ist eine Grundlage für Erfolg

Auch Erfolg braucht Energie. Mit hoher Energie ziehen wir Menschen an, gewinnen Geschäftspartner und Kunden, sind gut in Service und Verkauf. *Erfolg* ist die *Folge!* Mit niedriger Energie bleiben die Kunden und die Aufträge aus. Stattdessen tauchen immer mehr Menschen mit negativen Einstellungen auf, weil wir den Misserfolg anziehen.

Wieder wirkt das Gesetz der Anziehung, wie es schon von dem Evangelisten Matthäus formuliert wurde: »[...] wer da hat, dem wird gegeben werden [...]; wer aber nicht hat, dem wird auch, was er hat, genommen.«

Die Begeisterung gehört zu den größten energetischen Ressourcen: »Begeisterung ist alles! Gib einem Menschen alle Gaben der Erde und nimm ihm die Fähigkeit der Begeisterung, und du verdammst ihn zum ewigen Tod.« (Adolf von Wilbrandt). Be*geist*erung entsteht, indem wir unseren *Geist* in ein Projekt geben. Die Energie der Begeisterung gleicht einem Feuer: Wir brennen für eine Sache. Erfüllt sich die Sehnsucht nicht, so drohen wir unter Umständen zu verbrennen. In dieser Vorhölle fühlen wir uns schmächtig statt mächtig, bis wir schließlich aufs Neue entbrennen: für Menschen, Ideen und Projekte. Verlieren wir unsere Begeisterung, laufen wir Gefahr, stellvertretend unseren Körper zu entzünden: Ob Hals, Ohren, Brust – kein Körperteil und kein Organ bleibt von Entzündungen verschont. Genügt der Körper zur Projektion nicht, entzünden die Mächtigen dieser Erde Raketen.

Ohne Begeisterung, ohne »Burn-in« – das Brennen in uns und für etwas –, entsteht Burnout. Wir fühlen uns ausgebrannt. Sind wir *erschöpft*, sollten wir wieder *schöpfen* gehen, d. h. uns erneut begeistern. Doch »Begeisterung ohne Wissen ist wie Rennen in der Dunkelheit«, besagt ein Sprichwort. Begeisterung braucht eine gute Absicht, eine klare Vorstellung und einen konkreten Plan, damit sie in einem passenden Rahmen bewahrt bleibt und letztlich in einem erfolgreichen Projekt für alle sichtbar wird.

Ein niedriges Energieniveau führt zu Misserfolg. Was bei Häusern gut ist, führt beim Menschen zum Problem. Wir kämpfen um Energie, wir wollen Energie *kriegen*. Verfügen wir über zu wenig Energie, kommt es zum Streit, in dem die blockierte Energie freigesetzt wird. Schlimmstenfalls entsteht *Krieg:* Krieg mit dem Partner, den Kollegen oder, wenn sich ein ganzes Volk über einen längeren Zeitraum ohne Hoffnung auf Besserung in niedriger Energie befindet, zum Krieg zwischen Staaten und Völkern, der wellenartig die ganze Welt erfasst. Krieg scheint ansteckend zu sein wie eine Grippewelle. Auf dem niedrigsten Punkt der Energie wird gemordet und sexuell missbraucht. In der Kinderpornografie bemächtigen sich Erwachsene der Reinheit von Kindern. Sie stehlen Lebensenergie und zerstören Leben. Auch beim Morden wird die Energie des Gemordeten geraubt. In einem Zustand niedriger Energie werden wir nicht alle gleich zu Mördern oder Vergewaltigern, sondern fallen allmählich in eine gedämpfte Stimmung mit trübsinnigen Gedanken. Unsere Sinne sind vernebelt, wir fühlen uns sinnlos, sind schwermütig und finden nur schwer zu unserem Mut zurück.

Es gibt auch Wesenstypen, die an einem Zuviel an Energie leiden, beispielsweise die sogenannten Ritalinkinder. Sie werden nicht nur auf ein pharmazeutisches Mittel reduziert, sondern fungieren auch noch als Werbeträger des Mittels. Der Energieüberschuss dieser Menschen kann leider nicht in ein Netz eingespeist werden, damit der Betroffene in Niedrigenergiezeiten darauf zurückgreifen könnte. Weil Zeit, Geist und Sachverstand fehlen, mit diesen Kindern gut umzugehen, greifen Ärzte, Psychologen und Therapeuten häufig auf Ritalin zurück. Der übermäßige Energiezufluss wird gestoppt. Das Kind wird wieder händelbar. Seine Entwicklung allerdings bleibt gestört.

Das Problem eines Überschusses an Energie finden wir auch in der Manie. Bestimmte Filter, die die Energie in vernünftigen Bahnen halten, sind defekt. Der Manische ist euphorisch, wenn er glaubt, alles sei möglich, und er fällt in das tiefe Loch der Depression, sobald er denkt, dass ihm nichts gelingt. Überschießende Energie zeigt sich oft destruktiv. Meist können die Betroffenen sie nicht nutzen, eben weil die Energie überschießt und verpufft.

Ritalin, Manie und Depression sind nur die Spitzen des Problems. Jeder kennt das Phänomen: Man startet energiegeladen mit einer guten Idee und fällt beim geringsten Widerstand in Antriebslosigkeit oder kommt vor lauter Überschwänglichkeit und Ungeduld gar nicht erst in die Gänge. Letztlich erschöpfen sich Menschen mit einem Zuviel an Energie. Für sie gilt es, diese in sinnvolle Projekte fließen zu lassen. Menschen, die zu wenig Energie haben, sind hingegen schnell erschöpft. Sie müssten wieder Energie tanken.

Der Mensch ist eine lebende Energiefabrik

Wir Menschen verfügen über eine eigene Energiefabrik. Doch bei den meisten bleiben die Fabriktore für immer geschlossen. Viele erkennen sich nicht als Fabrikdirektor und Arbeiter in einer Person. Den Direktor haben sie entlassen, und der Arbeiter wartet auf den Direktor, um Anweisungen zu erhalten. Diese Menschen begeben sich zur Energieerzeugung lieber in fremde Fabriken: Sie lassen sich beispielsweise von Filmen berieseln, lesen Pornohefte, begehen Seitensprünge oder gehen ins Fußballstadion – nicht um selbst zu spielen, sondern um zu schauen, ob andere gut spielen, zu beurteilen, wie die anderen besser spielen könnten, oder zu verurteilen, wenn diese versagen. Kurzum: Sie machen am Wochenende das, was die ganze Woche mit ihnen gemacht wird. Große Wirtschaftsbereiche leben vom Zuschauen und von Zuschauern, den Quoten. Zu*schauer* holen sich energetische *Schauer* nicht durch ihr eigenes Tun, das aber ist die Voraussetzung für Entwicklung, Glück und Erfolg.

Die Energieherstellung hat eine Aktiv- und Passivseite. Auf der Passivseite wird uns Energie geschenkt. Sie kommt zu uns ohne unser Zutun, z. B. durch nette Menschen, die uns wohltuende Worte sagen, und schöne Momente, die einfach so passieren. Auf der Aktivseite der Energiegewinnung gilt es, Energie herzustellen, kraft unserer bewussten Vorstellung und kraft unseres Tuns. Beide Formen der Energieentstehung, aktiv und passiv, ergeben ein Ganzes:

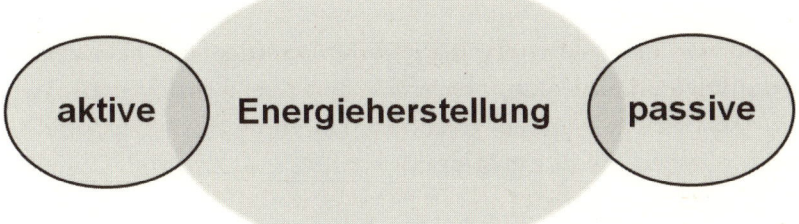

Abb. 1: Die aktive und passive Energieherstellung

Sind Aktiv- und Passivpol in Balance, kommen wir automatisch in unsere Mitte, erleben uns in unserer Tiefe und haben gleichzeitig einen guten Blick aufs Ganze:

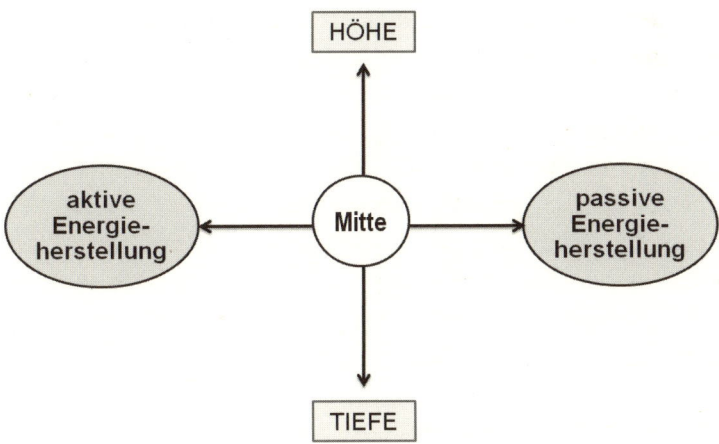

Abb. 2: Das Gesetz der Polarität in der Energieherstellung

Ein Koordinatensystem, das Lebenskreuz, ist entstanden. Koordinate heißt wörtlich *mit der Ordnung*. Wir sind mit der Ordnung. Mit einem Koordinatensystem können wir wie in der Mathematik Funktionen bestimmen. Somit ist es uns möglich, Funktionsträger zu sein, unsere Aufgaben und unsere Bestimmung zu erfüllen. Wir können ihr folgen und sie pflegen, wenn wir in unserer Mitte sind.

Sobald wir den Aktivpol überbewerten, werden wir aktionistisch, übermütig und fühlen uns allmächtig. Wir verpulvern Energie. Wenn wir den Passivpol überbewerten, werden wir schwer, träge und leidend. Wir sperren die Energie ein.

Den ersten Energiekreislauf erleben wir als warmen Schauer

Der erste Energiekreislauf steigt über das Rückenmark nach oben und wird dann im Körper als warmer Schauer, von oben nach unten laufend, wahrgenommen:

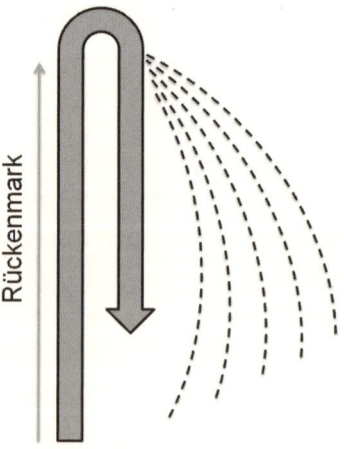

Abb. 3: Der erste Energiekreislauf – der warme Schauer

Nehmen wir den warmen Schauer an, setzen wir damit neue Impulse der Wiederkehr des Schauers über das Rückenmark. Der Kreislauf schließt sich.

Zuweilen ähnelt der warme Schauer der Vibration eines elektrischen Stromstoßes, daher auch die französische Bezeichnung: *saint electrice* – heiliger Schauer. Bei frisch Verliebten fliegen Schmetterlinge im Bauch, sensible Menschen empfinden warme Gefühle im Magen. Oder wir erleben einen starken Schauer, wenn sich plötzlich Wahres offenbart, weshalb das Phänomen auch als *Wahrheitsschauer* bezeichnet wird. In solchen Momenten können wir spüren, dass wir an große Energieflüsse angeschlossen sind. Zuweilen treffen starke Erlebnisse die Hauptschlagader des Lebens. Energie strömt.

Der heilige Schauer weist uns den Weg. *Heilig* heißt *ganz*, d. h., wir sind an das Ganze, an den ganz großen Energiekreislauf angeschlossen. *Intuition*, was *unmittelbare Betrachtung* bedeutet, zapft diesen direkt an. Fühlen wir uns verbunden und im Fluss, können wir unsere Intuition bei wichtigen Entscheidungen nutzen. Die Energie taucht als *Im-puls* in uns auf. Energie *pulsiert* und findet in Form von Gedanken und Ideen zu uns. Impulse sind *Gedanken,* für die wir uns *bedanken* können. Mit dem *Impuls* sind wir am *Puls* unserer Zeit angeschlossen. Das entspricht höchster Präsenz. Der stärkste Impuls ist die Liebe auf den ersten Blick. Impulse führen immer zum Erfolg, weil in ihnen reinste Energie gespeichert ist. Jede *Überlegung,* die wir *über* den ersten Impuls *legen,* wird diese Kraft stören. Sind wir zögerlich, mischen sich negative Bilder, Bilder der Unmöglichkeit, in das Geschehen. Unsere Absicht verliert an Kraft.

Analog zum warmen Schauer kennen wir den kalten Schauer. Wir erleben ihn in Situationen, in denen wir erschrecken oder uns freiwillig einem Horrorfilm aussetzen. Mit kalten und warmen Schauern wird die Zeit angehalten. Der kalte Schauer lässt uns *erstarren,* um die *eingefrorene* Energie zur Gefahrenabwendung nutzen zu können. Doch auf

Dauer blockieren negative Emotionen unser System, weil es letztlich nicht unterscheiden kann, was real und was irreal ist. Es reagiert einfach nur auf Reize. Auch zu viele Krimis mit Mord und Totschlag halten in dunklen Welten gefangen. Selbst Nachrichtensendungen sind größtenteils auf Negativität geschaltet. Das ist verhängnisvoll, da wir uns automatisch nach den negativen Nachrichten ausrichten, zumal sie meist als einzige Wahrheit präsentiert werden.

In Gesprächen, in denen Negativität dominiert, verlieren wir ebenfalls Energie. Unter Umständen geraten wir in einen Zustand der Lähmung, die Intuition bleibt aus. Der Zugang zum ersten Energiekreislauf ist gestört. Negativität zieht runter, ins Dunkle – Erleuchtung ist in der Dunkelkammer allerdings nicht zu erwarten. Sie können aber Dunkles aus Ihrer Vergangenheit in der Dunkelkammer zusammen mit Ihrem Therapeuten oder Coach belichten. Das macht Sinn. In der Bibel steht nicht geschrieben: »Es wurde Licht gemacht«, sondern »Es werde Licht!« Erleuchtung ist Zukunftsmusik. Wir sind aufgefordert, den Lichtschalter zu betätigen, täglich von Neuem Licht zu machen, für uns und andere. So sind wir eine große Leuchte!

Der warme Schauer lässt uns in schöne Gefühle eintauchen und in diesen aufgehen. Er gibt Kraft. Nicht nur im Coaching ist der warme Schauer ein nützliches Instrument, das uns die Möglichkeit gibt, Essenzielles intuitiv zu erkennen. Wichtiges taucht mit warmem Schauer dank der Spiegelneuronen[3] des Menschen stets in uns auf und zeigt, wo es langgeht. Vorausgesetzt, wir sind »auf Empfang« geschaltet und nicht auf »Dauersenden«, sprich Reden, wie viele von uns. Alle Menschen verfügen über diese Spiegelneuronen, die viele aber nicht nutzen. Ihre Möglichkeiten bleiben in den Zellen eingesperrt.

Je bewusster wir den warmen Schauer wahrnehmen, desto stärker wird er. Wir wachsen in unserem Mitgefühl, unserer spirituellen Intelligenz, die stets in direkter Verbindung mit unserem Herzen steht. Warm wird der Schauer mit dem Herzen, durch unser Mitgefühl.

Die positive Vorstellung bringt den zweiten Energiekreislauf in Schwung

Im ersten Energiekreislauf (Abb. 3) füllen wir uns mit Energie auf. Im zweiten lassen wir diese Energie über unsere Vorstellungskraft in uns aufsteigen:

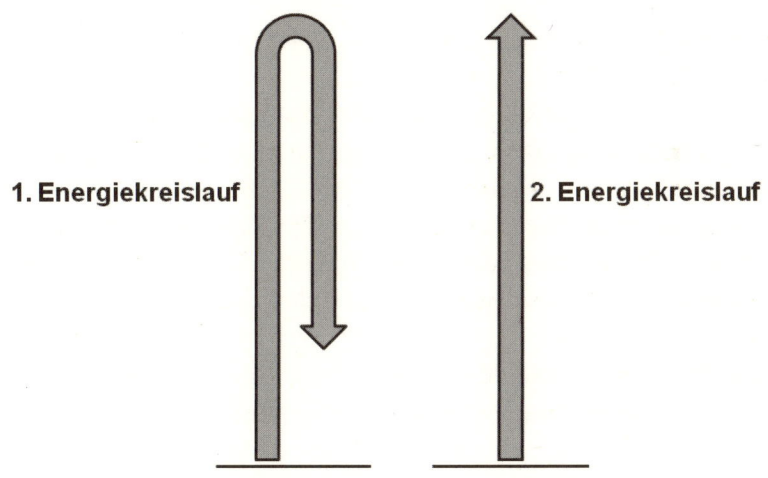

1. Energiekreislauf   2. Energiekreislauf

Abb. 4: Der erste und zweite Energiekreislauf

Ein anderes Wort für Vorstellung ist Imagination, lateinisch *imago*, das *Bild*. Jedes Bild ist ein *Motiv*, mit jedem Motiv entsteht *Motivation*. Gute Motive bringen positive Motivation. Durch Imagination ziehen wir Möglichkeiten an. Das Leben wird spannend und magisch. Im Positiven können wir spannende und erfolgreiche Projekte durchführen. Dafür brauchen wir eine hohe Präsenz, wir müssen das im Moment Wesentliche erkennen und uns darauf konzentrieren, statt uns von Unwesentlichem, dem nur scheinbar Bedeutungsvollen, immer wieder ablenken zu lassen. Sonst treibt in der Endstufe eines solchen Verhaltens *Un-wesentliches* sein *Unwesen*. Das scheinbar Bedeutungsvolle ist eng verbunden mit unserer eigenen Geschichte, in welcher wir durch negative Interpretationen oder Geschehnisse, die wir missverstanden haben, von unserem Weg abgekommen sind. Wir bewegen uns stattdessen auf Nebenstrecken und *Umwegen*, völlig *abwegig* oder *ver*-wegen in unserem Verhalten. Weil wir nicht erkennen, dass wir uns auf einer Nebenstrecke befinden, machen wir Nebensächliches zur bedeutungsvollen Hauptsache. Wir steigen auf jeden Ärger ein und halten uns zu lange damit auf. Oder wir versuchen Dinge zu verändern, die unveränderbar oder momentan gar nicht an der Reihe sind. Beides verhindert Präsenz.

Wir schaffen Präsenz durch Selbstreflexion, indem wir uns beispielsweise bewusst machen, was wir bereits Gutes geschaffen haben. Dies spiegelt sich in dem, was uns widerfährt. Was sich im Außen an für uns Wichtigem *ereignet,* hat immer mit dem *Eigenen* zu tun. In chronischen Beschwerden spiegelt sich die eigene Chronik wider, die mit negativen und positiven Emotionen aufgeladen ist.

Wir halten Präsenz, indem wir das von uns positiv Geschaffene anerkennen und als Fundament nehmen. Oft klopfen wir darauf herum und drohen es zu zerstören, indem wir Fundamentales, beispielsweise die Liebe in einer Beziehung, immer wieder infrage stellen: Ist er der richtige Partner, oder kommt vielleicht noch jemand Besseres?

Weiterhin halten wir die Präsenz, indem wir immer wieder bewusst Abstand nehmen, wenn wir uns zu verwickeln drohen, etwa mit unserem Lebens- oder Geschäftspartner oder auch mit Kunden und Nachbarn. Die einfachste Methode, zu seinen Emotionen auf Distanz zu gehen, besteht darin, durchzuatmen und nicht jeden Gedanken sofort zu vertonen. Wir dürfen es nicht dem Zufall überlassen, ob Einflüsse von außen als positive oder negative Emotionen in uns anklingen, von uns Besitz ergreifen und in uns ein Eigenleben führen. Positive Emotionen in Eigenregie gaukeln uns im Extremen vor, dass wir alles können, negative Emotionen, dass wir nichts können.

Unser Mangeldenken verdeckt positive Vorstellungen

Das Leben nimmt uns in die Mangel: Ständig hat uns der Mangel an der Angel. Es sei denn, wir pflegen die Kraft der positiven Vorstellung. Wir können den *Mangel* und die *Mangel* unterscheiden. Letztere ist laut Duden eine »Glättrolle für Wäsche«. Wollen wir nicht alle, dass unser Leben glatt verläuft? Dass wir die richtige Rolle spielen? Die richtige Rolle erkennen wir daran, dass es rollt. Werden wir gerollt, läuft etwas falsch. Der *Mangel* dagegen steht für *Fehlen;* das heißt aber nicht, dass wir einen Fehler gemacht haben bzw. in der Schöpfung ein Fehler passiert ist. Das, was fehlt, ist offensichtlich nicht da. Es kann jedoch durch unsere Vorstellung entstehen. Der Mangel dient als Reiz, Neues entstehen zu lassen. In der Fülle würden wir nichts Neues initiieren.

Fülle bedeutet Abwesenheit von Mangel. Nach christlicher Mythologie ist der Mensch aus der paradiesischen Einheit, der Fülle, gefallen. Wurden wir vielleicht »verstoßen«, weil wir den Sprung freiwillig nicht gewagt hätten? Wie schwer fallen uns neue, wesentliche Schritte! Wir tun alles, um das wirklich Neue zu vermeiden – obwohl es ein Leben lang genau darum geht.

Das Aus-der-Einheit-fallen wiederholt sich in der Ontogenese, der Entwicklung des einzelnen Menschen: Das Durchtrennen der Nabelschnur beendet die Einheit – die symbiotische Beziehung zur Mutter; die individuelle Lebenszeit beginnt. *Zeit* heißt *Abgetrenntes, Geteiltes.* Das Wort *Zeit* hat indogermanische Wurzeln. Das altindische *dáti,* das Ähnlichkeit mit dem Wort *Datum hat,* bedeutet *schneidet ab, trennt, teilt.* Mit der Geburt beginnt die Dauerauseinandersetzung mit dem Sich-getrennt-Fühlen, dem wiederum automatisch die Vorstellung eines Mangels folgt. Trennung und Teilung dienen dem Wachstum, was uns die Zellteilung vor Augen führt. Das englische Wort *time* bedeutet zum einen *Zeit,* zum anderen *mal (two times = zweimal).*

Mit dem Beginn der Lebenszeit zerfällt die Einheit in einen Vergangenheits- und einen Zukunftspol:

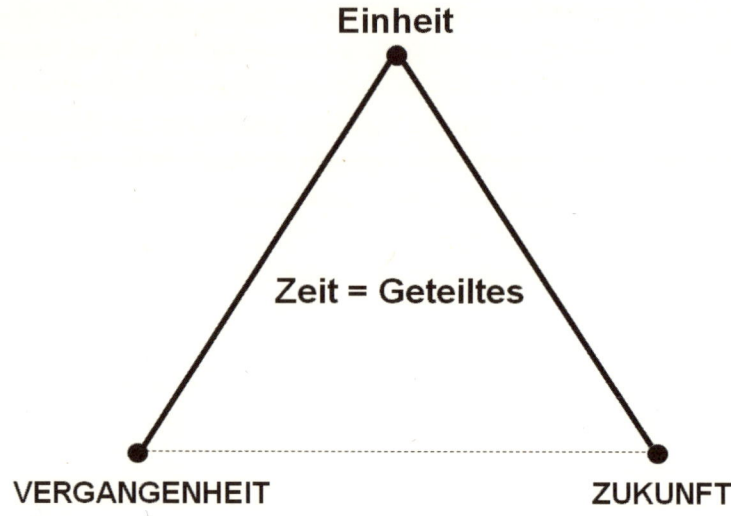

Abb. 5: Aus der Einheit fallen

Zwischen Vergangenheit (links) und Zukunft (rechts) liegt der Zeitraum, in dem unser Leben stattfindet. Er ist uns gegeben, damit wir uns als Ursache für unsere Wirklichkeit verstehen. Unser Denken, Sagen und Handeln ist die Ursache für das, was uns widerfährt. Ohne Zeit gäbe es keine Veränderung. Zeit ist uns als Entwicklungszeit geschenkt. *Zeit* bedeutet nicht nur *Geteiltes*, sondern ist auch verwandt mit dem Wort *Ziel*. Mit dem Blick aufs Ganze erkennen wir den Sinn und richten unsere Sinne auf Ziele aus, die wir uns setzen. Bewusstes Initiieren macht Entwicklung möglich. Der Mangel hat sich gelohnt.

Gegenwart und Präsenz ermöglichen die positive Vorstellung

Um zu handeln, benötigen wir nicht nur Zeit, sondern ebenso einen Zeitrahmen. Diesen gilt es selbst zu setzen. Zwischen Vergangenheit und Zukunft liegt auf der Mitte der Zeitschiene die Gegenwart. Wir bezeichnen sie auch als *Präsenz* oder *Moment*. Es genügt nicht, einen Zeitrahmen zu bestimmen, zudem brauchen wir Bewegung, ermöglicht durch den Moment, der zum *Drehmoment* wird.

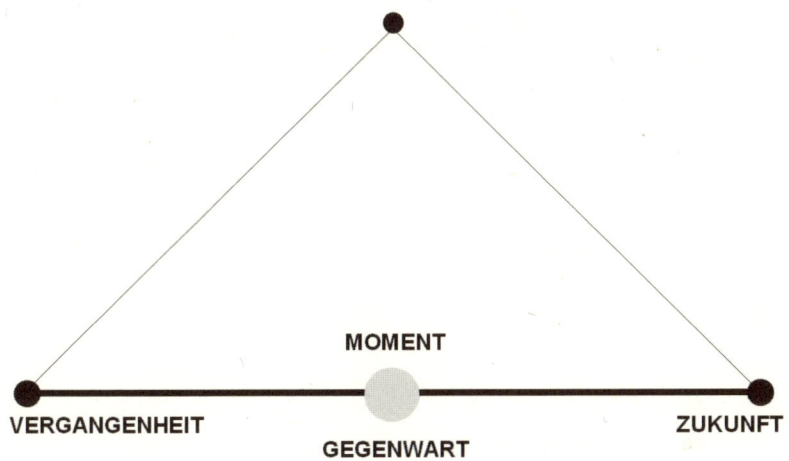

Abb. 6: Der Zeitrahmen mit Zeitschiene

Im *Moment* sind wir im Vertrauen und *kon-zentriert*, wörtlich *mit unserem Zentrum*, wir sind ganz bei uns, authentisch. Das griechische *autós* heißt *selbst*, *Authentizität* bedeutet *Urheberschaft*. Ursprüngliches wird *aus der Tiefe gehoben*. In guten Momenten fließen die Dinge wie von selbst, der Flow stellt sich ein. Viele Manager könnten Acht geben, sich nicht zu sehr in den Cashflow zu verlieben.

Wirklichkeit wird im *Moment* erlebt. *Moment* heißt *bewegende Kraft*. Im verwandten englischen Wort *movie* (Film) erscheint die Bewegung direkt vor unseren Augen. In schönen *Momenten* wird uns ein tiefes Erleben geschenkt sowie eine große Sicht auf die Dinge. Tiefe und Höhe ergeben die Senkrechte, auf der sich Emotionen und Kreativität ansiedeln. Emotionen bewegen. Auf der *Senk-Rechten* kommen wir über die Senke (Tiefe) zur rechten Vorstellung (Höhe). Am tiefsten Punkt entstehen unsere kreativen *Im-Pulse*. Sie sind da, ob wir den *Puls* spüren oder nicht. Wir haben es *im Blut*. Es gilt, die kreative Ader in uns zum *Pulsieren* zu bringen. Mit der Senkrechten pflegen wir unsere Lebensqualität.

Leben wir im Moment, haben wir ein Gefühl von Zeitlosigkeit. Über den *Moment* in der Mitte tauchen wir in die Zeitlosigkeit der Senkrechten ein und schließen uns an unsere *Impulse* an.

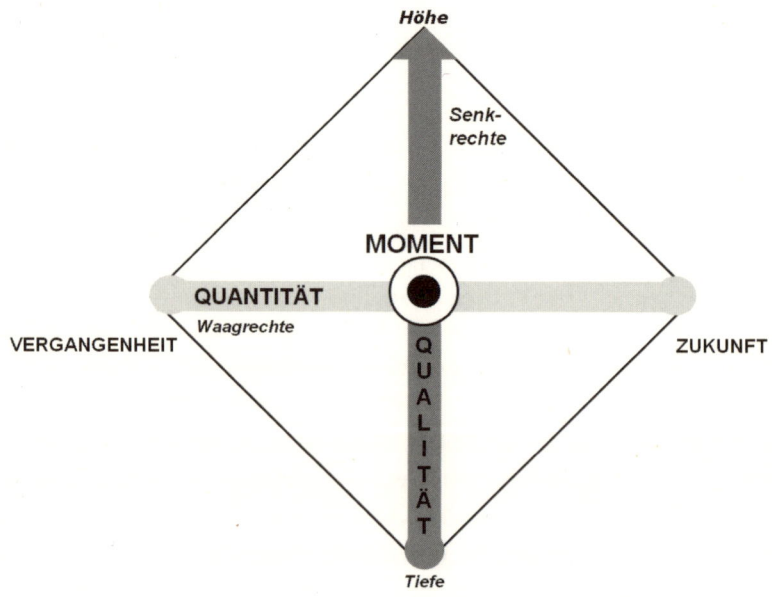

Abb. 7: Das Zusammenspiel von Tiefe und Höhe

Ohne diesen regelmäßigen Anschluss würden wir uns getrennt und zerrissen fühlen, die Impulse gingen uns aus, und unsere Kreativität ließe nach. Wir würden immer mehr und immer schneller arbeiten bis zu einer schlagartigen Veränderung, beispielsweise durch einen *Schlaganfall,* einen *Unfall* oder indem wir einen *Anfall* bekommen. Der Mensch ist ein *Fall* für sich. Wir haben die Wahl, freiwillig zu fallen und *Ge-fallen* daran zu finden oder uns schubsen zu lassen. Fallen müssen wir auf jeden Fall!

Die Senkrechte verbindet uns mit unseren Emotionen, sie bewegen und motivieren uns. Mit ihnen sind wir an unsere Impulse angeschlossen, die uns den Weg weisen, um authentisch – in unserem wahren Selbst – sein zu können. Ziel ist es, unsere positiven Emotionen und die alles verbindende Senkrechte zu nutzen.

Impulse bestimmen die positive Vorstellung

Den zweiten Energiekreislauf initiieren wir mit unserer Vorstellungskraft. Wir bringen ihn mit guten Bildern in Schwung. *Vorstellung* heißt, dass wir im Geiste etwas *vor uns hinstellen.* Mit einer guten Vorstellung locken wir uns selbst, unseren Weg tatsächlich zu gehen.

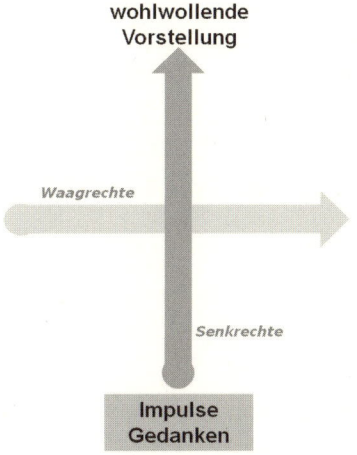

Abb. 8: Vom Impuls zur Vorstellung

Die Vorstellungskraft untersteht dem Gesetz von Ursache und Wirkung. Wenn wir eine Idee haben, »säen« wir einen Gedanken und »ernten« zu gegebener Zeit die Wirklichkeit. Jede *Vorstellung* ist eine *Bestellung* im Universum! Wenn der Bauer sein Feld bestellt, leitet ihn die Vorstellung von der Ernte. Genauso bestellt der Mensch mit seiner Vorstellung – bewusst oder unbewusst – seine Wirklichkeit. Diese Bilder, die wir in unserem Hinterstübchen ausbrüten, liegen irgendwann als Ei vor uns, ob wir das Ei mögen oder nicht. Geschieht Negatives, beginnen wir häufig *rumzueiern* und hadern mit dem Schicksal. Doch auch das Wort *Schick-sal* zeigt, wer verantwortlich ist. Das, was wir losgeschickt haben, fällt auf uns zurück. Dem Schicksal ist es egal, ob wir gute oder schlechte Vorstellungen vor uns hinstellen.

Manche vorgestellten Hindernisse sind so groß, dass wir sie *in der Tat* nicht überwinden können. Klare Vorstellungen lassen sich konkretisieren und verwirklichen: Wir nehmen etwa den kreativen Impuls als Basis unserer Vorstellung für ein konkretes Projekt, positionieren uns mit der Idee, beispielsweise im Team, und richten unsere Energie auf das Ziel aus.

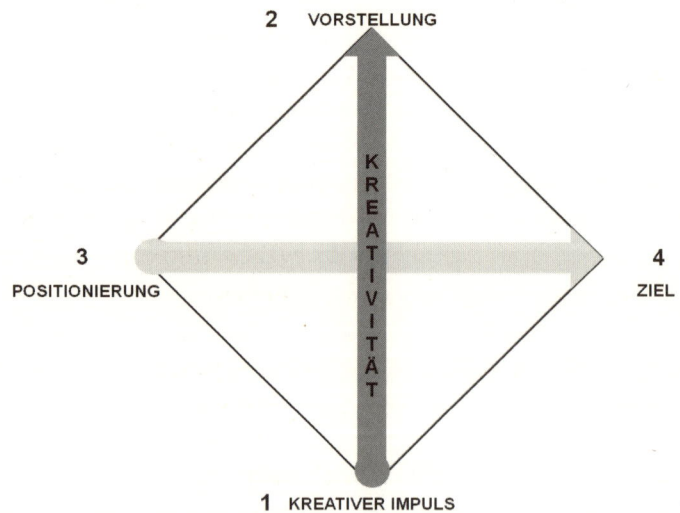

Abb. 9: Der kreative Impuls

Die Energie fließt durch den Zielbogen. Ist der Zielbogen zu straff gespannt, fühlen wir uns überspannt und überreizt. Wir drohen zu zerreißen. Gehen wir die Ziele aber zu locker an, wird der Zielbogen zur Hängematte. Wir kommen nicht zur Sache.

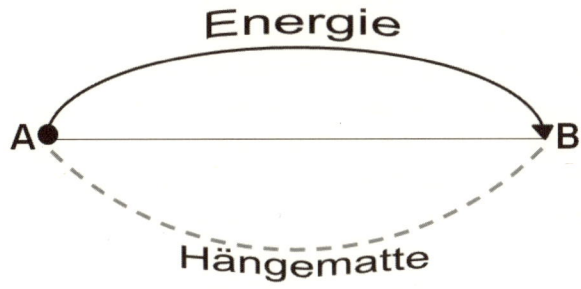

Abb. 10: Der Zielbogen

Impulse bestimmen unsere Kreativität und Wirklichkeit

Der Begriff *Kreativität* geht auf das lateinische Wort *creatura* zurück, das *Schöpfung* und *Geschöpf* bedeutet. Als *Schopf* bezeichnen wir unser *Haupthaar*. Kreatives Schöpfen gehört zum *Haupt-Geschäft* eines jeden Menschen! Begreift der Mensch sein *Wesen,* versteht er es auch, schöpferisch *Wesentliches beim Schopfe zu packen.* Menschen, die an ihre Kreativität angeschlossen sind, *schöpfen* aus einem unermesslich großen Pool, randvoll mit Ideen und Möglichkeiten.

Was können wir tun, um kreative Einfälle zu fördern? Je mehr wir uns und andere wertschätzen, desto stärker sind wir auch in unserer Kreativität. Gute *Einfälle* kommen *wie von selbst,* vorausgesetzt, wir lassen uns *fallen,* damit der kreative *Einfall* mit *Fallgeschwindigkeit* erfolgen kann. Der Erfinder der Elektrizität soll öfter sitzend, mit zwei Kugeln in den Händen, eingeschlafen sein. Im Moment des Einschlafens, als sein Körper die Kontrolle verlor, fielen die Kugeln auf den Boden. Da notierte er sich alle Einfälle (Impulse), die ihm in den Sinn kamen. Nicht selten waren gute Erfindungen darunter, *lichte* Momente, wie die Erfindung der Elektrizität zeigt.

Das größte Potenzial des Menschen ist seine Vorstellungs- und damit Schöpfungskraft. Diese nutzen beispielsweise Eltern, indem sie ihre Kinder segnen, wenn sie das Elternhaus verlassen. Mit dem Segen geht die große Kraft der Ahnen auf die Nachkommen über und damit vor allem die Vorstellung und das Vertrauen, dass die Kinder über alle Qualitäten verfügen, mit ihren eigenen Vorstellungen ein erfolgreiches Leben zu führen.

Stellen Sie sich vor, Sie sind zu einem Vorstellungsgespräch eingeladen und haben sich nichts vorgestellt! Leider ist das der Regelfall, nicht nur beim Vorstellungsgespräch. Wie stellen Sie sich diesen Tag, Monat, dieses Jahr oder Ihren nächsten Lebensabschnitt vor? Nutzen Sie die Kraft innerer Bilder? Denken und reden Sie positiv über sich und andere Menschen? Oder blockieren Sie sich und andere durch negative Gedanken? Ist Ihre Vorstellungskraft gut trainiert? Verlassen Sie sich auf die Vorstellungskraft anderer, oder überlassen Sie das, was kommt, dem Zufall?

Ein Praxisbeispiel: Bei einem Training zur Wiedereingliederung von Mitarbeitern nach einer Insolvenz eines Unternehmens weigerte sich ein Kranführer, an einem Kurs zur Stärkung seiner Persönlichkeit teilzunehmen. Das Einzige, was er vor Augen hatte, war sein geliebter Kran in einem neuen Unternehmen. Dieses Bild bekam er nicht aus dem Kopf. Also schickte ihn der Kursleiter nach draußen, um einen neuen Kran zu suchen. Noch am selben Tag hatte er eine neue Arbeitsstelle. Allerdings hatte er einen eindeutigen Vorteil: Ein Kran ist leicht zu sehen.

Manchmal *legen sich* negative *Überlegungen über* unsere positiven Gedanken, sodass die Sicht aufs Wesentliche verdeckt ist. Ebenfalls verdeckt und wirkungslos werden dadurch die stets positiven und wohlwollenden Ursprungsgedanken, sprich Impulse. Bei den negativen Überlegungen handelt es sich um kompensatorische Gedanken, die dazu dienen, unbewältigte Vergangenheitserlebnisse, die sich immer wieder aufdrängen, auszubalancieren.

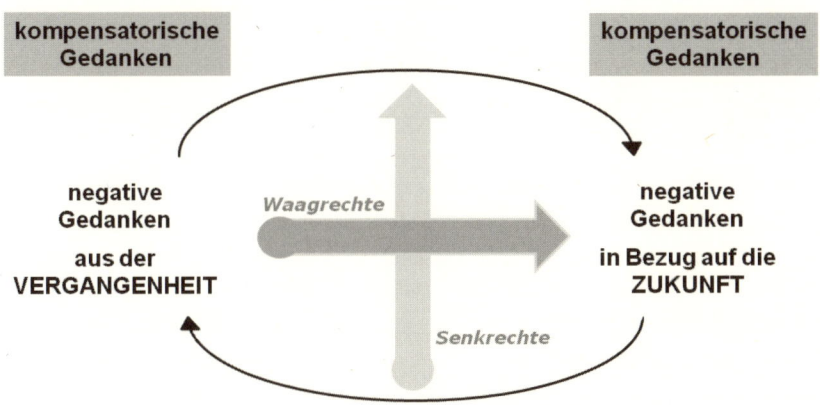

Abb. 11: Das Grundmodell der kompensatorischen Gedanken

Negative Gedanken erzählen von Unmöglichkeit: »Es geht nicht, weil …« oder »Du bist schuld, dass …« Die mit negativen Emotionen aufgeladenen Denkmuster aus unserer unbewältigten Vergangenheit wurden in Situationen geboren, in denen wir uns verletzt oder schuldig fühlten und den Boden unter den Füßen verloren haben. Sie tauchen nicht nur reflexartig immer wieder in der Gegenwart auf, sondern wir projizieren sie auch in die Zukunft. Dann werden innovative Ideen oft mit folgendem Standardsatz erstickt: »Es war schon immer so und wird auch immer so bleiben.«

Wir unterbrechen den negativen Kreislauf, indem wir lernen, kompensatorische Gedanken von positiven Impulsen zu unterscheiden und Letztere bewusst nutzen.

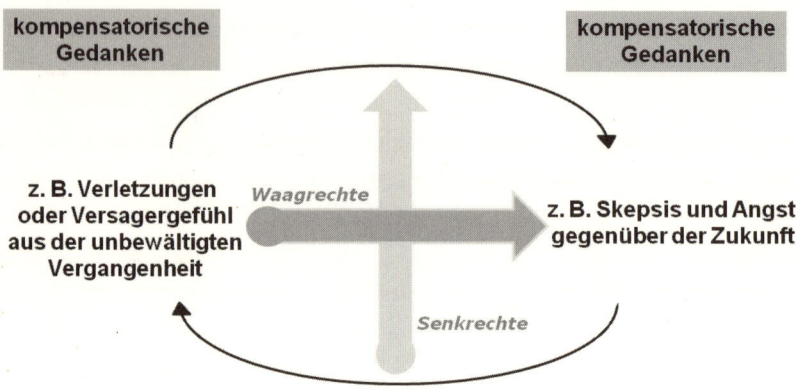

Abb. 12: Wie kompensatorische Gedanken kreisen

KOMPENSATORISCHE GEDANKEN	IMPULSE
wiederholen sich ständig	sind einmalig
lassen uns getrieben und unfrei fühlen	geben uns Freiheit im Handeln
sind schnell und unruhig	sind ruhig
haben immer mit Negativem zu tun	sind rein positiv

Persönliche Reflexionen gelingen mit Unterstützung eines Coachs leichter. Ein guter Coach weiß, dass jeder Impuls einen Samen setzt, der seine eigene Zeit zum Keimen braucht. Folgt ein Coach jedoch kompensatorischen Gedanken, wird er auf die Befolgung seiner Ratschläge drängen – und eventuell beleidigt sein, wenn sie nicht umgesetzt werden. Ein guter Coach gibt keine Ratschläge, sondern Empfehlungen, er zeigt auf, wie Fehlendes ausgeglichen werden kann.

Unser Unbewusstes setzt einen Impuls, wenn eine Entscheidung nicht gut ist. Oft hören wir nicht auf diese Impulse, beispielsweise beim Kauf eines Autos. Wir kaufen es, weil wir es unbedingt haben wollen. Wir sind getrieben, es zu kaufen, vielleicht weil es uns besonders günstig erscheint. Viele Menschen folgen selbst bei der Berufswahl nicht ihren Impulsen, sondern negativen Vorstellungen, etwa keinen Ausbildungsplatz zu bekommen oder später ihren Lebensunterhalt nicht verdienen zu können. Oder die Vorstellung eines hohen gesellschaftlichen Status überlagert den eigentlichen Impuls.

Der Sinn kompensatorischer Gedanken besteht in Folgendem: Sie sorgen dafür, dass Persönlichkeitsteile, die durch negative Erlebnisse abgespalten wurden, nicht verloren gehen. Sie kehren immer wieder und drängen in unsere Realität, in die sie wieder integriert werden wollen. Daher die ständigen, oft so lästigen Gedanken. In der Wiederholung gehen wir in die Vergangenheit und holen hervor, was noch nicht verarbeitet ist. Es wird uns erneut vorgelegt. Kein Wunder, dass Problem wörtlich *Vorgelegtes* heißt. Es ist nur die Frage, wann wir uns entscheiden, diese Vorlage zu nutzen.

Die negativen Gedanken haben indes wenig mit den Personen zu tun, die uns als Problem erscheinen. Sie mögen ähnliche Probleme haben und werden dadurch zum *Auslöser: Sie lösen etwas heraus,* was nur möglich ist, wenn es vorher schon in uns drinnen gewesen ist. Grundsätzlich gilt, dass jedes Negativ ein nicht verwandeltes Positiv ist. Über negative Gedanken und Vorstellungen projizieren wir Negatives in die Zukunft. Statt neue, positive Projekte zu kreieren, wiederholen wir *Altes* und sehen dabei *alt* aus *(siehe Abb. 13).*

Wenn wir erkennen, dass das Negative mit unserer eigenen Vergangenheit zu tun hat, und wenn wir es in etwas Positives gewandelt haben, entstehen daraus Festigkeit, eine gestärkte Präsenz und Selbstsicherheit. Das Umwandeln von Negativem zu Positivem ist Schattenarbeit:[4] Wir treten aus dem eigenen Schatten ins Licht. Wir beleuchten und leuchten *(siehe Abb. 14).*

Auch wenn uns andere Menschen die *Unmöglichkeit* unserer Projekte vor Augen führen wollen, muss uns klar sein, dass deren kompensatorische Gedanken dahinter stehen, die mit unseren *Möglichkeiten* nichts zu tun haben. Vorausgesetzt, wir folgen unseren Impulsen. Tun wir das nicht, verhalten wir uns *unmöglich.*

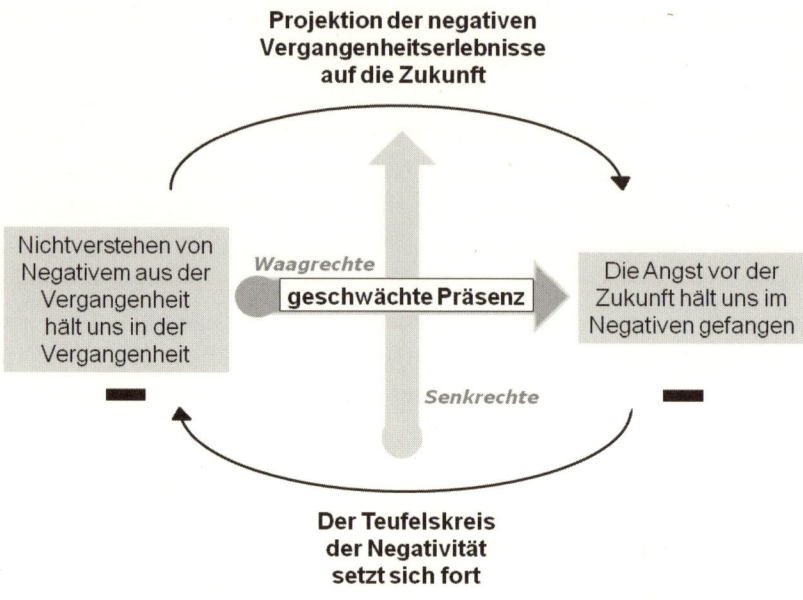

Abb. 13: Die Projektion der negativen Gedanken

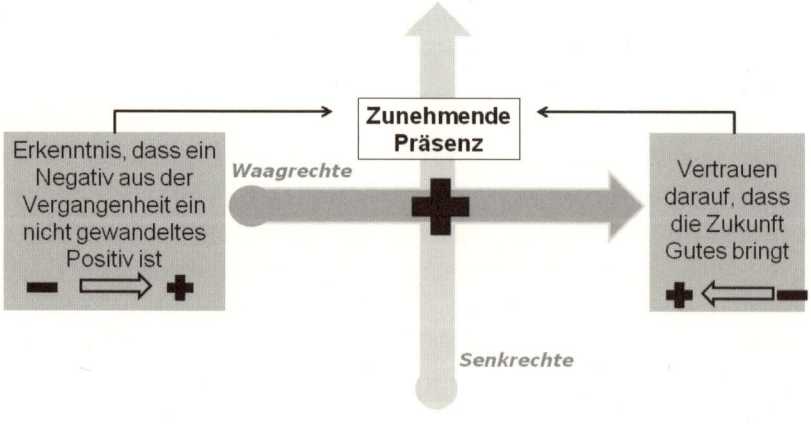

Abb. 14: Das gewandelte Negativ

Positive Momente schaffen Energie

»Wir leben den Moment«, schwärmt Christina Stürmer in einem ihrer Lieder. Wir lieben Momente und brauchen sie zum Leben – der Moment ist eine bedeutende Energiequelle. Mit jedem guten Gedanken und mit jedem schönen Wort erschaffen wir ein Momenterlebnis. Wir erzeugen Energie. Ein Teil davon entsteht ohne unser Zutun, etwas geschieht einfach, zum Beispiel »Liebe auf den ersten Blick«. Den anderen Teil müssen wir initiieren. Wir stellen schöne Momente her, indem wir beispielsweise jemandem aufmerksam zuhören.

Sprachlich unterscheiden wir *den* Moment und *das* Moment, z. B. das Drehmoment. Es verdeutlicht die Wendekraft des Moments. In der Kommunikation sprechen wir von Momenten der Wahrheit, das sind jene, in denen eine ganz tiefe Berührung stattfindet. Im Moment tauchen wir in die Tiefe und steigen nach dem Gesetz der Polarität gleichzeitig in die Höhe. Ein Hochgefühl entsteht, das uns eine bessere Sicht auf die Dinge ermöglicht, um uns selbst, andere Menschen und Situationen *wohlwollend,* also *das Wohl wollend,* zu betrachten. Das ist wirklicher *Wohlstand, Wohlergehen* zu wünschen und entstehen zu lassen. Der Begriff *wohl* geht auf das Wort *wollen* zurück. Wir müssen also wollen.

Im Moment verbinden wir uns mit dem Universellen. Das geschieht durch Meditation oder auch durch Beten, in der Stille, durch Lauschen in der Natur, im Genießen, beim Spielen, in der Musik, beim Malen, durch schöne Gespräche und Nähe mit Menschen, in der Sexualität – immer, wenn wir uns fallen lassen und ganz einlassen.

Augenblick ist ein anderes Wort für *Moment. Augen-Blicke,* das sind *helle Momente,* in welchen wir das Leben *erblicken.* Statt Moment können wir auch *Präsenz* sagen. In der Präsenz, d. h. im Präsens, sind wir ein Geschenk, ein *Präsent* für andere Menschen. Präsenz entsteht durch hohe *Aufmerksamkeit,* ein Qualitätsmerkmal des Moments. Schon eine *kleine Aufmerksamkeit* bezeichnen wir als Geschenk: »Ich habe Ihnen eine kleine Aufmerksamkeit mitgebracht«, sagt der Gast. *Aufmerksam* bedeutet, dass wir *auf*, also *offen* sind, *Markantes*, also Wesentliches, *merken* und dank der Silbe *-sam* einsammeln. Der Moment, die *Gegenwart*, fordert uns auf, nicht nur zu blicken und aufzumerken, sondern auch zu handeln. Die *Gegen-wart* ist *gegen das Warten*, wie ein Tor-wart sein Tor hütet sie das Dasein. Im Moment fallen Hier und Jetzt zusammen, wir sind zur rechten Zeit am rechten Ort, sprich im *Dasein*, und spüren, dass alles *da ist*, was wir für unsere Entwicklung und den nächsten Schritt brauchen. Um zur Lebensqualität zurückzufinden, müssen wir Negativität erkennen und Negatives umwandeln. Es funktioniert nicht, wenn wir negative Emotionen verdrängen oder zu vermeiden versuchen.

Quantität und Qualität in Balance schaffen Energie

Die Waagrechte steht für die materielle Ebene, auf der wir Quantität erzeugen. Hier dominiert die Ratio, unser Verstand. Auf der *Waagrechten wagen* wir das Leben mit mutigen Unternehmungen. Wir setzen Ziele, managen Projekte und erzielen *quantifizierbare*, also *messbare* Entwicklungen und Ergebnisse. Die am Ende des Prozesses stehende positive Zahl, ausgedrückt in Euro, bestimmt die Qualität der Stimmung und der Motivation von nahezu jedem Menschen. Die Quantität (Waagrechte) beeinflusst somit rückwirkend die Qualität (Senkrechte).

Stellen wir am Monatsende eine Kontounterdeckung fest, haben die Dinge auf der Waagrechten nicht richtig funktioniert. Das löst unter Umständen negative Emotionen aus.

Wir stärken die Waagrechte durch klare Positionierung und Ausrichtung auf ein messbares Ziel. Terminierte Streckenziele auf der Waagrechten sind die Voraussetzung, dass unsere Motivation erhalten bleibt.

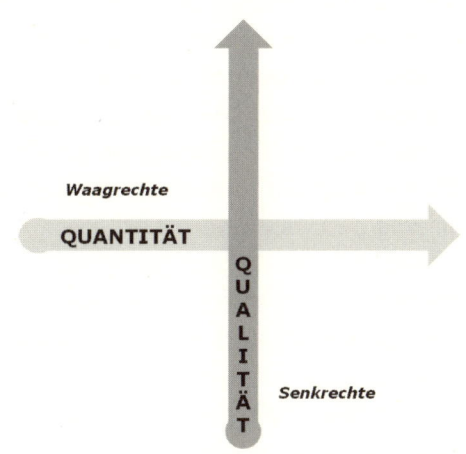

Abb. 15: Das Modell zur Waagrechten (Ratio) und Senkrechten (Emotion)

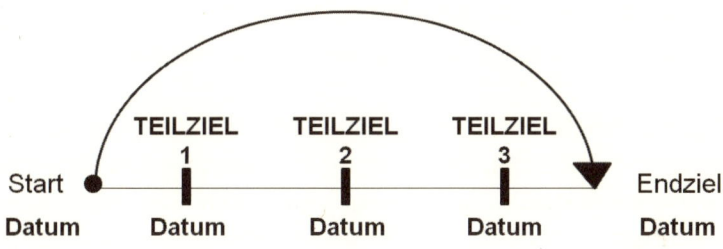

Abb. 16: Der Zielbogen mit Teilzielen

Der Formulierung von Werten und Leitbildern auf der Senkrechten folgen auf der Waagrechten konkrete Maßnahmen. Die Werte auf der Senkrechten werden auf der Waagrechten zum Maßstab unseres nachhaltigen Erfolgs und unseres Glücks.

Die Senkrechte steht für Qualität und Emotion. Nur Quantität und Qualität in Balance ergeben ein Ganzes. Auf der senkrechten Ebene erzeugen wir Lebensqualität. Emotionen geben Tiefe, das ist die Senke der Senkrechten, die uns zu einer aufrechten Haltung verhilft. Die Senkrechte beugt somit Haltungsschäden vor, die durch Glaubenssätze entstehen, zum Beispiel sich für Geld, Karriere und Erfolg verbiegen zu müssen. Das Gespür für Lebensqualität bringt uns Menschen – unserer Familie und unseren Freunden – näher. In unternehmerischer Hinsicht stärkt es unser Gefühl für Mitarbeiter sowie deren Belange und führt zu einer guten Kundenbindung. Die Senkrechte sichert und erhöht die Produkt- und Lebensqualität.

Die Senkrechte ist Ihr Rückgrat und das Ihres Systems. Am tiefsten Punkt der Senkrechten sind Liebe und Vertrauen die entscheidenden Grundmotive für Erfolg und Glück. Mit dieser Tiefe überwinden wir Sprachbarrieren, wir verstehen uns auch ohne Sprache – ohne sprachlos zu sein. Wir schaffen Verbundenheit und erzeugen Begeisterung und Motivation für weiteres Tun. Liebe und Vertrauen stärken unsere Präsenz und damit den Blick für Gelegenheiten, die es beim Schopfe zu packen gilt.

Kommen die emotionalen Aspekte indes zu kurz, entsteht zu wenig Bindung. Menschen fühlen sich dann besonders Systemen gegenüber nicht verpflichtet. Bei fehlender Bindung wechseln Mitarbeiter schneller den Arbeitgeber und Kunden den Auftraggeber oder das Geschäft. Zudem werden Menschen anfälliger für ungezügelte Emotionen: Der Meckervirus geht um, emotionale Entladungen werden durch steigende Konfliktbereitschaft wahrscheinlicher. Emotionen gehören zum Leben wie das tägliche Brot. Leben wir sie nicht im Positiven, schaffen wir *Platz* für negative Emotionen: Wir *platzen*. Fehlende Verbundenheit durch positive Emotionen, wie Liebe, Vertrauen und Anerkennung, führt automatisch zu Stress, das wiederum fördert das Konkurrenzdenken und mündet letztlich in einen Burnout. Wir brauchen die Liebe als »Burner«!

Die Überbetonung der Senkrechten führt genauso ins Negative: Legen wir zu viel Gewicht auf Emotionen, beginnen wir abzuheben. Unsere Kreativität entfernt sich immer mehr von den realen Möglichkeiten. Ideen gleiten ins Fantastische ab, Spinnereien sind an der Tagesordnung. Wir können Situationen und Menschen nicht mehr richtig einschätzen, weil wir emotional überladen sind.

Ebenso führt eine Vernachlässigung der Waagrechten zur Vernachlässigung des Konkreten und mindert die Ausrichtung der Kräfte auf ein Ziel. Ideen wirken abgehoben, weil sie einer materiellen Grundlage entbehren: Konkrete Ergebnisse und messbare Erfolge treten nicht ein, Frustration und Hoffnungslosigkeit folgen, wenn uns auf Dauer der Erfolg versagt bleibt.

Durch die Überbetonung der Waagrechten, also der Ratio, gehen menschliche Bindungen verloren. Menschen mit zu starker Ratio werden zu einsamen Wölfen, am Ende trennen sich bei ihnen Kopf und Bauch. Sie treffen kühle bis eiskalte Entscheidungen, unabhängig davon, welche Auswirkungen diese auf andere Menschen haben. Unternehmer oder Manager treffen zum Beispiel Entscheidungen an ihren Mitarbeitern vorbei: ohne deren Bedürfnisse zu sehen, geschweige denn zu berücksichtigen. Nokia legte 2010 seinen Betrieb in Bochum still, entließ alle Mitarbeiter und zog die kostengünstigere Produktion in Rumänien vor. Dieser Wechsel trug aber langfristig keine Früchte, noch 2011 wurde genau diese Produktionsstätte wieder stillgelegt.

Bewegen wir uns zu lange auf der Waagrechten, zwingt uns unser Unbewusstes zurück in den Moment, egal, ob wir bewusst positive Momente herstellen oder in negative Momente fallen: Bei Unfällen üben wir zwangsweise das Fallenlassen, solche Momente erscheinen uns in Zeitlupe, so, als bliebe die Zeit stehen. Ähnliches geschieht bei allen möglichen kleinen und großen Pannen. Auch Krankheiten setzen einen Stopp im Leben, sie zwingen uns in die Tiefe, etwa wenn wir die schlechte Nachricht erhalten, dass der Krebstest positiv war. Der Patient braucht wieder Ruhe und *Geduld*, was das lateinische *patiens* im Grunde genommen heißt.

Senkrechte und Waagrechte befinden sich niemals in vollständiger und bleibender Balance. Es gehört zum Alltag dazu, immer wieder Neues zu wagen und die Balance ständig wiederherzustellen. Wir Menschen neigen dazu, das, was wir tun, zu übertreiben. Das bedeutet Überbetonung der waagrechten Ebene und Vernachlässigung der Senkrechten. Entweder wir arbeiten zu viel, oder wir wollen aus dem schönen Urlaub am liebsten gar nicht zurückkehren. Es gilt, bewusst beide Ebenen fortlaufend und mit System ins Spiel zu bringen, das heißt, eine klare Struktur zu schaffen, an unseren Kernaufgaben dranzubleiben, für eine gute Jahresplanung zu sorgen und festzulegen, für welche wichtigen Ereignisse wir uns Zeit nehmen. Ohne Terminierung findet das Wichtige nicht statt. »Mit System« bedeutet auch, seine Arbeits-, Pausen- und Urlaubszeiten klar festzulegen.

Immer wenn quantitative und qualitative Ebene in Balance kommen, entsteht Energie, beispielsweise wenn sich eine gute Idee versilbert.

»Spieglein, Spieglein an der Wand ...«

Im Spiegel im Badezimmer können wir uns selbst erkennen – wobei die Betonung auf »können« liegt. Denn meistens sehen wir nicht genau hin, weil wir uns zu sehr an uns gewöhnt haben. Auch unser Partner sieht uns oft nicht mehr richtig an, er unterliegt ebenfalls dem Mechanismus der Gewöhnung. Der Partnerspiegel ist für eine Reflexion zu nah. Es fällt uns schwer, Empfehlungen vom Partner anzunehmen. Von dieser Tatsache leben Coachs, Therapeuten und letztlich Anwälte. Es braucht den professionellen Spiegel, damit unser Klagen nicht in einer Klage endet.

Eine reiche Auswahl weiterer Spiegel steht uns zur Verfügung: andere Menschen, denen wir täglich begegnen, die uns grüßen oder nicht, die uns anpflaumen, mobben, mögen oder lieben. Diesen Spiegel akzeptieren wir jedoch oft nicht, selbst wenn er positiv ist. Wir erhalten eine Anerkennung und können sie nicht annehmen. Wir bekommen einen Tadel, den wir schon gar nicht annehmen. *Annehmlichkeiten* können so nicht entstehen. Wiederum leidet die Präsenz darunter, denn je mehr wir *an-nehmen*, desto stärker ist unsere Präsenz.

Jetzt haben wir noch den Spiegel unserer Wirklichkeit. Er dient dazu, sich selbst als Ursache seiner Wirklichkeit zu erkennen und das Gesetz von Ursache und Wirkung für sich zu nutzen. Was haben wir damit zu tun, wenn uns ein Ziegel auf den Kopf fällt, wenn wir krank werden oder die große Liebe unseres Lebens treffen? Viele Menschen werden von ihrer eigenen Realität überrollt, weil sie nur schwer erkennen, welche Lawine sie wann losgetreten haben.

Reflektieren bedeutet einerseits *spiegeln,* wir sehen uns im Spiegel (der Wirklichkeit). Andererseits heißt es, *sich zurückbesinnen.* Wir können das, was wir im Spiegel sehen, auf uns selbst beziehen, den *Sinn* erkennen, vielleicht auch *zur Besinnung kommen:*

Abb. 17: Das Spiegelmodell

Die Spiegelung gehört zu den wichtigsten Entwicklungsgesetzen. Gäbe es das Gesetz nicht, könnte sich jeder auf seinem eigenen kleinen Planeten selbst entwickeln. Wir Menschen leben aber nur auf einem Planeten. Durch die Spiegelung entwickeln wir uns, gewinnen Energie und entdecken die uns zur Verfügung stehenden Ressourcen. Erkennen wir die Spiegelung nicht an, drehen wir uns immer schneller im Hamsterrad. Wir schöpfen keine neuen Energien, sondern begeben uns in immer stärkere Abhängigkeiten. Statt *Ent-wicklung* entsteht *Ver-wicklung:* Wir leben von der Energie der anderen. Die stärkste Form des Energiefressens können wir als Vampirismus bezeichnen. Ein Vampir ist im Spiegel nicht zu sehen. Erkenntnisprozesse sind ohne Spiegel nicht möglich.

Gleich und Gleich gesellt sich gern

Unser Energiezustand zieht Menschen mit ähnlichem Energiezustand an. Stellen Sie sich vor, Sie messen Ihre Energie in einer Energiesäule. Je nachdem, wie Ihr momentaner energetischer Zustand ist, steigt oder fällt der Pegel. Fühlen Sie sich mit Ihrer Vorstellungskraft in der *Fülle*, *füllt* sich auch die Energiesäule bis ganz nach oben.

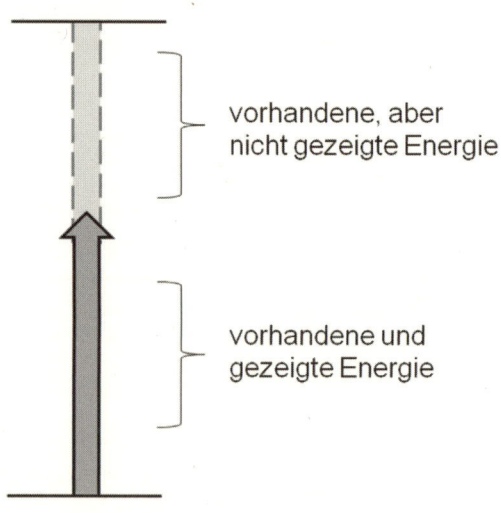

vorhandene, aber
nicht gezeigte Energie

vorhandene und
gezeigte Energie

Abb. 18: Die Energiesäule

In der Regel erreichen wir selbst keine 100 Prozent, sondern vielleicht 80 bis 90 Prozent. Der Rest wird uns im Laufe des Tages von außen geschenkt.

Was aber passiert, wenn wir unter 80 Prozent fallen? Das, was uns fehlt, wird nicht mehr automatisch aufgefüllt, sondern als Mangel erlebt. Das Loch lässt alte, negative Gedanken wieder lebendig werden. Diese bereits beschriebenen kompensatorischen Gedanken dienen nun zum Ausgleich des Mangels, sie überbrücken den scheinbaren Mangel und füllen das Loch.

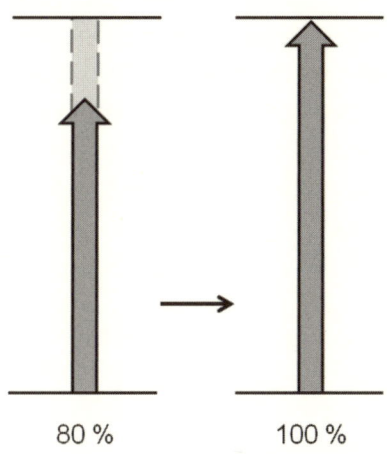

80 %   100 %

Abb. 19: Die Energiesäule auffüllen

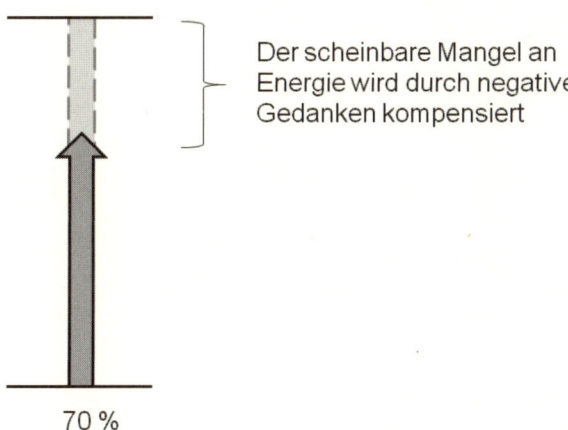

Der scheinbare Mangel an Energie wird durch negative Gedanken kompensiert

70 %

Abb.20: Der Zusammenhang zwischen negativen Gedanken und Energiemangel

Der Fachausdruck für die subjektive Einschätzung eines Geschehens heißt »Interpretation«. Es gibt positive und negative Interpretationen. Ein Interpret, beispielsweise ein Dolmetscher, schafft eine Brücke zwischen Menschen, die unterschiedliche Sprachen sprechen. Interpretationen in unserem Sinn sind Geschichten, die wir über Menschen, Dinge und Situationen erfinden. Sie sind weder wahr noch unwahr. Immer wenn uns etwas zu fehlen scheint, beginnen wir automatisch Geschichten zu erfinden. Leider meistens negative. Das Problem daran sind nicht die Geschichten an sich, sondern dass wir glauben, dass sie wahr sind. Je niedriger der Energiepegel, desto *heftiger* die Geschichten, die sich an uns *heften*.

Wer mit 70 Prozent Energie in den Tag startet und im weiteren Verlauf keine positiven Vorstellungen entwickelt, wird bis zum Abend immer mehr Energie verloren haben, weil er keine neue aufbaut. Die Mangelentwicklung nimmt ihren Lauf.

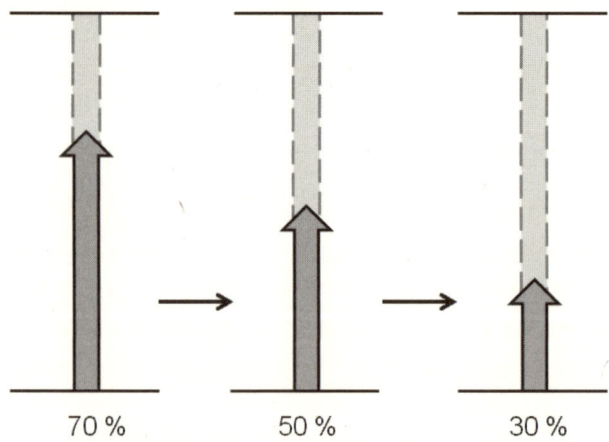

Abb. 21: Energieverlust bei 70 Prozent Startenergie

Was passiert, wenn jemand mit ausreichend Energie einem Menschen mit wenig Energie begegnet? Ein Beispiel: Person A trifft mit 80 Prozent Energie auf Person B, die nur über 50 Prozent Energie verfügt.

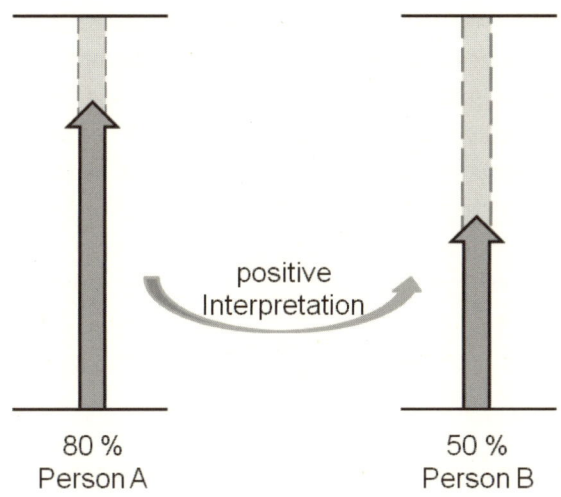

Abb. 22: Aufeinandertreffen der Energiesäulen 80 und 50 Prozent

Die Wahrscheinlichkeit ist groß, dass Person A sich auf die 50 Prozent Energie von Person B bezieht, d. h. auf das Positive. Person A erinnert Person B vielleicht daran, was sie schon alles Gutes geleistet hat, und motiviert sie mit positiven Vorstellungen. Person B hat die Möglichkeit, diese Impulse aufzunehmen. In diesem Fall wird ihre Energie im Laufe des Tages steigen, und sie setzt wieder eigene Impulse in Gang. Es kann jedoch passieren, dass Person B nicht in der Lage ist, die Energie zu halten, und auch am nächsten Tag Anschubenergie braucht. Dieses Spiel lässt sich natürlich nicht endlos fortsetzen. Wenn die Batterie Ihres Autos defekt ist, können Sie auch nicht ein Leben lang auf ein Überbrückungskabel vom Nachbarn hoffen. Sie sollten in diesem Fall zudem Ihre Lichtmaschine überprüfen.

Nimmt Person B die Impulse grundsätzlich nicht an, so wird ihre Energie weiter nachlassen. Es macht also keinen Sinn, wenn Person A permanent Impulse setzt, weil von Person B keine Resonanz erfolgt, schließlich würde Person A ebenfalls Energie verlieren. Ist Person B nicht bereit oder in der Lage, ihre eigene Energiefabrik wieder in Betrieb zu nehmen, muss sich Person A aus diesem Energiefeld zurückziehen. Andernfalls leidet Person A auf Dauer unter einem Helfersyndrom.

Ein zweites Beispiel: Person A hat wenig Energie, 60 Prozent sind präsent. Person B verfügt über 50 Prozent Energie.

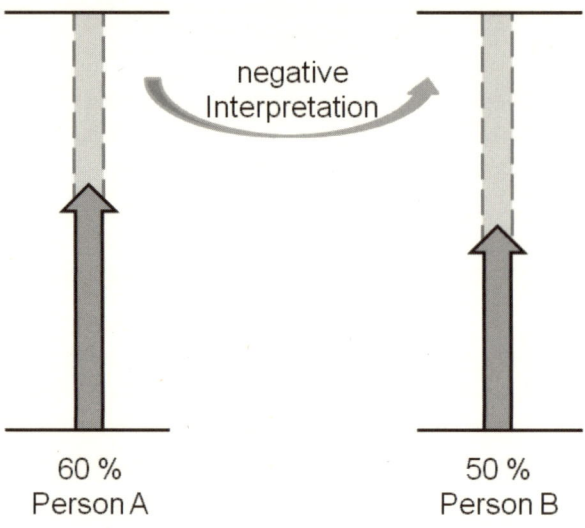

Abb. 23: Aufeinandertreffen der Energiesäulen 60 und 50 Prozent

Das wird für beide mit Sicherheit ein schlechter Tag. Der Mangel beginnt zu dominieren, wenn wir energetisch unter 80 Prozent geraten. Jetzt ist die ganze Aufmerksamkeit auf Not geschaltet, die es zuerst abzuwenden gilt. Die Aufmerksamkeit von Person A konzentriert sich im Spiegelbild von Person B automatisch auf deren Mangel. Mit wenig Energie nehme ich auch im Gegenüber wenig Energie wahr. Meine eigene Störung stört mich, ohne dass ich den Rückbezug zu mir herstellen kann. Mangel mal Mangel ergibt nicht Fülle, sondern Verwicklung und Streit um Energie.

Leitsätze aus Kapitel 1

- Ihre Sprache macht Sie und andere groß oder klein.
- Ihre innere Einstellung spiegelt sich in Ihrer Sprache wider.
- Sie sind Direktor Ihrer eigenen Energiefabrik.
- Den ersten Energiekreislauf kennen Sie als warmen Schauer. Er zeigt Ihnen, was gut für Sie ist.
- Den zweiten Energiekreislauf bringen Sie mit Ihrer Vorstellung in Schwung.
- Entwicklung erfolgt über gute Momente. So kommen Sie an Ihre Impulse, die Ihre positive Vorstellung nähren.
- Ihre Gedanken und Ihre Vorstellung schaffen Ihre Wirklichkeit.
- Auf der Senkrechten sind Ihre Emotionen. Sie bringen Lebensqualität.
- Auf der Waagrechten ist Ihre Ratio. Mit ihr realisieren Sie Ihre Ideen.
- Nutzen Sie den positiven und negativen Spiegel für Ihre Entwicklung.

Kapitel 2:

Der EMOTIONAL ROTOR©

Leitfragen zu Kapitel 2

- Welche Bedeutung haben Ratio und Emotionen für unseren Erfolg?
- Wie entsteht das Hamsterrad unserer Gedanken und Emotionen?
- Wie können wir aus dem Hamsterrad aussteigen?

Erfolg folgt einer Struktur

Der Begriff Matrix lässt sich auf das lateinische Wort *mater* zurückführen, was *Stammmutter* heißt. Matrix bezeichnet eine Grundstruktur, die eine bestimmte Wirklichkeit zur Folge hat. Auch Erfolge bzw. Misserfolge sind u. a. als Folge unserer mentalen Matrix – unserer Gedanken, Empfindungen und Gefühle – anzusehen. Diese Matrix kann man mit der Mechanik einer Drehorgel vergleichen: So wie das Muster auf der Walze die Musik verursacht, können auch wir nur »spielen«, was auf unserer »Walze« ist. Stört uns etwas an unserem »Walzer«, gilt es, unsere alten Muster auszumustern und neue Erfolgsmuster zu schaffen. Dazu jedoch müssen wir uns die im Hintergrund wirkenden Strukturen bewusst machen, die oft in seit Jahrzehnten eingefahrenen Spuren verlaufen.

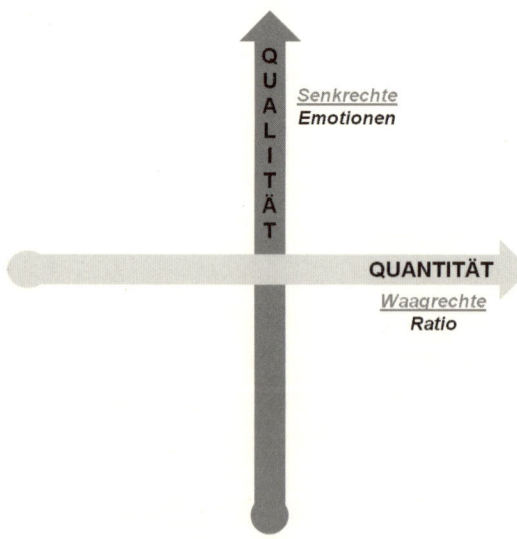

Abb. 24: Die Senkrechte und Waagrechte – Emotionen und Ratio

Unsere Emotionen bilden die Grundlage der Matrix, dargestellt auf der Senkrechten. Unsere Gedanken bestimmen unsere Verhaltensmuster, die auf der Waagrechten mit der Ratio eine Realität schaffen, die der emotionalen Matrix entspricht:

Unsere stärksten Emotionen sind Liebe, Wertschätzung und Vertrauen. Sie bestimmen unsere Werte, unseren Selbstwert und unser Selbstvertrauen. Sie schließen uns automatisch an unsere Impulse an. Mit guten Emotionen (1) entwickeln wir gute Vorstellungen (2) von unserem Leben. Mit diesen guten Motiven sind wir motiviert, uns dem Leben zu stellen, uns zu positionieren und die Initiative zu ergreifen (3), indem wir auf der Waagrechten unsere Vorstellungen mit klarer Zielsetzung und planvollem Handeln (4) realisieren. Zudem gewinnen wir andere Menschen und ziehen gute Situationen an. Der Zufall wird unser Freund.

Abb. 25: Die Matrix des Erfolgs

Emotion brings motion

Der Erfolg, auch der Misserfolg, *rotiert* um unsere Emotionen. Das Wort *Rotor* geht auf das lateinische *rotundus* zurück, es bedeutet *rund, abgerundet.* Meist geht es rund im Leben bzw. werden wir rundgemacht, wirklich rund aber läuft es in der Regel nur selten. Der Begriff Rotieren steht für *drehen, umlaufen.* Ein Rotor dreht und dreht, läuft und läuft ohne Unterlass. Ob vorwärts- oder rückwärtsgesprochen, Rotor bleibt Rotor. Wir drehen ein Leben lang, und nicht selten dreht der eine oder andere durch. Wir können dem Rotieren unserer Emotionen wie dem ewigen Lauf unserer Gedanken nicht entkommen. Jeder Gedanke ist wie jedes Wort mit einem Bild und dadurch mit einer Emotion verknüpft. Wenn Sie das Wort Gebirgsbach hören, erinnern Sie sich bewusst oder unbewusst an das Plätschern des Baches, haben dieses Bild vor Augen, und je nachdem, welche mit diesem Bild verknüpfte Erinnerung in Ihnen wachgerufen wird, tauchen Emotionen wie Glück, Frische und Klarheit auf.

Positive und negative Assoziationen rotieren in uns, wenn sie durch äußere Reize in Erinnerung gebracht oder bewusst hervorgeholt werden. In der Rotation der Emotionen und Gedanken ist kein Notausgang vorgesehen. Zwar gibt es kein Entrinnen, jedoch haben wir die Möglichkeit, den Rotor als Energieerzeugungsmaschine zu nutzen. Wir haben die Wahl, uns bewusst für die positive Rotation zu entscheiden oder uns von der negativen Rotation treiben zu lassen. Wir können wach oder schwach sein. Schwach sind wir, wenn wir im EMOTIONAL ROTOR, dem Rotor unserer Emotionen und Gedanken, getrieben sind: Wir fallen aus unserer (Selbst-)Liebe und (Selbst-)Anerkennung, unserem (Selbst-)Vertrauen und (Selbst-)Wert heraus. Wir landen automatisch in der Gefühlswelt des Sich-nicht-anerkannt-Fühlens, des Misstrauens, der Geringschätzung und Minderwertigkeit. Die Kompensation dieser Gefühle bringt uns in die Selbstüberschätzung. Wächst der Pol der Selbstüberschätzung, so wächst gleichzeitig auch der Pol der Minderwertigkeit. Das Hamsterrad dreht sich.

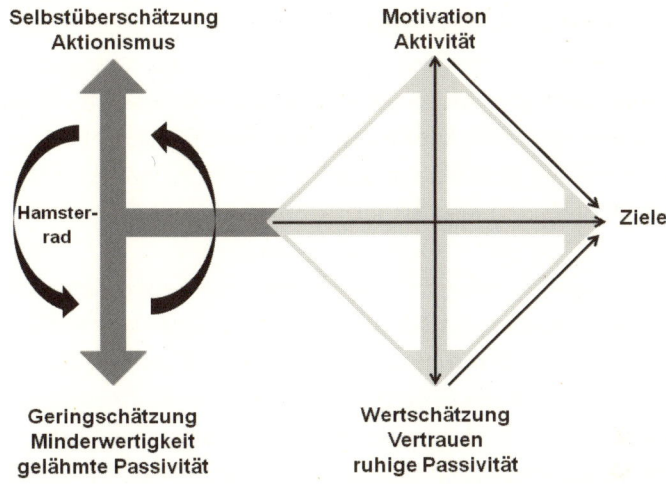

Abb. 26: Die destruktive Wirkung des Hamsterrads und unsere kreativen Möglichkeiten

Auf der rechten Seite des Modells sehen wir die kreativen Möglichkeiten des Menschen, auf der linken Seite die destruktive Variante. Dort finden unbewusste Positionierungen statt. Geringschätzung und Minderwertigkeit äußern sich in der Opferrolle, die Selbstüberschätzung findet sich in der Täterrolle wieder. Manche Menschen kompensieren ihre Opferrolle, indem sie sich als Retter positionieren (siehe Abb. 28).

Das Hamsterrad führt zum Misserfolg

Die Opferrolle: Sich tot stellen kann tödlich enden!

Besonders in Zeiten des Umbruchs und der Rezession fallen Menschen schnell in eine Art Lähmung und werden handlungsunfähig. Bei den Tieren kennen wir das als Lähmungs- oder Totstellreflex, der durchaus lebensrettend sein kann. Auch für den Menschen ist dieser Reflex notwendig, wenn er sich tatsächlich in Not befindet. Er ist für kurze Zeit nützlich. Es gilt jedoch zu erkennen, wann die Not vorbei ist, und dann entsprechend auf einen positiven Modus umzuschalten. Not braucht das *not*wendige Bewusstsein zur Lösung, manchmal auch den richtigen

Zeitpunkt. Wenn wir uns in der Not allerdings einigeln, dann geht es uns möglicherweise wie dem Igel, der sich auf der Straße einrollt, um die Gefahr eines herannahenden Autos abzuwenden. Der Reflex kann tödlich enden. Ähnlich kann es für Unternehmer problematisch werden, wenn sie sich zu lange einigeln in der Hoffnung, der globale Wandel könne einfach wie eine Schlechtwetterlage an ihnen vorüberziehen.

Durch den Lähmungs- oder Totstellreflex opfern wir unsere Wichtigkeit und weigern uns, unser Potenzial zu *ent-wickeln:* auszupacken, was in uns steckt, und anzupacken, was es anzupacken gilt. In unserer Gesellschaft und in vielen Firmen sind resignative Tendenzen zu spüren, Schwere macht sich breit, und aus der Begeisterung geborene Kreativität und Lösungsdenken verblassen. *Unlust* treibt Menschen und Unternehmen unweigerlich in den *Verlust,* in Verlustängste, in eine Verlustbilanz und letztlich in psychische und wirtschaftliche Depression. Die Resignation und Depression vieler Einzelner führt automatisch in eine gesamtwirtschaftliche Depression.

Die Täterrolle: Angriff ist die beste Verteidigung!

Den Gegenpol zum Lähmungs- und Totstellreflex bildet in der Tierwelt der Angriffsreflex. Ein Panther stellt sich nicht tot, er fragt auch nicht, was los ist, sondern er greift an und packt zu. Menschen, die sich von einer wirtschaftlichen Situation bedroht fühlen oder in ständigem Ärger leben, können dazu neigen, nicht mehr zu hinterfragen, sondern reflexartig anzugreifen. Schon der Volksmund weiß: »Mit Ärger wird es immer ärger.« Irgendwann platzt der Kragen. Besonders, wenn wir Angst um unseren Arbeitsplatz *kriegen, kriegen* wir uns irgendwann nicht mehr ein. Oder aus dem ständigen Ärger wird eine chronische Krankheit, eine Dauerbeschwerde: über den Partner, das Unternehmen, über Gott und die schlechte Welt und schließlich über uns selbst. Unzufriedenheit mit sich selbst führt, da wir nicht mehr eingefriedet sind, in den Krieg gegen uns und andere. Kollektive Unzufriedenheit kann zu einem Krieg der Völker anwachsen.

Wir können lernen, die uns aufgetragenen Lasten als Auftrag zu sehen – damit das Leben *erträglich* wird und ein guter *Ertrag* folgt. Statt jedoch die *Last* zu tragen, neigen Menschen zum *Lästern,* oder sie frönen *Lastern.* Die Beschwerde endet im Vorwurf, stets ist irgendjemand an irgendetwas schuld. *Unerträgliches* mündet letztlich in *untragbare* Zustände und *tragische* Situationen.

Mit Beschwerden schaukeln wir uns hoch

Menschen, die sich als Opfer fühlen und anderen Vorwürfe machen, werden zum Täter. Weil sie meinen, »unten« zu sein, *empören* sie sich, gehen auf die *Empore* und versuchen andere, die sie »oben« vermuten, abzukanzeln, also von der Kanzel zu werfen. Das Täter-Opfer-Spiel, dargestellt im nachfolgenden Modell »Beschwerdeschaukel«, nimmt seinen Lauf. Der »Runtergemachte« aber mag ebenfalls nicht unten bleiben, sondern wird seinerseits versuchen, diejenigen, die oben sind, niederzumachen. Jeder will recht haben, jeder braucht einen, der unrecht hat. Jeder Täter braucht ein Opfer.

Starke Persönlichkeiten, Menschen, die gerne Verantwortung tragen und in ihrer Mitte ruhen, müssen nicht recht haben. Sie stellen Recht und Rechtes her, sie richten auf, was brachliegt!

Das Prinzip der Beschwerdeschaukel: Der Rechthaber (Täter) braucht einen Schuldigen (Opfer), bzw. das Opfer spielt sich als Täter auf, und der Täter wird wieder zum Opfer. Das Lösungsprinzip ist einfach: Herunterkommen vom Rechthaben. Nicht mehr Recht haben zu müssen macht frei und gibt Raum. Rechthaben macht abhängig, weil wir künstlich Überlegenheitsgefühle aufbauen. Ab einem gewissen Punkt müssen wir recht behalten, weil wir auf diese Zusatzenergie nicht verzichten wollen. Auf Dauer allerdings macht das einsam und eng. Mit der eingeschränkten Sicht beschränken wir gleichzeitig unsere Möglichkeiten. Unser Verhalten wird immer unmöglicher.

Das Beschwerdespiel
als Energieschaukel

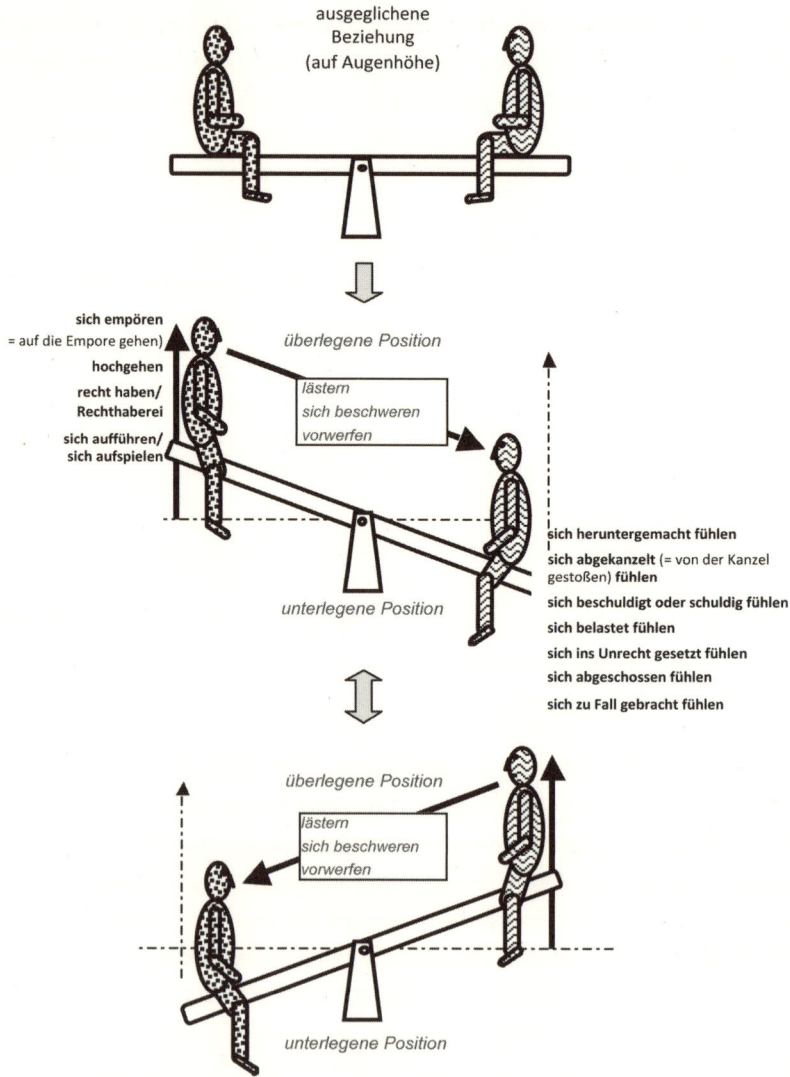

ausgeglichene
Beziehung
(auf Augenhöhe)

sich empören
= auf die Empore gehen)
hochgehen
recht haben/
Rechthaberei
sich aufführen/
sich aufspielen

überlegene Position

lästern
sich beschweren
vorwerfen

unterlegene Position

sich heruntergemacht fühlen
sich abgekanzelt (= von der Kanzel
gestoßen) **fühlen**
sich beschuldigt oder schuldig fühlen
sich belastet fühlen
sich ins Unrecht gesetzt fühlen
sich abgeschossen fühlen
sich zu Fall gebracht fühlen

überlegene Position

lästern
sich beschweren
vorwerfen

unterlegene Position

Abb. 27: Die Beschwerdeschaukel

Menschen, die nicht in die Beschwerdeschaukel einsteigen, neigen eher zum Fluchtreflex: Der eine flucht, der andere ergreift die Flucht. In der Tierwelt existiert der Angriffsreflex neben dem Fluchtreflex. Ein Pferd wird, wenn im Stall Feuer ausbricht, automatisch flüchten, im Gegensatz zum Hund, der seinen Herrn bei jeglicher Gefahr unter Einsatz seines Lebens verteidigt. Hunde sind auf Angriff geschaltet. Viele Menschen stellen sich nicht den Herausforderungen der Zeit, sondern flüchten in die Arbeit, sie arbeiten immer mehr und immer schneller. So mancher wurde von seiner Familie nicht mehr wiedergesehen. Solcher Aktionismus gehört in die Verhaltenskategorie des Fluchtreflexes. Ein weiser Spruch besagt, dass es keinen Sinn macht, die Geschwindigkeit zu erhöhen, wenn wir auf dem falschen Weg sind. Unternehmer mit Hang zum Aktionismus stecken ihre Mitarbeiter entweder mit ihrer Hektik an oder lähmen sie. Gerade die sensibleren Mitarbeiter werden unfähig zu handeln.

Täter und Opfer verkleiden sich als Retter

Um das Verwirrspiel komplett zu machen, kommt neben Täter und Opfer noch der Retter auf den Plan. Dieser will kein Opfer sein und Täter schon gar nicht. So schlüpft er in die Rolle des Retters. Er hilft anderen, weil er sich selbst nicht zu helfen weiß. Sehr leicht kommt er auf den Helfertrip.

Aber auch Opfer spielen gerne Retter. Dieser Typus ist eher konfliktscheu. Harmonie um jeden Preis scheint ihm das Wichtigste zu sein. Er redet gern um den heißen Brei, kann stundenlange Kreisgespräche führen und die Teilnehmer einer Teambesprechung in komplette Lethargie versetzen. Spätestens hier zeigt sich, dass er in Wirklichkeit aus der Opferhaltung spricht. Er lässt andere die eigene Lähmung leben. Oder besser gesagt: Andere übernehmen die Rolle der Lähmung, während er endlos in die Breite redet.

Eine Professionalisierung der Retterposition finden wir bei Sozialarbeitern, Pädagogen, Psychologen, Therapeuten, Coachs und Beratern.

Es braucht die Resonanz zu Opfererlebnissen, am eigenen Leib oder als indirekt Beteiligter, um überhaupt auf die Idee zu kommen, einen dieser Berufe zu wählen. Beispielsweise, wenn die Mutter vom Vater geschlagen wurde, liegt ein solches Motiv vor, das zur *Motivation* heranreifen kann, das Thema »Opfer durch Gewalt« in der Profession zu bewältigen. Das ist ein gesunder Impuls, ein ganz natürlicher Vorgang. Können wir etwas in uns nicht bewältigen, verlagern wir die Bearbeitung durch Projektion auf andere Menschen oder in diesem Fall auf eine berufliche Situation. Wir helfen anderen Menschen und heilen uns damit selbst. Schenken wir Sicherheit, Geborgenheit und Vertrauen, erleben wir diese Emotionen selbst. Erst die Saat und dann die Ernte. Denn warten wir auf Vertrauen, weil wir im Grunde genommen misstrauisch sind. Kommt uns Misstrauen entgegen, bleiben wir in der Warteschleife. Der Hintergrund, das Misstrauen, bestimmt den Vordergrund, die Wirklichkeit.

Problematisch wird die professionalisierte Retterrolle erst, wenn sie nicht reflektiert ist. Wenn Therapeuten Patienten therapieren, gehen sie auf die Metaebene. Diese nehmen sie ein, um eine gute Sicht auf die Dinge zu haben. Verweilen sie zu lange dort, beginnen sie zu denken, selbst bereits geheilt zu sein. Sie fühlen sich als etwas Besseres und laufen Gefahr, ihre eigenen Probleme zu verdrängen. Da aber *Problem* wörtlich *Vorgelegtes* bedeutet, können wir sicher sein, dass alle verdrängten Probleme uns zur rechten Zeit wieder *vorgelegt* werden, auch wenn wir Therapeut oder Coach sind.

Eine nicht reflektierte Retterrolle kann zudem im Helfersyndrom münden. Dieser Begriff stammt von dem Psychoanalytiker Wolfgang Schmidbauer und wurde von ihm 1977 in seinem Buch »Die hilflosen Helfer. Über die seelischen Probleme der helfenden Berufe« beschrieben. Mit dem Helfersyndrom wird die eigene Hilflosigkeit verdrängt. Dieser Retter hilft auch dann, wenn der andere gar nicht gerettet werden will. Vielleicht muss er auch gar nicht gerettet werden.

Ein Praxisbeispiel: Eine Lektorin opfert ihren heiligen Sonntag, weil ein Kunde zum x-ten Male erst in letzter Sekunde seinen Text abliefert. Auf die Frage des Coaches »Warum machst du das?« antwortet sie: »Ich muss ihm doch helfen, sonst verpasst er den Redaktionsschluss.« Sie glaubt, ihn retten zu können. Der Autor aber bedankt sich nicht einmal. Daraufhin schreibt sie ihm eine »böse« Mail. Aus dem *Opfer,* das *retten* wollte, ist flugs ein *Täter* geworden. Der Autor, ursprünglich der Täter, versteht die Welt nicht mehr und sieht sich außerstande, auf die Mail zu reagieren. Er ist gelähmt, landet also in der Opferrolle, was die Lektorin noch mehr verärgert, weil sie die Lähmung als Arroganz interpretiert. Der Konflikt nimmt seinen Lauf!

Die verschiedenen Rollen destruktiver emotionaler Grundhaltungen des Täter-Opfer-Retter-Typus können Sie im folgenden Modell sehen:

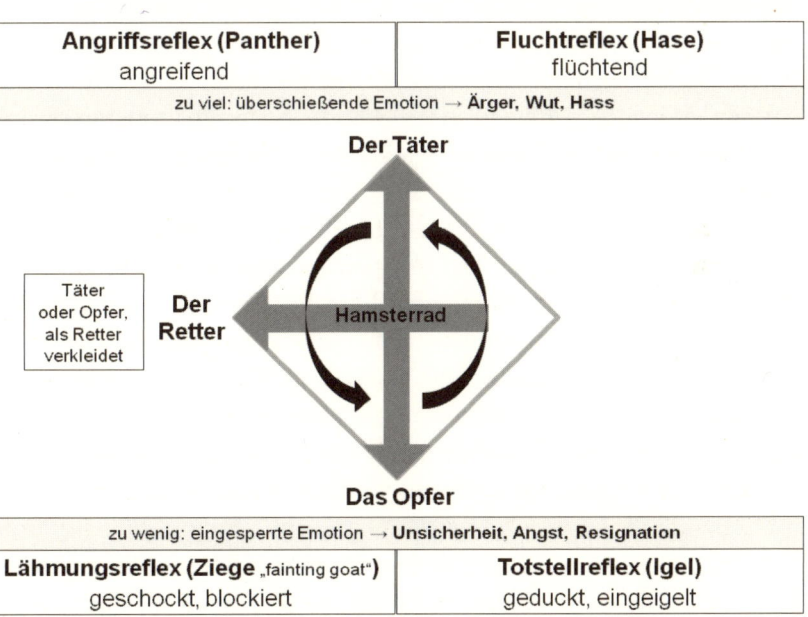

Angriffsreflex (Panther)	Fluchtreflex (Hase)
angreifend	flüchtend
zu viel: überschießende Emotion → Ärger, Wut, Hass	

Der Täter

Täter oder Opfer, als Retter verkleidet

Der Retter — Hamsterrad

Das Opfer

zu wenig: eingesperrte Emotion → Unsicherheit, Angst, Resignation	
Lähmungsreflex (Ziege „fainting goat")	**Totstellreflex (Igel)**
geschockt, blockiert	geduckt, eingeigelt

Abb. 28: Das Hamsterrad (Täter-Opfer-Retter) führt zum Misserfolg

Erfolg braucht die Balance der positiven Grundrollen

Entsprechend den drei negativen Rollen – Täter, Opfer, Retter – gibt es auf der kreativen Seite drei positive Rollen.

Der Vertrauensvolle: Aus erfahrener Liebe und Wertschätzung entwickelt sich der Vertrauensvolle. Er hat Selbstvertrauen und kennt seinen Selbstwert. Bei ihm überwiegt die positive passive Seite, das Empfangende. Er zeigt sich ruhig und gelassen, selbst wenn Hektik aufkommt, Vorhaltungen gemacht werden oder persönliche Angriffe erfolgen. Dem vertrauensvollen ruhigen Typus steht das stumm gewordene und gelähmte Opfer gegenüber.

Der Motivator: Dank Urvertrauen hat der Motivator eine starke Motivation entwickelt. Er selbst ist hoch motiviert und begeistert auch gern andere. Während beim Vertrauensvollen die passive Seite überwiegt, lebt der Motivator vor allem in der Aktion. Seine Vorstellungskraft ist gut entwickelt. Dem Motivator steht der emotional überschießende Täter gegenüber.

Der Lösungsorientierte: Der Vertrauensvolle und der Motivator brauchen als Dritten im Bunde den Lösungsorientierten, der die Vorstellung in die Welt bringt. Er hält sich nicht mit alten Geschichten auf, sein Denken und Handeln sind lösungs- und zukunftsorientiert. Er erkennt Wesentliches, fasst zusammen, positioniert sich und schlägt konkrete Schritte in Richtung Ziel vor. Dem Lösungsorientierten steht der Retter als negativer Pol gegenüber (siehe Abb. 29).

Alle drei Rollen machen den Gewinnertypus aus. Er gewinnt andere für seine Ziele, weil er in der Lage ist, die drei beschriebenen Rollen wie Bälle mit Leichtigkeit zu jonglieren. Idealerweise kommen alle drei Rollen in einer Person zum Ausdruck, was jedoch selten vorkommt. In der Regel dominiert die eine oder andere Rolle. Entweder sind wir stark auf der geistigen Ebene (Vertrauensvoller/Motivator), oder wir sind besonders stark auf der Macherebene (Lösungsorientierter).

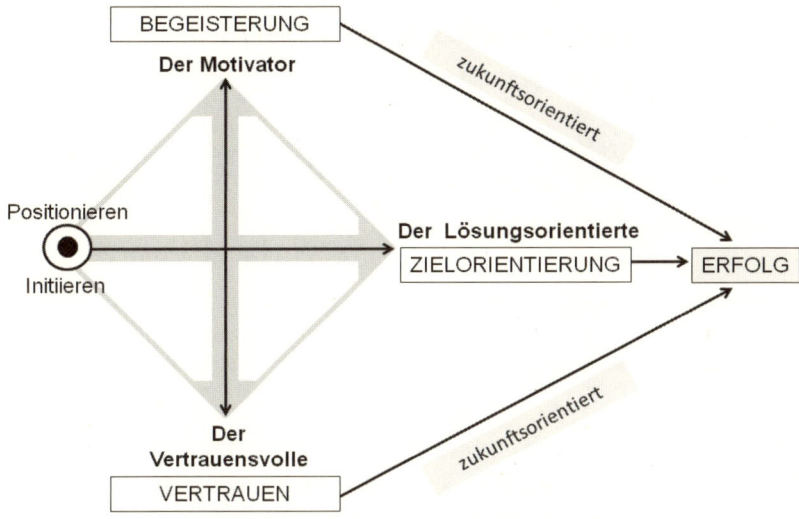

Abb. 29: Der Gewinnertypus: Mit Vertrauen und Begeisterung die Initiative ergreifen

Als Menschen wechseln wir schnell von der kreativen auf die destruktive Seite. Ohne kräftige Lösungsimpulse etwa wird aus dem Vertrauensvollen ein langweiliger Allesversteher, ein Retter, der alles zu retten versucht. Oder wir finden uns gelähmt in der Opferrolle wieder. Ohne Lösungsansätze wird der Motivator zum Aktionisten – zum Täter. Er hat lediglich ein Strohfeuer entzündet, das allerdings mit voller Begeisterung. Wenn seine Energie verpufft ist, landet auch er erschöpft in der Lähmung der Opferrolle. Ohne genügend Vertrauen und Begeisterung kann aus dem Lösungsorientierten jener Führungstypus werden, der auf Teufel komm raus Erfolg haben will und dafür letztlich über Leichen geht. Er wird zum Täter. Doch sein Aktionismus endet häufig in der Opferrolle, weil ihn beispielsweise eine Krankheit oder das Burnout-Syndrom aus dem Rennen holt.

Die kreative und destruktive Seite menschlicher Rollen wird im folgenden Gesamtmodell des EMOTIONAL ROTOR dargestellt:

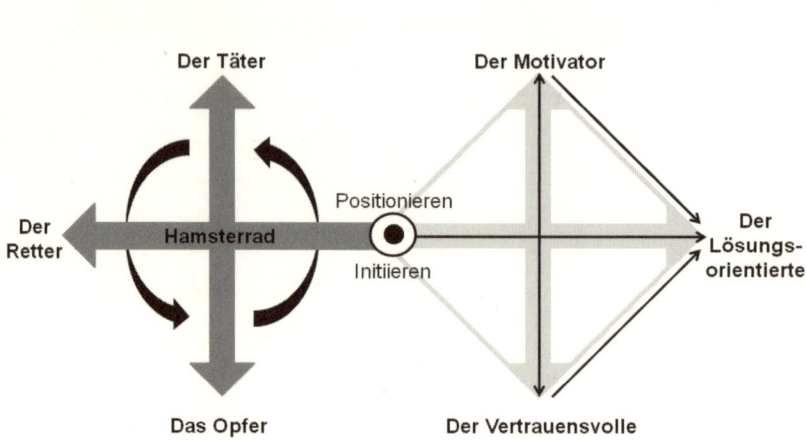

Abb. 30: Das Modell des EMOTIONAL ROTOR

Das Täter-Opfer-Retter-Modell der Sprachmatrix weist einige äußerliche Ähnlichkeiten mit dem Dramadreieck[5] auf. Der Retter im Dramadreieck ist tatsächlich im Drama ein »Retter«. Aber nur Retter des Opfers aus einer bestimmten Situation heraus. Das Opfer ändert sich dadurch aber nicht selbst.

Bei der Sprachmatrix geht es darum, durch eine gezielte Wortwahl aus den jeweiligen Rollen auszusteigen. Das Täter-Opfer-Retter-Modell der Sprachmatrix hat so, wie wir es hier verwenden, keinen therapeutischen Anspruch wie beispielsweise das Dramadreieck, sondern zeigt mögliche Wege aus dem Hamsterrad durch das konkrete Anwenden neuer, positiver Sprachmuster.

Sprachmuster verraten unsere Denkmuster

Aus welcher emotionalen Grundhaltung ein Mensch spricht, drückt sich in Körperhaltung, Mimik und Gestik aus, es ist an der Stimme, am Tonfall sowie den verwendeten Wörtern und dem Satzbau zu erkennen. Auch wenn uns das meist nicht bewusst ist, gehen wir schnell in Resonanz. Ein geknickter Mensch hat eine geknickte Körperhaltung, er spricht eher ängstlich: »Ich versuche Sie anzurufen« oder »Eigentlich geht es mir gut«. Die Resonanz bewirkt, dass die Angesprochenen ebenfalls unsicher werden – vielleicht auch ärgerlich oder wütend. Wieder beginnt sich das emotionale Hamsterrad zu drehen, denn: »Wie wir in den Wald hineinrufen, so schallt es heraus.«

Mit jedem Schlüsselwort bzw. -satz gehen wir in Resonanz mit positiven oder negativen Gefühlswelten und ziehen damit Positives oder Negatives an. Mit negativen Schlüsselworten und -sätzen verstärken wir unser Leid sowie Kummer und Sorgen und behindern zudem das Glück anderer Menschen.

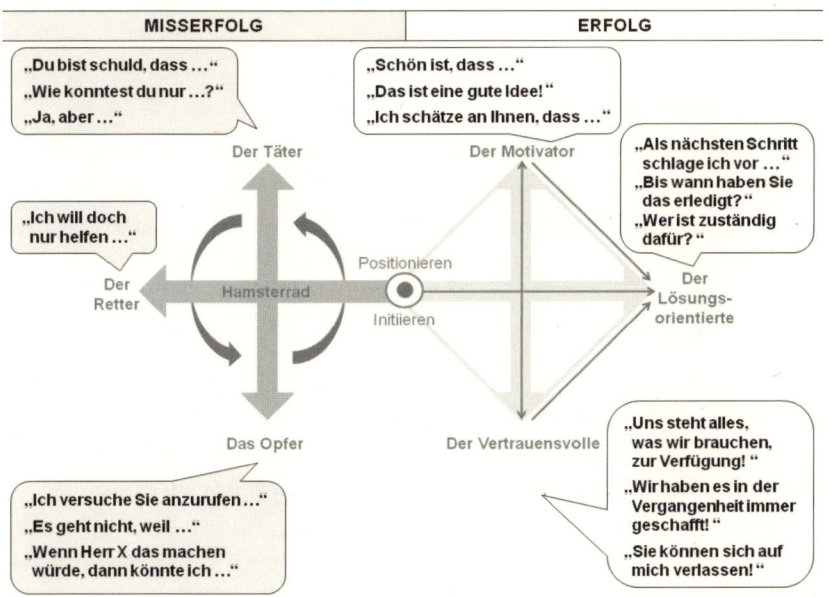

Abb. 31: Sprachmuster des Misserfolgs und des Erfolgs

In unseren Sprachmustern spiegelt sich unser Denken wider. Kinder übernehmen die Muster von ihren Eltern. Damit steigen sie auch in deren Denken, Wirklichkeit und letztlich Schicksal ein. Im Fall einer resignierten Sprache werden sie auf Dauer ebenfalls resigniert. Es gibt Automatismen, deren wir uns nicht bewusst sind und die auf lange Zeit unser Denken beeinflussen: verfestigte Sprach- und Denkmuster, die bereits seit Langem, vielleicht schon über Generationen, in uns wirken und sich in der fortgesetzten Verwendung immer stärker manifestieren.

Generell gilt für alle Sprachmuster: Wir können sie nicht dadurch auflösen, dass wir unser geliebtes »eigentlich« und »vielleicht« weglassen. Schließlich handelt es sich nicht um Automatismen, die sich in unseren Wortschatz geschlichen haben, sondern es stecken schmerzhafte Erlebnisse dahinter, die in Erinnerung bleiben wollen und sich nicht einfach löschen lassen. In diesem Fall gilt es, mit einem Coach zu reflektieren und/oder therapeutisch an sich zu arbeiten.

Im Folgenden zeigen wir unterschiedliche Sprachmuster aus der Misserfolgs- bzw. der Erfolgssprache auf. Eine Vertiefung zu den meisten der genannten Schlüsselsätze finden Sie in Kapitel 5 unter den entsprechenden Begriffen.

Sprachbilder aus der Täterrolle

Der Rechthaber muss recht haben

Beispiel: »Habe ich dir doch gleich gesagt, dass das nicht geht!«

Analyse: Sie wollen recht haben, um jeden Preis. Über den Dingen und Menschen zu stehen scheint für Sie einfacher zu sein, als sich mit sich selbst und anderen auseinanderzusetzen.

Lösung: Den Satz aus Ihrem Wortschatz streichen. Zeigen Sie Verständnis, indem Sie beispielsweise fragen: »Wie kann ich dich jetzt unterstützen?« Oder: »Nur aus Fehlern können wir lernen. Gut, dass du so mutig warst, diesen Schritt alleine zu probieren.«

Beispiel: Ihr Kollege macht einen kreativen Vorschlag. Sie antworten mit »Ja, aber ...«

Analyse: Sie stimmen Ihrem Gesprächspartner scheinbar zu, um dann alles, was er gesagt hat, wieder infrage zu stellen.

Lösung: Hören Sie gut zu, und nehmen Sie auf, was er gesagt hat. Wiederholen Sie seine positiven Ansätze, und machen Sie dann einen erweiterten Vorschlag. Damit baut sich eine positive Energie zwischen Ihnen beiden auf. Je mehr Energie im Team ist, desto kreativer sind die Lösungen.

Beispiel: Sie widersprechen Ihrem Sohn, der neue Schritte wagen möchte: »Das geht nicht, es war schon immer so und wird auch immer so bleiben.«

Analyse: Sie sprechen aus Ihrer alten Resignation. Vielleicht hat schon Ihr Vater oder Ihre Mutter so zu Ihnen gesprochen.

Lösung: Wagen Sie selbst neue Schritte. Dann freuen Sie sich automatisch über die Schritte, die Ihr Sohn geht.

»Supermann« und »Superfrau« wollen mit Superlativen super bleiben

Beispiel: »Mir geht es super!«, »Das hast du super gemacht!«

Analyse: Das lateinische *super* bedeutet u. a. *obendrauf, darüber*. Mit der häufigen Verwendung des Wortes *super* bekunden Sie Ihren eigenen Druck, immer noch eins draufsetzen bzw. darüberstehen zu müssen.

Lösung: Verzichten Sie auf diesen »Super-lativ«. Sagen Sie: »Mir geht es sehr gut« bzw. »Das hast du sehr gut gemacht«.

Beispiel: »Mir geht es bestens!«

Analyse: Dem »Supermann« und der »Superfrau« genügt es nicht, dass es ihnen gut oder sehr gut geht, ihnen geht es immer bestens. Auch wenn nichts mehr geht. Dahinter verbirgt sich Unsicherheit, nicht gut genug zu sein. Mit dem Hang zum Perfektionisten versuchen sie ihre geheime Angst zu bekämpfen. Die Unsicherheit nimmt zu, der Kampf ebenfalls.

Lösung: Nehmen Sie den Druck aus Ihrem Leben, und vor allem: Nehmen Sie sich an, wie Sie sind: In einigen Bereichen sind Sie perfekt, in anderen nicht.

Beispiel: »Ich bin brutal ehrlich.«

Analyse: Das lateinische *brutus* bedeutet *schwerfällig, roh*; *brutal* steht für *gewalttätig*. In der Verwendung versteckt sich eine Gewaltandrohung. Sie macht Angst und Druck und wird vermutlich verwendet, um dem Sprecher oder einer Sache besonders viel Bedeutung beizumessen.

Lösung: Sagen Sie stattdessen: »Ehrlichkeit ist mir sehr wichtig.«

Beispiele: »Das ist total wichtig!« oder »Das ist ungeheuer wichtig!«

Analyse: Superlative wurden besonders gern im Nationalsozialismus verwendet. Die Macher wussten, dass diese Worte die Energie der Menschen hochpushen. Ähnlich verwendeten sie gerne Worte aus der Sakralsprache, wie ewig, heil, rein, um das Ganze sakral zu untermauern. Nach dem *totalen* Krieg des *totalitären* Regimes sind am Ende gemäß dem Wort tot-al *alle tot*. Etymologisch steht *total* im Sinn von *ganz und gar, vollständig, restlos*. Der Hintergrund, warum Menschen das Wort *total* in unserer heutigen Zeit verwenden, besteht darin, dass sie damit besonders wichtig erscheinen wollen. Sie heben das Wort hervor, meinen allerdings sich selbst.

Aus dem Eigenschaftswort *ungeheuer* wird am Ende ein *Ungeheuer.* Das ist dann wirklich ungeheuerlich. Kommt uns vieles nicht *geheuer* vor, was *heimisch, vertraut* bedeutet, dann greifen wir zu solchen Wörtern.

Lösung: Verzichten Sie auf Superlative und die Wörter *total* und *ungeheuer,* und sagen Sie: »Das ist mir wichtig« oder »Das ist mir sehr wichtig«.

Beispiel: »Das ist ja verrückt!« oder »Das finde ich wahnsinnig toll!«

Analyse: Taucht das Wort »verrückt« immer wieder in Ihrem Wortschatz auf, ist das ein Zeichen, dass Sie Veränderungen brauchen und sich diese vielleicht nicht in genügendem Maße gönnen. Ab und an gilt es, Dinge zu verrücken. Die häufige Verwendung von Worten wie »wahnsinnig« und »toll« verweist darauf, dass etwas ganz besonders Tolles in Ihrem Leben geschehen soll. Lassen Sie es geschehen, dann brauchen Sie diese Wörter nicht mehr zu verwenden. »Verrückt« und »wahnsinnig« gehören nämlich in den Bereich der Krankheiten.

Lösung: Es ist besser, auf diese Wörter zu verzichten. Sagen Sie z. B.: »Das begeistert mich.« Oder: »Das finde ich sagenhaft!«

Seien Sie großzügig mit Anerkennung

Beispiel: »Das hast du aber schön gemacht.«

Analyse: Mit jedem »aber« nehmen Sie dem anderen etwas weg. Oft handelt es sich um ein automatisiertes Sprachmuster, allerdings mit dem realen Hintergrund, dass Ihnen irgendwann jemand etwas Wichtiges weggenommen oder zerstört hat – jedoch nur scheinbar. Denn im Leben geht nichts verloren. Alles bleibt auf dem *Weg* – auf großen und auf kleinen Wegen –, auch wenn es *weg* zu sein scheint. Sie haben es sich wegnehmen lassen. Zudem gilt, dass Wesentliches, das zu Ihrem Wesen gehört, niemals zerstört werden kann. Mit dem »Aber« gehen wir in den Trotz des Trotzalters oder, wie die Philologin und Kommunikationstrainerin Mechthild von Scheurl-Defersdorf es ausdrückt, in den »Abergeist, der irgendwann zu Ende sein darf«.

Lösung: »Das hast du schön/sehr schön gemacht.«

Beispiel: »Ich glaube, das ist ganz gut.«

Analyse: Mit diesem Satz zeigen Sie an, dass Sie die Leistung des anderen nicht 100-prozentig anerkennen, sowohl durch die Verwendung des Wortes »glauben« als auch durch den Abtönungspartikel »ganz«. *Glauben* steht im Volksmund für *nicht wissen*. Sie sagen »ganz gut« und meinen, dass es im Detail nicht ganz gut war, sondern nur im Großen und Ganzen.

Lösung: Erkennen Sie andere unumschränkt an: »Was du gemacht hast, ist gut.«

Beispiel: »Das hast du nicht schlecht gemacht.«

Analyse: Diese Ausdrucksform wird als doppelte Verneinung bezeichnet. Das motiviert nicht.

Lösung: »Das hast du gut gemacht.«

Moralisieren, ein schlechtes Gewissen machen und Schuldvorwürfe führen zu Verstrickungen

Beispiel: »Mach es mir zuliebe, iss einen Löffel für Mama, jetzt einen für Papa, für Opa.«

Analyse: Diese Taktik hat etwas versteckt Gemeines. Damit bringen Sie Ihr Kind langfristig in Abhängigkeit. Es will von Ihnen geliebt werden und tut alles für Sie. Kinder übernehmen sogar die Sorgen ihrer Eltern, wenn sie das Gefühl haben, dass diese etwas nicht schaffen. Der Hintergrund für solche Formulierungen kann in der alten Vorstellungswelt der Kriegs- und Nachkriegsgeneration liegen, »alles aufessen« zu müssen. Die Liebe (»mach es mir zuliebe«) wird mit einer Angst vermischt.

Lösung: Befreien Sie sich von der Vorstellung, dass Ihr Kind nur dann gut ist, wenn es den Teller leer gegessen hat.

Beispiel: »Wie konnten Sie nur!« oder »Hast du schon wieder nicht aufgepasst!«

Analyse: Mit diesen Sätzen werfen Sie Ihrem Mitarbeiter oder Kind vor, dass sie unmöglich und dumm sind. Wo in Ihrem Leben haben Sie sich selbst so gefühlt? Wer hat Sie beispielsweise als dumm abgestempelt?

Lösung: Projizieren Sie Ihre negativen Gefühle nicht auf andere. Befreien Sie sich von Ihrer Angst, dumm dazustehen, statt andere dumm dastehen zu lassen.

Beispiel: »Das hast du mir angetan!« oder »Dieses Problem habe ich Ihnen zu verdanken!«

Analyse: Hinter beiden Sätzen steckt ein starker Schuldvorwurf, mit welchem Sie die Verantwortung Ihrem Gesprächspartner auflasten wollen. Allerdings mit einer »Shit-back-Garantie«.

Lösung: Reflektieren Sie, warum ein anderer gerade Ihnen Vorwürfe macht. Versetzen Sie sich in den anderen: Was empfindet er? Fühlt er sich vielleicht alleine gelassen oder eventuell selbst schuldig und projiziert das auf Sie? Reflektieren Sie vor allem, ob Sie anfällig für

Schuldvorwürfe sind. Fühlen Sie sich schnell schuldig, plagt Sie oft ein schlechtes Gewissen?

Konzentrieren Sie sich auf das, was der andere Gutes für Sie getan hat. Dann kann das Gute wachsen.

Beispiel: »Es ist immer dasselbe mit dir!«

Analyse: Sie werfen dem anderen vor, dass es bei ihm nicht vorangeht, dass er sich nicht oder zu langsam oder nicht in die gewünschte Richtung bzw. nicht so entwickelt, wie Sie erwarten. Der Satz verrät, dass Sie selbst sich im Hamsterrad drehen: Mit Ihnen scheint es auch immer dasselbe zu sein. Jeder Mensch hat seine eigene Entwicklungsgeschwindigkeit und unterschiedliche Zeitfenster. *Be-Achten* Sie das.

Lösung: Stoppen Sie Ihr Hamsterrad, machen Sie neue Schritte. Erst dann können Sie zu anderen sagen: »In anderen Bereichen bist du sehr weit« (am besten sagen Sie, was das für Bereiche sind) und fragen anschließend: »Wo brauchst du Unterstützung?«

Beispiel: »Immer musst du dich danebenbenehmen.«

Analyse: Wer so etwas sagt, kann ein zu starkes Bedürfnis nach Konformität haben. In diesem Fall ist eine Selbstreflexion angebracht: Wie offen sind Sie für Neues? Der, dem der Vorwurf gilt, reagiert eventuell nur auf die zu starke Konformität.

Für den Angesprochenen gilt unter Umständen, dass, wer nicht bei sich ist, neben sich steht. Die Wahrscheinlichkeit, dass er sich dann danebenbenimmt, ist sehr groß. Ein Mensch, der neben sich zu stehen scheint, braucht keinen Tadel, sondern eine bessere Wahrnehmung seiner selbst und seiner besten Qualitäten. Unterstützen Sie ihn, sich selbst zu finden, indem Sie Positives von diesem Menschen zur Sprache bringen und anerkennen.

Lösung: Sagen Sie Sätze, die den anderen wieder zu sich bringen. Oder finden Sie heraus, warum Ihr Gegenüber sich so verhält. Manchmal ist es auch sinnvoll, nichts zu sagen und die Zeit arbeiten zu lassen.

Beispiel: »Das sollst du nicht machen!«

Analyse: Sollen geht auf *Schuld* zurück. Sie erzeugen mit einem solchen Satz Schuldgefühle, vielleicht weil Sie unbewusst ebenfalls unter Schuldgefühlen, zumindest unter schlechtem Gewissen, leiden.

Lösung: »Lass das bitte sein!«

Beispiel: »Ich sollte mal wieder …« oder »Ich müsste mal wieder«

Analyse: Sie haben ein schlechtes Gewissen, das Sie mit dem »sollte« oder »müsste« verstärken.

Lösung: Wenn es Ihnen wichtig ist, dann terminieren Sie es.

Beispiel: »Du bist schuld, dass …«

Analyse: Jemanden zu beschuldigen hat in der Regel mit der Bewältigung eigener Schuldgefühle und Ablehnung eigener Verantwortung aus einem unter Umständen völlig anderen Kontext zu tun. Schuldgefühle werden auf andere Menschen projiziert. Mit solch einem Vorwurf bringen Sie Ihr Gegenüber in die Lähmung oder entzünden einen Streit.

Lösung: Neigen Sie zu schlechtem Gewissen und Schuldgefühlen auch in unwesentlichen Situationen? Fühlen Sie sich an etwas schuldig, z. B. dass Sie eine Prüfung nicht bestanden oder ein gestecktes Ziel nicht erreicht haben? Entwickeln Sie in solchen Fällen eine neue Einstellung auf das, was im Leben »Negatives« passiert. Analysieren Sie sachlich: Was können Sie aus dem, was passiert ist, lernen? Bleiben Sie mit Ihren Gedanken nicht in der Vergangenheit hängen.

Fühlen Sie sich vielleicht schuldig, dass sich Ihre Eltern getrennt haben oder Ihre Kinder im Leben nicht erfolgreich sind? Übernehmen Sie nicht die Verantwortung Ihrer Eltern oder Ihrer Kinder.

Muster aus der Militär- und Kriegssprache

Deutschland hat im letzten Jahrhundert zwei Weltkriege provoziert und miterlebt. Kein Wunder also, dass Sprachmuster aus dieser Zeit uns noch immer belasten. Indem jüngere Menschen, die den Krieg gar nicht miterlebt haben, solche Sätze aus der Militär- und Kriegssprache übernehmen, überleben auch die dazugehörigen Emotionen. Wir schaffen damit zumindest Unruhe und halten negative Vergangenheitserlebnisse fest. Die verwendeten Sprachbilder sind uns oft nicht bewusst: Denken Sie an Krieg, wenn Sie im Café einen Granatsplitter bestellen? Diese Leckerei ist im Übrigen eine richtige Kalorienbombe, Sie sollten sie nur essen, wenn Sie Mordshunger haben.

Beispiel: »Das nehme ich jetzt in Angriff.«

Analyse: Attacke, jetzt geht es los!

Lösung: »Ich packe das jetzt an.«

Beispiel: »Ich bin gerüstet.«

Analyse: Wenn Sie gerüstet sind, fühlen Sie sich schwer. So eine Rüstung hat Gewicht und kann Sie behindern.

Lösung: »Ich bin bereit.«

Beispiel: »Das kriegen wir schon hin!« oder »Kriege ich noch ein Geschenk?«

Analyse: Der Begriff »Kriegen« gehört meist zu den automatisierten Sprachmustern. Hintergrund kann allerdings auch sein, dass jemand das Gefühl hat, zu kurz zu kommen, und deshalb dieses versteckt aggressive Wort verwendet.

Lösung: »Wir schaffen das.« Und: »Bekomme ich noch ein Geschenk?« Oder: »Hast du noch ein Geschenk für mich?«

Beispiel: »Du antwortest wie aus der Pistole geschossen.«

Analyse: Waffen gehören zum Krieg. Wenn es darum geht, Schnelligkeit auszudrücken, brauchen wir nicht auf die Metapher »Pistole« zurückzugreifen.

Lösung: »Du antwortest schnell.«

Beispiel: »Das ist bombensicher!«

Analyse: Bomben gehören ausschließlich in den Krieg.

Lösung: »Das ist sehr sicher.«

Beispiel: »In diesem Ort ist mords(mäßig) was los.«

Analyse: Mord gehört in die Kriminal- oder Kriegssprache.

Lösung: »In diesem Ort ist viel los.«

Müssen, Mühe und Anstrengung machen Druck

Beispiel: »Musst du immer …« oder »Heute musst du noch abspülen, dann musst du Hausaufgaben machen …«

Analyse: Müssen Sie das sagen? Unter welchem Druck leiden Sie?

Lösung: Geben Sie Ihren Druck nicht an andere weiter, lösen Sie ihn auf. Fragen Sie: »Warum machst du das immer?«, »Denk daran, dass wir vereinbart haben, dass du heute noch abspülst«, »Wann machst du deine Hausaufgaben?«

Beispiel: »Gib dir Mühe!«

Analyse: Damit wird das Leben mühselig. Was macht Ihnen Mühe?

Lösung: Verwenden Sie Worte, die Ihnen und Ihren Kindern oder Mitarbeitern das Leben erleichtern. Ermuntern Sie: »Du machst das gut. Du schaffst das.«

Beispiel: »Streng dich an!«

Analyse: Damit wird das Leben anstrengend. Wo sind Sie zu streng mit sich?

Lösung: Cool und locker bleiben. Lassen Sie den anderen einfach in Ruhe. Geben Sie ihm für seine Zielvorstellung positive Bilder, damit er Spaß hat, sich zu engagieren.

Drohungen machen Angst

Beispiel: »Entweder Sie machen das, oder …«

Analyse: Mit Drohungen machen Sie Druck. Dieser führt zum Streit oder zur Lähmung.

Lösung: Gewinnen Sie Menschen, statt ihnen zu drohen. Machen Sie klare Ansagen: »Erledigen Sie für mich heute bitte Folgendes …«

Beispiel: »Wenn du das nicht machst, dann setzt es was!«

Analyse: Mit dieser Drohung machen Sie Ihrem Kind Angst. Das ist kein Mittel in der Erziehung. Die Angst zeigt nur Ihre eigene Angst auf, die Sie in diesem Fall auf das Kind projizieren.

Lösung: Bearbeiten Sie Ihre alten Ängste, erst dann wirken Sie als gutes Vorbild, dem Ihr Kind gerne nacheifert.

Beispiel: »Warte nur, wenn Papa nach Hause kommt!«

Analyse: Sie geben Ihre eigene Hilflosigkeit an Ihr Kind weiter. Spätestens nach diesem Satz fühlt es sich hilflos und hat Angst. Papa wird zum Bösen, er bekommt von Ihnen die Täterrolle. Welche Szene aus Ihrem Leben wiederholen Sie hier?

Lösung: Befreien Sie sich zuerst aus Ihrer Opferrolle und der Vorstellung, ein Problem nicht alleine und mit guten Mitteln lösen zu können. Therapie und Familienstellen können tiefe alte Muster heilen.

Beispiel: »Ich werde es dir zeigen!«

Analyse: Mit diesem Satz schüchtern Sie andere Menschen ein. Das ist sicher nicht Ihr Ziel.

Lösung: Zeigen Sie sich als gutes Vorbild!

Beispiel: »Wenn du die Suppe nicht aufisst, kannst du das Fernsehen heute vergessen.«

Analyse: Was hat die Suppe mit dem Fernsehen zu tun?

Lösung: Bieten Sie dem Kind eine Lösung aus dem gleichen Feld an. Wenn es keinen Appetit mehr auf Suppe oder sich zu viel aufgeladen hat, macht es Sinn, ihm keinen Nachtisch zu geben.

Trotzen führt ins Trotzalter

Beispiel: »Jetzt erst recht!«

Das war der Slogan des Bundeswirtschaftsministers Philipp Rösler auf dem Parteitag der FDP am 12. Dezember 2011 in Frankfurt.

Analyse: Es entspricht einem trotzigen Optimismus. Der Erfolg wird bescheiden sein.

Lösung: Den Tatsachen ins Auge sehen und reflektieren, wo die Partei steht.

Beispiel: »Das habe ich hinter mir.«

Analyse: Damit Sie es sich nicht mehr ansehen müssen? Dahinter steht Trotz. Zu vieles hinter sich zu haben führt zu Rückenschmerzen.

Lösung: Schauen Sie sich an, was es anzusehen gilt. Hinter dem Schmerz liegt die Kraft.

Beispiel: »Damit habe ich abgeschlossen.«

Analyse: Sie wollen nichts mehr damit zu tun haben. Wo haben Sie den Schlüssel versteckt?

Lösung: Öffnen Sie, was Sie glauben, abgeschlossen zu haben. Erkenntnisse sind oft *aufschlussreich.*

Beispiel: »Sie haben recht, trotzdem finde ich, dass ...«

Analyse: Sie stecken anscheinend noch im Trotzalter fest. Sie geben dem anderen, dem Sie vielleicht die Rolle Ihres Vaters zuweisen, recht, um dann zu trotzen.

Lösung: »Ich stimme Ihnen zu. Diesen und jenen Punkt finde ich sehr gut. Meine Ergänzungen hierzu sind …«

Sprachbilder aus der Opferrolle

Sich beschweren macht schwer

Die Beschwerde gibt es in der Opfer- wie in der Täterrolle, je nachdem, wie laut bzw. aggressiv etwas geäußert wird. So oder so: Sich beschweren macht schwer.

Beispiel: »Immer ich!« oder »Warum muss ich das immer machen?«

Analyse: Sie fühlen sich ungerecht behandelt und meinen, der andere könnte auch einmal die Initiative ergreifen.

Lösung: Nehmen wir den Fall an, Sie neigen dazu, Verantwortung zu übernehmen, stehen immer wieder auf und bringen mit neuen Ideen eine Sache voran. Wenn das so ist, dann beklagen Sie sich nicht! Seien Sie dankbar, dass Sie Führungsqualitäten besitzen.

Beispiel: »Die haben das schon wieder falsch gemacht!«

Analyse: Sie beschweren sich über andere, wenn diese nicht anwesend sind.

Lösung: Sprechen Sie, was Sie anzumerken haben, direkt aus, und bieten Sie eine kreative Lösung an. Damit lösen Sie eine Dauerbeschwerde auf.

Beispiel: »Ich ärgere mich über die Geschäftsleitung.«

Analyse: Sie beschweren sich über Höhergestellte bei Gleichgestellten.

Lösung: Formulieren Sie das wiederkehrende Problem vor Ihren Vorgesetzten, und schlagen Sie Lösungen vor. Beißen Sie sich nicht an unveränderbaren Situationen fest. Konzentrieren Sie sich auf mögliche Schritte der Veränderung, unter Umständen in anderen Bereichen. Konzentrieren Sie sich auf das, was Sie momentan verändern können.

Dauerbeschwerden werden zu Körperbeschwerden

Beispiel: »Das bereitet mir Kopfzerbrechen!«

Analyse: Wenn wir unter starkem Druck leiden und uns darüber beschweren, projizieren wir den Druck, um ihn ausgleichen zu können, auf einen Körperteil, beispielsweise den Kopf oder die Nerven. Wenn Sie sich Ihren Kopf zerbrechen, müssen Sie sich über Kopfschmerzen nicht wundern. *Spalt-Tabletten* helfen auf Dauer auch nicht, sie verschaffen vielleicht kurzfristig Linderung, *spalten* jedoch bei Langzeiteinnahme Ihren Kopf weiterhin.

Lösung: Lernen Sie, Abstand von Ihren Gedanken und Emotionen zu nehmen.

Beispiel: »Das geht mir auf den Geist!«

Analyse: Wenn Ihnen vieles auf den *Geist* geht, dann bekommen Sie nicht nur Kopfschmerzen, sondern Ihre *Begeisterung* wird nachlassen. Sie fühlen sich, müde, fahl und *geistlos*.

Lösung: Stecken Sie besser die Menschen mit Ihrer Begeisterung an!

Beispiel: »Das geht mir auf die Nerven!«

Analyse: Ihre Nerven bekommen den Auftrag, Ihren Stress zu regeln. Doch ohne Ihr aktives Zutun können sie die Aufgabe gar nicht bewältigen. Sie laufen Gefahr, krank – nervenkrank – zu werden.

Lösung: Richten Sie Ihre Energie nicht gegen sich selbst, sondern nach außen. Nerven stehen für »Verbindung«. Schaffen Sie gute Verbindungen über gute Kommunikation.

Beispiel: »Das geht mir auf die Eier!«

Analyse: Sie regen sich über etwas auf, statt es zu verändern, und gefährden damit Ihre Fruchtbarkeit. Wiederholen Sie das täglich über Jahre hinweg, dann macht es Sinn, rechtzeitig einen Urologen aufzusuchen.

Lösung: Drücken Sie aus, was Sie möchten, und finden Sie einen Ausdruck für Ihre Kreativität und Ihren Wunsch zu wachsen.

Beispiel: »Das ist zum Haareraufen!«

Analyse: Wundern Sie sich nicht, wenn Sie frühzeitig eine Glatze bekommen. Dann können Sie sicher sein: Es wird schon glattgehen.

Lösung: Nutzen Sie Ihre Schöpfungskraft, und packen Sie die Dinge beim Schopf! Schöpfen Sie Neues, und verlassen Sie das Alte, aufgrund dessen Sie sich die Haare ausraufen.

Mit der Babysprache werden Sie nicht erwachsen

Beispiele: »tschüssikowski«, »wunderprima«, »supi«

Analyse: Mit solcherlei Worten sind Sie prompt in der Babysprache gelandet. Wundern Sie sich also nicht, wenn Sie als Erwachsener nicht mehr ernst genommen werden und Ihr Empfinden, nicht anerkannt zu werden, sich verstärkt. Wollen Sie vielleicht unbewusst gar nicht erwachsen sein? Erscheint Ihnen die Verantwortung letztlich zu groß, und Sie flüchten deshalb in die Babysprache?

Lösung: Sagen Sie »tschüss«, »wunderbar«, »sehr gut«.

Mit Unklarheiten bleibt Ihr Leben unklar

Abtönungspartikel wie »schon« oder »mal« schwächen unsere Aussagen und verunsichern unsere Gesprächspartner.

Beispiel: »Das haben Sie schon gut gemacht!«

Analyse: Mit dem »schon« verweisen Sie indirekt darauf, dass die Leistung nicht 100 Prozent zufriedenstellend ist. Haben Sie Angst, Ihre Kritik deutlich zu machen? Möchten Sie achtsam mit Ihrer Kritik sein? Ist Ihnen die Einschränkung, die Sie machen, bewusst? Wollen Sie diese Einschränkung machen, und wenn ja, warum?

Lösung: Sprechen Sie offen an, was es hinzuzufügen gilt; wenn das nicht der Fall ist, dann sagen Sie: »Das haben Sie gut gemacht.«

Beispiel: »Da müssen wir mal sehen.«

Analyse: Diese Wendung garantiert, dass es keine Wendung geben wird. Nichts wird sich ändern.

Lösung: Sagen Sie, was Sache ist, etwa: »Wann gehen wir das Thema an?«

Beispiel: »Irgendwie bekommen wir das schon hin.«

Analyse: Mit »irgendwie«, »irgendwo«, »irgendwann«, »irgendjemand« und »irgendwer« bleiben Sie im Unbestimmten, ob oder wann Sie eine Angelegenheit angehen und wann Sie diese zum Abschluss bringen. Sie lassen andere im Ungewissen, weil Sie sich vielleicht gar nicht oder noch nicht festlegen wollen.

Lösung: Beziehen Sie Stellung, wenn Sie etwas nicht wollen. Und wenn Sie es wollen, dann stellen Sie sprachlich sicher, dass es auch zur Tat kommt: »Lass uns Folgendes vereinbaren …«

Beispiel: »Das ist wohl nicht mein Problem!«

Analyse: Sie wollen sich nicht festlegen.

Lösung: Positionieren Sie sich: »Das ist mein Problem.« Oder: »Das ist nicht mein Problem.«

Beispiel: »An und für sich geht es mir gut« oder »Sonst geht es mir gut« oder »Eigentlich geht es mir gut.«

Analyse: Geht es Ihnen »an und für sich«, »eigentlich« oder »sonst« gut, dann zeigen Sie indirekt auf, dass es Ihnen in bestimmten Bereichen nicht gut geht.

Lösung: Sprechen Sie an, wenn es Ihnen nicht gut geht. Oder freuen Sie sich, wenn es Ihnen gut geht, und drücken Sie es direkt aus: »Mir geht es gut, ich bin glücklich, das Leben ist wunderbar …« Lassen Sie damit andere an Ihrem Glück teilhaben.

Beispiel: »Man sagt das nicht.«

Analyse: Mit dem »man« gehen Sie ins Unpersönliche, in die Anonymität. Sie lenken die Aufmerksamkeit von sich und sind nicht mehr verantwortlich.

Lösung: Positionieren Sie sich klar: »Ich will nicht, dass du so sprichst.«

Beispiel: »Das ist halt so« oder »Ich hab das halt heute gemacht und nicht morgen«

Analyse: Wem gegenüber halten Sie sich zurück? Mit jedem »halt« drücken Sie eine *Zurückhaltung* aus, oder Sie stoppen etwas. Damit stoppen Sie auch Ihren Zuhörer. Für Ihren persönlichen Hintergrund ist wichtig, dass hinter der häufigen Verwendung des Wörtchens Lebenssituationen stehen, die es anzuhalten gilt. Das Wörtchen »halt« hat sich unbewusst in Ihren Wortschatz geschlichen.

Lösung: Sprechen Sie direkt an, was es anzusprechen oder auszudrücken gilt. Und halten Sie nichts mehr zurück. Oder: Stoppen Sie, was außer Rand und Band geraten ist. Dann brauchen Sie das Wörtchen »halt« nicht mehr.

Beispiel: »ein bisschen«

Analyse: Wenn ein Freund anruft und fragt, ob Sie Zeit haben, und Sie antworten: »Ja, ein bisschen«, zeigen Sie, dass Sie nicht den ganzen Biss haben. Begnügen Sie sich nicht mit dem »Bisschen«! Auch Ihr Freund hat nichts davon, wenn Sie ihm nur ein bisschen zuhören. Er will ganz gehört und verstanden werden.

Lösung: Wenn Sie tatsächlich nur wenig Zeit haben, bieten Sie ihm einen Zeitpunkt an, zu dem Sie ihm Ihre ganze Aufmerksamkeit schenken können.

Mit Peinlichkeitsgefühlen halten wir uns zurück

Beispiel: »Das ist mir peinlich.«

Analyse: Peinlich geht auf die *Pein* zurück, was *Strafe, Leibesstrafe, Schmerz* bedeutet. Welchen alten Schmerz haben Sie nicht gewandelt? Nicht gewandelte Schmerzen ziehen Situationen an, die wieder einen ähnlichen Schmerz erzeugen. Schmerz wiederum zieht leidvolle Erfahrungen an. Sie werden zu Ihrem eigenen Peiniger.

Lösung: Wandeln Sie Ihre alten Peinlichkeiten. Schreiben Sie auf, was Ihnen alles peinlich ist, und sprechen Sie über den Inhalt mit einer vertrauten Person. Indem Sie das Siegel der Verschwiegenheit brechen, brechen Sie auch mit alten Schmerzen und lösen sich von ihnen.

Beispiel: »Verzeihung, wie spät ist es bitte?« oder »Entschuldigen Sie bitte, wo ist die Mollenhauer Straße?«

Analyse: Verzeihung kommt von *zeihen*, althochdeutsch *zihan*, was *be-, anschuldigen* bedeutet; in zweiter Bedeutung geht es auf das Wort *zeigen* zurück. »Verzeihen Sie bitte« ist jedoch nicht so stark wie »Entschuldigen Sie bitte«. Sie brauchen kein schlechtes Gewissen zu haben, wenn Sie die Uhrzeit nicht wissen. Und was hat das mit Schuld zu tun, wenn Sie nach dem Weg fragen?

Zuweilen sind es nur persönliche Unsicherheiten, die uns nicht mit Selbstverständlichkeit nach der Uhrzeit fragen lassen. Wir sagen »Entschuldigen Sie bitte …«, weil wir uns bei jemanden vorab für die mögliche Störung entschuldigen.

Lösung: Fragen Sie: »Wie spät ist es bitte?« oder »Können Sie mir bitte die Uhrzeit sagen?« bzw. »Guten Tag, können Sie mir bitte sagen, wo die Mollenhauer Straße ist?« Können Sie ein Sprachmuster nicht einfach durch Weglassen eines belastenden Wortes lösen, stecken tatsächlich Unsicherheiten oder sogar Schuldthemen dahinter. Unsicherheiten können wir wandeln, indem wir unser Selbstbewusstsein schulen, z. B. durch Rhetorikkurse oder im Coaching. Bei Schuldthemen gilt es zu reflektieren: Was ist Dramatisches in Ihrem Leben passiert? Suchen Sie sich einen guten Gesprächspartner, der mit Ihnen zusammen reflektieren kann, oder holen Sie sich professionelle Hilfe von einem Coach oder Therapeuten.

Beispiel: »Das ist mir sehr unangenehm.«

Analyse: Unangenehm kommt von *nicht angenommen*. Was wollen Sie nicht annehmen? Mit dem Annehmen kommt wieder *Annehmlichkeit* ins Leben. Nehmen Sie vieles nicht an, wird Ihr Leben immer *unangenehmer*.

Lösung: Entdecken Sie, was hinter dem Unangenehmen steckt. Entdecken Sie vor allem den Teil, den Sie analog zur Situation, in der Sie diesen Satz gesagt haben, bei sich nicht annehmen.

Beispiel: »Leider kann ich nicht kommen.«

Analyse: *Leider* ist die Steigerungsform von *Leid*. Mit jedem »leider« verstärken Sie Ihr Leid und ziehen neues an.

Lösung: Wagen Sie die direkte Ansprache: »Ich kann nicht kommen« oder noch direkter: »Ich komme nicht.« Sie müssen es nicht begründen.

Mit Füllwörtern stärken Sie Ihren Mangel

Beispiel: »äh«, »hm«, »ne«, »gell«, »woll«, »fei«

Die Füllwörter »äh« und »hm« werden unabhängig von der Herkunft eingesetzt, während sich »ne«, »gell«, »woll«, »fei« unterschiedlichen Dialekten zuordnen lassen: »ne« und »fei« bevorzugen die Bayern, »gell« gehört unter anderem ins Hessische und »woll« nach Rheinland-Pfalz.

Analyse: Mit jedem »äh« halten Sie Ihre Impulse zurück.

Lösung: Lassen Sie die Pünktchen auf dem »a« weg, und sagen Sie »ah«! Dann geht Ihnen ein Licht auf, Sie haben Aha-Erlebnisse. Oder Sie drehen die Buchstaben um und lassen die Pünktchen ebenfalls weg: »ha«, mit zweimal »haha« können Sie über Ihre Verunsicherung lachen. Allerdings nicht vergessen: Die Pünktchen müssen weg, sonst wird aus »ha« ein »hä«, und dann sehen Sie dumm aus.

Analyse: Bei »hm« überlegen Sie gerade, Sie verschaffen sich eine Denkpause. Ein »hm« ist nicht automatisch falsch, nur die Häufigkeit der Verwendung lässt es negativ wirken.

Lösung: Beobachten Sie Ihre »hms«, und reduzieren Sie sie.

Analyse: »Das ist fei so.« Sie wollen einer Sache Bedeutung geben, ohne eine Sprache dafür zu haben. Hintergrund: Sie sind unsicher, ob das, was Sie sagen, erkannt und anerkannt wird.

Lösung: Achten Sie darauf, wie sicher Sie in Ihrem Ton sind. Sprechen Sie bestimmter, dann brauchen Sie das »fei« nicht mehr.

Analyse: »Das ist gut, gell?« oder »woll?« oder »ne?« Sie sind verunsichert, ob es wirklich gut ist. Mit jedem dieser Füllwörter stellen Sie das, was Sie gesagt haben, wieder infrage, verunsichern sich und andere.

Lösung: Lassen Sie diese Füllwörter weg. Das braucht Zeit. Der Mensch ist in der Lage, sich selbst zu beobachten. Er schafft es sogar zu beobachten, wie er sich beobachtet. Nutzen Sie das menschliche Talent, Abstand zu Ihrer Sprache zu nehmen!

Notbilder schaffen neue Not

Beispiel: »Ich versuche mich über Wasser zu halten.«

Analyse: Sie sprechen aus dem Notdenken: Sie versuchen es nur? Im Versuch bleiben die meisten Vorhaben stecken, vor allem wenn es nach zwei, drei Versuchen immer noch nicht klappt. Außerdem geht die Kraft in das Wort nach dem »Ich«: Die Versuchung wird also immer größer, es nur zu versuchen, statt mit ganzer Kraft dahinterzustehen. Ihre Kraft wird im Versuchen aufgebraucht. Zudem ermüden Sie vom dauernden »sich über Wasser halten«. Letztlich gehen Sie doch unter.

Versuchen Sie einmal aufzustehen! Wenn Sie es nur versuchen, bleiben Sie auf halber Höhe stehen. Merken Sie, wie anstrengend das ist?

Lösung: Streichen Sie das Wort »versuchen« nicht nur aus Ihrem Wortschatz, sondern gleich aus Ihrem Gedächtnis! Packen Sie kräftig zu, und stellen Sie mit positiven Vorstellungen sicher, dass es klappt. Sie versuchen dann nicht mehr, jemanden am Telefon zu erreichen, sondern wissen, dass Sie ihn erreichen. Sie versuchen sich auch nicht mehr über Wasser zu halten, sondern wissen, dass überhaupt keine Not besteht. Mit positiven Bildern lösen Sie die Not, die gar nicht vorhanden ist, auch in Ihrem Kopf auf.

Beispiel: »Ich will doch nur überleben.«

Analyse: Sie fühlen sich in Not, obwohl Sie das gar nicht sind.

Lösung: Schreiben Sie auf, was Ihnen alles zur Verfügung steht, materiell, an Talenten, an Möglichkeiten, und löschen Sie diesen Negativsatz aus Ihrem Gedächtnis.

Beispiel: »Ich versuche über die Runden zu kommen.«

Analyse: Solange Sie das Leben mit einem Boxkampf vergleichen, kann es nicht leicht und locker sein.

Lösung: Steigen Sie aus dem Ring, und leben Sie die gelassene und lockere Seite Ihres Lebens. Tragen Sie ein Bild von sich als Gewinner im Kopf. Der Motivationstrainer Jürgen Höller erwähnt in einem seiner Vorträge, dass wir als Sieger geboren sind. Die schnellste Samenzelle gewinnt, und das sind Sie!

Beispiel: »Von irgendetwas muss der Schornstein schließlich rauchen.«

Analyse: Dieser Satz kommt nicht selten von Menschen, die nicht nur einen Schornstein, sondern mehrere Häuser besitzen. Damit halten sie sich im Notdenken fest, denn sie können ihren Reichtum nicht genießen. Vorsicht: *Eigentum* macht manchmal *eigentümlich.*

Lösung: Genießen Sie Ihren Erfolg.

Beispiel: »Ich stehe mit dem Rücken zur Wand.«

Analyse: Sie sprechen aus der Not, und Notdenken erzeugt wieder Not.

Lösung: Mit dem Rücken an der Wand sind Sie von hinten geschützt und blicken nur noch nach vorne.

Beispiel: »Ich will da raus!« oder »Ich will da rein!«

Analyse: Sie wollen da raus, weil Sie Ihre Lebenssituation nicht mehr aushalten. In der Regel wollen Sie gleichzeitig wieder irgendwo rein, zumindest den Fuß in die Tür kriegen. Beide Sätze sind aus der Not geboren. Sie sind illusionär, denn je mehr ich aus etwas herauswill oder irgendwo reinwill, desto unwahrscheinlicher wird es. Bei »Ich will da raus« vermeide ich die Auseinandersetzung mit der momentanen Realität. Das lässt sich die Realität nicht gefallen. Beim Vermeiden halten wir die Dinge besonders stark fest. Das bindet Energie.

Lösung: Mit guten Vorstellungen und guten Emotionen werden Sie hereingelassen, Kunden machen Ihnen die Tür auf, und damit löst sich zugleich Ihre alte Lebenssituation.

Beispiel: »Darf ich dich missbrauchen?« (beispielsweise weil Sie möchten, dass Ihr Tischnachbar Ihnen die Suppenschüssel reicht)

Analyse: Wer ein solch negatives Bild verwendet, ist sich nicht bewusst, was er sagt. Missbrauchsbilder werden häufig von Menschen verwendet, die sich von anderen ausgenutzt fühlen.

Lösung: In solchen Fällen ist professionelle Unterstützung hilfreich. Wenn Sie sich von anderen ausgenutzt fühlen, lernen Sie sich abzugrenzen und erachten es als selbstverständlich, dass Ihnen ihr Tischnachbar gerne die Suppe reicht.

An jemandem oder etwas hängen führt in die Abhängigkeit

Beispiel: »Ich hänge an meinen Kindern.«

Analyse: Die armen Kinder, ständig hängt einer an ihnen dran. Das tut den Kindern nicht gut, sie werden mit diesem Bild in Abhängigkeit gebracht und darin festgehalten. Kinder gehören uns nicht, bei der Zeugung sind wir nur die Zeugen des wunderbaren Geschehens, wie Leben entsteht.

Lösung: Lassen Sie Ihre Kinder frei, damit befreien auch Sie sich. Haben Sie Spaß an der Freiheit Ihrer Kinder.

Beispiel: »Ich hänge an meiner Arbeit.«

Analyse: Das ist schon besser, weil es der Arbeit egal ist, ob Sie an ihr hängen oder nicht. Dennoch findet ein Klammern statt, das Ihnen die Freiheit nimmt, Möglichkeiten zu erkennen, die für Sie bereitstehen. Ein Praxisbeispiel dafür, dass es keinen Sinn macht, an seiner Arbeit zu hängen: In vielen Insolvenztrainings haben wir durch Befragung die Erfahrung gemacht, dass 70 bis 80 Prozent der gekündigten Mitarbeiter schon über Jahre hinweg Gedanken an einen beruflichen Wechsel in sich trugen.

Lösung: Öffnen Sie sich für den Wandel. Spüren Sie, wann etwas zu Ende geht, und machen Sie die Augen auf, damit Sie das Neue nicht verpassen.

Beispiel: »Ich hänge an meinem Partner.«

Analyse: Das macht Ihren Partner schwer und krank, am Ende vielleicht schwer krank. Vorsicht: Sie haben nur einen.

Lösung: Lassen Sie Ihrem Partner seine Freiheiten.

Beispiel: »Ich hänge an meinem Leben.«

Analyse: Alles, was einen Anfang hat, hat auch ein Ende. Es ist gut, wenn wir uns früh mit dem Tod auseinandersetzen.

Lösung: »Ich liebe mein Leben, koste es jeden Tag aus und bin täglich dankbar dafür.«

Beispiel: »Ich suche mir eine Nische in der Wirtschaft, und dann mache ich richtig viel Geld.« »Ich suche nach einer Lücke, damit ich meine Familie ernähren kann.«

Analyse: Eine Nische ist eine Mauereinbuchtung. Dort bauen Vögel gerne Nester. Brauchen Sie noch Nestwärme? Wie groß und wie alt fühlen Sie sich? Wenn Sie groß rauskommen und gutes Geld verdienen wollen, macht es Sinn, nicht mit dem Bild der Nische zu arbeiten.

Auch wenn Sie nach einer Lücke suchen, um Ihre Familie zu ernähren, können Sie sich nicht in Ihrer ganzen Größe zeigen, sondern nur das, was gerade in die Lücke passt. Letztlich bleiben Sie ein Lückenbüßer.

Lösung: Formulieren Sie Ihr Potenzial, und stellen Sie sich in einer entsprechenden Position in der Wirtschaft vor.

Beispiel: »Sei mir nicht böse.« oder »Sei bitte nicht sauer, wenn ich nicht komme.«

Analyse: Haben Sie Angst, dass jemand böse auf Sie werden könnte und Sie nicht mehr mag, wenn Sie seiner Einladung nicht folgen? Wie lange wollen Sie noch das liebe Kind spielen?

Lösung: Seien Sie mutig, und sagen Sie einfach, dass Sie nicht kommen können. Mit dem »können« drücken Sie aus, dass Sie gerne kommen würden. Verwenden Sie das »können« nur, wenn es Ihnen wirklich ein Anliegen ist zu kommen.

Umständliche Sätze machen das Leben umständlich

Beispiel: »Würden Sie mir bitte helfen, denn ich kann das nicht alleine, weil ich mir gestern den Fuß leicht verstaucht habe und heute noch etwas Acht geben muss, sonst kann ich nämlich morgen nicht zur Arbeit kommen, und das will ich Ihnen nicht zumuten, und deshalb bitte ich Sie, mir zu helfen.«

Analyse: Mit Schachtelsätzen verraten Sie, dass Sie umständlich denken und sich in Ihren Schachteln verstecken. Jeder kann die umständlichen Umstände, in denen Sie leben, erraten.

Lösung: Ihr kompliziertes Leben kann mit einer einfacheren Sprache einfacher werden. Ist das Sprachmuster tiefer in Ihnen verwurzelt, macht es Sinn, Ihr Leben Schritt für Schritt zu vereinfachen: Entrümpeln Sie zweimal jährlich Ihren Haushalt und/oder Ihr Unternehmen bzw. Ihren Arbeitsplatz. Beginnen Sie, sich auf das Wesentliche in Ihrem Leben zu konzentrieren, lassen Sie Unwesentliches weg, bzw. delegieren Sie Arbeiten, die Sie vom Wesentlichen abhalten. Je klarer und einfacher sich Ihr Leben gestaltet, desto klarer und einfacher kann auch Ihre Sprache werden. Professionelle Hilfe kann Sie in der Vereinfachung Ihres Lebens unterstützen: Therapie, Familienstellen, Coaching.

Beispiel: »Um heute alles erledigen zu können …«

Analyse: Beginnen Sie Sätze mit »um«, drehen Sie sich, nicht selten auch im Leben, im Kreis herum.

Lösung: Beginnen Sie Sätze mit dem Wesentlichen, zum Beispiel mit Ihrer Person: »Ich will heute alles erledigen, dazu brauche ich ...« Noch besser: »Heute erledige ich alles, dazu brauche ich ...« Damit holen Sie, was Sie erledigen wollen, gleich in die Gegenwart.

Halbe Sätze, halbes Glück, ganze Sätze, ganzes Glück

Beispiel: Sie sprechen nur in einzelnen Wörter oder Abkürzungen und nicht in ganzen Sätzen.

Sie sagen »Nacht« statt »Gute Nacht« oder »Tag« statt »Guten Tag«. Briefe und E-Mails unterschreiben Sie mit »MFG« und mit den Anfangsbuchstaben Ihres Namens.

Analyse: Sie nehmen sich keine Zeit für sich und andere.

Lösung: Wie viel schöner und kraftvoller ist es zu hören: »Ich wünsche dir eine gute Nacht« oder »Guten Tag, Herr Meyer«. Damit schenken Sie gute Wünsche und Energie. *Wünschen* hat auch die Bedeutung von *ausrichten*, etwa wenn wir mit einer Wünschelrute Wasser ausloten. So fühlt sich Herr Meyer persönlich angesprochen.

Schreiben Sie »Mit freundlichen Grüßen«, und unterschreiben Sie mit Ihrem ganzen Namen.

Mit dem Konjunktiv schaffen Sie Un-möglichkeiten

Beispiel: »Ich würde sagen ...«

Analyse: Die richtige Antwort darauf lautet: »Warum sagen Sie es dann nicht?« »Würde« ist Konjunktiv II, der sogenannte Irrealis, mit dem Sie Wesentliches sicher nicht realisieren können. Ihr Leben bleibt irreal. Solche Wendungen benutzen wir, wenn wir uns etwas nicht zutrauen, lieber vorsichtig bleiben wollen. Mit dem Konjunktiv II, wie

»hätte, wäre, könnte«, brauchen wir uns nicht in unserer Größe zu zeigen. Wir dürfen klein bleiben.

Lösung: Sagen Sie, was Sie zu sagen haben. »Meine Meinung ist …!«

Beispiel: »Hätte ich, dann könnte ich …« oder »Wäre ich, dann würde ich …« oder »Könnte ich, dann wäre ich …«

Analyse: Ihr Leben verläuft vorwiegend im Hamsterrad. So wird nichts Neues in Ihrem Leben geschehen. Doch Wachstumsstopp macht krank, Ihre eigene Kraft richtet sich irgendwann gegen Sie selbst.

Lösung: Was steht Ihnen alles zur Verfügung? Machen Sie den nächsten Schritt! Konkretisieren Sie Ihre Projekte Stück für Stück.

Resignierte Sprache verstärkt die Resignation

Beispiel: »Es geht nicht, weil …« oder »Ich kann nicht, weil …«

Analyse: Diese Sätze sind nicht generell falsch, jedoch verstärkt eine resignierende Sprache Ihre Resignation.

Lösung: Hören Sie erst zu, nehmen Sie das Neue in sich auf, und entscheiden Sie dann in Ruhe, was geht und was nicht.

Beispiel: »Ich kann nicht, weil die Kinder noch so klein sind.«

Analyse: Sie laden Ihren Kindern Ihre Resignation auf, wenn auch unbewusst.

Lösung: Ändern Sie Ihre Einstellung, und seien Sie gerne für Ihre Kinder da, solange sie klein sind. Antworten Sie: »Momentan steht das nicht an.«

Beispiel: »Mach das sorgfältig!« oder »Sei vorsichtig!«

Analyse: Sie sprechen aus Ihrer Angst. Damit machen Sie Ihrem Kind Angst. Alle Aufforderungen sind für die Katz, und nicht nur das, sie können sogar gefährlich sein. Sie ziehen mit solchen Sätzen genau das an, was Sie vermeiden wollen.

Lösung: Vertrauen Sie Ihrem Kind, und lassen Sie solche Sätze einfach weg.

Beispiel: »Geh nicht auf die Straße!«

Analyse: Alle verneinenden Sätze sind besonders problematisch, denn unser Gehirn nimmt das »nein« nicht wahr. Vera F. Birkenbihl, Managementtrainerin und Expertin für gehirngerechtes Lernen, wies in ihren Vorträgen immer wieder auf diese Tatsache hin: »Denken Sie nicht an einen weißen Elefanten« – automatisch haben Sie einen vor Augen.

Lösung: Sprechen Sie positiv. Sagen Sie zu Ihrem Kind: »Spiel auf dem Hof.«

Beispiel: »Ich habe mein Kind verloren.«

Analyse: So dramatisch der Tod eines geliebten Kindes ist, mit diesem Satz schalten Sie sich auf »Suchen« und suchen unbewusst fortlaufend nach Ihrem Kind. Sie kommen nicht zur Ruhe, ein Neuanfang ist nicht möglich.

Lösung: »Mein Kind ist gestorben.«

Beispiel: »Ich habe meine Arbeit verloren.«

Analyse: Auch hier laufen Sie Gefahr, der Arbeit, die nicht mehr da ist, zu lange nachzutrauern.

Lösung: Öffnen Sie sich für eine neue Stelle! Erkennen Sie vor allem, dass, wenn etwas zu Ende geht, die Chance für etwas ganz Neues besteht, vorausgesetzt, Sie sind in der Lage, das Alte loszulassen.

Sprachbilder aus der Retterrolle

Prinzipiell ist der Retter schwer zu fassen. Er redet um den heißen Brei, spricht durch die Blume und erzählt in die Breite. Doch ab und an gibt er sich zu erkennen. Oft drückt sich seine Rolle in Handlungen aus: der 16-jährigen Tochter das Pausenbrot schmieren, die Turnsachen in die Schule nachtragen oder dem 25-jährigen Sohn die Wäsche waschen, obwohl er seit fünf Jahren mit seiner Freundin in einer eigenen Wohnung lebt.

Beispiel: »Ich will dir doch nur helfen!«

Analyse: Manchmal will der andere, dem Sie helfen wollen, seine Sachen alleine machen. Trauen Sie ihm das nicht zu?

Lösung: Helfen Sie sich selbst, sicher gibt es genügend Themen, bei denen Sie Hilfe in Anspruch nehmen könnten.

Beispiel: »Komm, ich mach das für dich.«

Analyse: Sie bedeuten dem anderen: Du bist zu langsam, ich helfe dir, damit es schneller geht. Kinder etwa lernen dabei nichts. Halt, das stimmt nicht: Sie lernen, dass sie sich selbst nicht engagieren müssen, Mami oder Papi macht das schon.

Lösung: Diese Hilfe ist völlig unangebracht.

Beispiel: »Ich kümmere mich darum.«

Analyse: Kümmern macht kümmerlich.

Lösung: »Ich erledige das.«

Beispiel: »Ich sorge mich um meine Kinder.«

Analyse: Mit Sorgen stellen Sie sich über Ihre Kinder und halten sie klein, wenn Sie denken, dass sie es nicht alleine schaffen. Zudem übertragen Sie Ihre eigenen Sorgen auf Ihre Kinder.

Lösung: Lassen Sie Ihre Kinder mit Ihren Sorgen in Ruhe. Trauen Sie ihnen mehr zu, und geben Sie ihnen das Gefühl, dass sie sich auf Sie verlassen können.

Beispiel: »Ich muss immer an dich denken.«

Analyse: Sie wünschen sich dauerhafte Harmonie, das ist eine Illusion. Sie haben vielleicht Angst, jemanden zu verlieren. Mit solchen Sätzen treiben Sie ihn oder sie weg von sich.

Lösung: »Ich denke gerne an dich.«

Beispiel: »Das ist nicht schlimm.«

Analyse: Solche Sätze sagen Mütter und Väter gerne zu ihren Kindern. Sie dienen dazu, alles schnell wieder gut erscheinen zu lassen. Es gibt allerdings Situationen, die für das Kind schlimm sind, für Sie jedoch nicht. In diesem Fall greifen Sie mit solch einem Satz in die Welt des Kindes ein. Es fühlt sich nicht ernst genommen.

Lösung: Zeigen Sie Ihrem Kind, dass Sie mitfühlen. Dann können Sie es immer noch beruhigen, am besten ohne Worte, indem Sie es einfach nur in den Armen halten. Das gibt Urvertrauen.

Beispiel: »Schatz, hast du deine Tropfen genommen? Und denk dran: Iss nicht so viel, und vergiss nicht, dass du Zucker hast!«

Analyse: Mit diesem Beispielsatz wird der »Schatz« – gemeint ist der übergewichtige, an Zucker leidende Ehepartner – gering geschätzt. Die Frau spricht mit ihm wie mit einem Kleinkind, dem sie helfen möchte. Der Mann hat seine Mami gefunden und die Mami ein Kind. Das ist auch eine Möglichkeit, sich eine Aufgabe zu sichern, die Wichtigkeit gibt. Diese Frau hat scheinbar ihre wahre Lebensaufgabe noch nicht gefunden und deshalb ihren Mann in Dauerpflege genommen.

Lösung: Lassen Sie Ihren Schatz seinen eigenen Weg gehen – und gehen Sie auf neue Schatzsuche in sich selbst!

Sprachbilder aus dem Schulbereich

Wir haben die folgenden Beispiele ausgewählt, weil sie alltäglich sind. Beim Lesen werden Sie merken, dass diese Sprachbilder genauso im Familienalltag, auf der Straße wie unter Schülern Verwendung finden. Es geht uns nicht darum, Lehrer abzuwerten. Sie haben, wie wir alle teil an unserem Sprachsystem, das Möglichkeiten schafft oder zerstört.

Lehrersprache aus der Täterrolle

Beispiel: »Du bist ja nicht gerade eine mathematische Leuchte!«

Analyse: Letztlich sagt der Lehrer: »Du bist zu dumm.« Möglicherweise kostet er seine Überlegenheit aus. Der Satz fördert den Schüler nicht und hilft ihm nicht in seinen Schwierigkeiten.

Lösung: Bauen Sie auf dem Positiven auf. »Du hast gute Ansätze in deiner Arbeit gezeigt. Ich unterstütze dich gerne, das auszubauen.«

Beispiel: »Das hat dich ja noch nie so wirklich interessiert!«

Analyse: Das kann eine Unterstellung sein.

Lösung: Es gilt zu überprüfen, was tatsächlich der Fall ist. Anschließend kann sich der Lehrer fragen, wie sich der Schüler für den Unterricht interessieren könnte.

Beispiel: »Wenn dir das zu viel ist, kannst du auch wieder auf deine alte Schule zurückwechseln.«

Analyse: Damit stempelt der Lehrer den Schüler und auch gleich noch seine alte Schule ab. Der Lehrer bringt darüber hinaus zum Ausdruck: Hier brauchen wir dich nicht. Nicht gewünscht oder überflüssig zu sein gehört zu den Urängsten des Menschen. Der Lehrer spielt, wahrscheinlich unbewusst, mit diesen Ängsten. Setzen wir sie gegen Menschen ein, schlägt das tiefe Kerben. So werden Menschen zu Außenseitern abgestempelt.

Lösung: Reflektieren Sie als Lehrer Hintergründe des Schülers, um dessen Leistungsfähigkeit kennenzulernen.

Beispiel: »Tja, dann lernst du wohl falsch!«

Analyse: Jüngere Schüler, oft auch ältere, erleben einen solchen Satz als: »Mit mir ist etwas falsch, ich bin nicht in Ordnung, so wie ich bin.«

Lösung: Person und Leistung müssen getrennt betrachtet werden. Schlechte Leistungen sollen nicht zu einem schlechten Selbstwertgefühl führen. Gerade bei schlechten Leistungen ist eine besondere Wertschätzung der Person des Schülers notwendig, damit dieser sich nicht als ganze Person abgelehnt fühlt, nur weil er schlechte Noten hat. Es empfiehlt sich, mit dem Schüler zu reflektieren, wie dieser lernt, und gegebenenfalls Bücher zu Lerntechniken zu empfehlen.

Beispiel: »Wieso hast du dich für diese Aufgabe entschieden, wenn du sie eh nicht kannst?«

Analyse: Der Lehrer zeigt sich arrogant und stempelt den Schüler als Nichtkönner und Möchtegern ab. Dem Lehrer müsste die Gegenfrage gestellt werden: »Warum haben Sie diesen Beruf gewählt, wenn Sie mit Schülern nicht können?« Vielleicht würde er dann verstehen, dass es Menschen verletzt, wenn er so mit ihnen spricht.

Lösung: Folgende Fragen sind hilfreich: »Warum hast du diese Aufgabe gewählt? Was interessiert dich an dieser Aufgabe?« Wenn das klar ist, könnte die Frage folgen: »Hättest du dich mit einer anderen Aufgabe besser gefühlt?« Suchen Sie anschließend nach einer Lösung, beispielsweise dass sich der Schüler an einer anderen Aufgabe versucht. Auf diese Art wird ein Lernprozess in Gang gesetzt.

Beispiel: »Ich bin froh, wenn du auf deine 5 Punkte kommst!«

Analyse: Der Lehrer äußert deutlich, dass er dem Schüler nicht mehr zutraut. Da der Erfahrene das dem Unerfahrenen sagt, hat seine Aussage großes Gewicht und demotiviert.

Lösung: Reflektieren Sie als Lehrer, welche Sätze die Motivation fördern. Etwa: »Ich drücke dir die Daumen.«

Beispiel: »Die 5 Punkte im Abitur schaffst du auf jeden Fall!«

Analyse: Der Satz motiviert nur scheinbar. In Wirklichkeit fixiert der Lehrer seine Erwartungen dem Schüler gegenüber auf 5 Punkte. Nach dem Prinzip der »sich selbst erfüllenden Prophezeiung« setzt der Lehrer eine Hürde, die es dem Schüler erschwert, über die 5 Punkte zu kommen.

Lösung: »Du hast eine gute Basis, letztlich hast du es immer gut geschaff Ich glaube, dass du eine gute Leistung erzielst.«

Beispiel: »Na, das war wohl nichts!«

Analyse: Manche Lehrer fühlen sich unbewusst als Versager, wenn Schüler schlechte Noten schreiben. Manche sind auch beleidigt, wenn sie sich mit der Vorbereitung eines Themas viel Mühe gegeben haben und die Schüler es trotzdem nicht verstehen. Grundsätzlich laufen Lehrer Gefahr, in Resonanz von sich häufenden negativen Situationen zu gehen.

Lösung: Supervision ist sinnvoll, um die Dauerbelastung und Frustrationen gut zu bewältigen.

Beispiel: »Du schaffst das sowieso nicht!«

Analyse: Dieser Satz demotiviert vollständig. Er signalisiert: »Du brauchst dich nicht einmal mehr anzustrengen, du bist ein Looser.«

Lösung: Wenn es eine Tatsache ist, dass der Schüler beispielsweise in Mathematik die notwendigen Leistungen nicht erbringen kann, gilt es, differenziert damit umzugehen. Der Lehrer sollte Hintergründe und Lösungsmöglichkeiten mit dem Schüler und eventuell auch mit seinen Eltern in einer wohlwollenden Haltung besprechen.

Beispiel: »Man sieht deine Bemühungen!«

Analyse: Der Lehrer sagt indirekt: »Du bemühst dich, aber es ist zwecklos.« Zudem wird die Anerkennung der Bemühungen durch das Wörtchen »man« abgeschwächt.

Lösung: Der Satz »Ich sehe deine Bemühungen« würde mehr Kontakt herstellen. Der Schüler könnte sich in seinen Bemühungen gesehen und anerkannt fühlen. Noch besser ist es, wenn der Lehrer sagt: »Ich freue mich, dass du dich engagierst, auch wenn es nicht die Leistung erbringt, die du erwartet hast.« Entspricht es der Ansicht des Lehrers, kann er noch hinzufügen: »Dein Engagement lohnt sich. Du wirst es sehen.«

Beispiel: »Michael ärgert gerne Sonja.« (als Zeugnisbemerkung)

Analyse: Hier handelt es sich vermutlich um eine Unterstellung. Woher soll der Lehrer wissen, dass Michael es gerne macht? Wenn ein Kind ein anderes häufig ärgert, steckt meist eine unbewusste Not dahinter. Diese gilt es zu erkennen und so weit wie möglich aufzulösen.

Lösung: Es genügt zu sagen: »Michael ärgert Sonja.«

Lehrersprache aus der Opferrolle

Beispiel: »Die Klasse ist außer Rand und Band.«

Analyse: Haben die Schüler einen klaren Rahmen? Ohne diesen gehen sie über den Rand und verhalten sich grenzüberschreitend. Wie sind Sie mit den Kindern verbunden? Was lieben Sie an ihnen? Ohne diese Verbindung ist das Band zwischen Ihnen und den Schülern nicht eng genug.

Lösung: Treffen Sie klare Vereinbarungen mit Ihren Schülern. Machen Sie gute Projekte mit klarem Projektrahmen. Geben Sie den Schlüsselpersonen, die außer Rand und Band geraten sind, zu verstehen, was Sie an ihnen besonders schätzen.

Beispiel. »Die Schüler sind mir zu aufsässig.«

Analyse: Seien Sie froh, dass die Kinder *auf-sässig* sind, sich also *erhoben* haben. Jetzt können Sie mit den gezeigten Energien arbeiten. Problematischer wäre es, wenn Sie lauter Sitzenbleiber hätten.

Lösung: Fordern Sie Ihre Schüler. Nutzen Sie die aufsässige, überschüssige Energie für gute Projekte.

Lehrersprache aus der positiven Rolle

Beispiele für eine motivierende, vertrauensvolle und lösungsorientierte Sprache

»Schön, dass du in der Klasse bist.«

»Du hast dich sehr gesteigert!«

»Du kannst das!«

»Du machst gute Fortschritte. Das freut mich sehr.«

»Lass dich von dem selbstsicheren Auftreten anderer nicht einschüchtern, du kannst das genauso gut!«

»Das sieht gut aus.«

»Das geht in die richtige Richtung.«

»Genau so habe ich mir das vorgestellt.«

»Vorbildlich!«

»Das ist gut und ausbaufähig.«

»Du hast mich positiv überrascht.«

»Das nächste Mal schaffst du das.«

»Ich glaube an deine Talente.«

»Ich glaube an dich.«

»Auf mich kannst du zählen.«

»Mach das ganz in Ruhe.«

»Atme erst einmal tief ein und aus.«

»Lass dir Zeit.«

»Beginne einfach, dann kommen deine Ideen wie von alleine.«

»Löse die Aufgabe Schritt für Schritt.«

»Fange mit dem an, was du kennst.«

»Beginne mit der leichtesten Aufgabe.«

Verwenden Sie positive Sprachbilder!

Erinnern Sie sich noch an die »Aktion Sorgenkind«? Diese Förderorganisation nennt sich heute »Aktion Mensch«. Auch das Wort »Krankenhaus« wird teilweise bereits durch »Gesundheitszentrum« ersetzt. Ähnlich verhält es sich mit folgenden Begriffen:

Der *Vorgesetzte*, der Ihnen vor die Nase gesetzt wurde, wird eine *Führungskraft*, der *Angestellte*, der sich immer hinten anstellen muss, ein *Mitarbeiter*. Die *Ersatzmänner* im Fußball, die sich wie das 5. Rad am Wagen fühlen, werden *Ergänzungsspieler*.

Aus *Kritikpunkten* werden *Verbesserungsideen*; aus *Ratschlägen Empfehlungen*, denn der Satz »Ratschläge sind auch Schläge« hat sich herumgesprochen. Das Wort Empfehlungen lässt den anderen die Freiheit, sie anzunehmen.

Aus dem *Gegenüber* wird ein *Gesprächspartner*. Aus *Behinderten* werden *Menschen mit Behinderungen* oder *mit Handicaps*. Menschen lassen sich nicht auf ein Merkmal reduzieren.

Zukünftig brauchen Sie Menschen nicht mehr zu *überreden* und zu *überzeugen*. Besser ist, wenn Sie sie für eine gemeinsame Sache *gewinnen*.

Verwenden Sie Wörter aus Ihrem Sprachschatz, die positive Gefühle hervorrufen, wie zum Beispiel: Liebe, Licht, Glück, Freude, Vertrauen, Wärme, offen, herzlich, freundlich …, oder Sätze wie:

»Mir steht alles, was ich brauche, zur Verfügung.«

»Für den nächsten Schritt, den es zu tun gilt, ist alles da.«

»Ich vertraue dir.«

»Ich weiß, dass du das gut machst.«

»Wir haben es in der Vergangenheit immer geschafft.«

»Verlassen Sie sich auf mich.«

»Schön, Sie zu sehen.«

»Ich freue mich, Sie zu sehen.«

»Ihre Beiträge sind stets eine Bereicherung.«

»Das hast du wieder wunderbar gemacht.«

»Ich liebe deinen Humor.«

»Ich freue mich über die schönen Zimmer Ihres Hotels.«

»Dieser Service gefällt mir.«

»Das ist eine gute Idee.«

»Ich schätze an Ihnen Ihre lockere Art.«

»Als nächsten Schritt schlage ich vor, dass wir gemeinsam Punkt 1 angehen.«

Stellen Sie sich positiv auf negativ aufgeladene Begriffe ein: *Angst* geht auf *eng* zurück. Wir ziehen uns zusammen, damit unsere *Kraft* für uns erhalten bleibt. Angst hat immer auch einen positiven Aspekt.

Im *Widerstand* reservieren wir unsere Kräfte. Freuen Sie sich, wenn sich Widerstände zeigen. Jetzt sind Sie ganz nah an Ihrer Kraft. Mit dem Widerstand gelingt es Ihnen, diese Kraft wieder zu nutzen.

Das Wort *Problem* hat die Bedeutung *Vorgelegtes*: Freuen Sie sich über jede *Vorlage*! Ohne diese können Sie keine Tore schießen.

Krise heißt *Wendepunkt*. Freuen Sie sich auf die Wende.

Und wenn Sie sich die *Kugel* geben müssen, dann gönnen Sie sich eine Kugel Eis!

Wie Sie sprachlich aus dem Hamsterrad aussteigen können

Der Mensch hat die Möglichkeit, den Weg von notwendigen Reflexen zum Reflektieren zu gehen und vom Reagieren zum freien Agieren. Insgesamt müssen wir allerdings bedenken: Neue Muster werden nicht immer mit sofortigem Erfolg belohnt. Alte Resonanzen, die sich in der Täter-, Opfer- oder Retterrolle zeigen, wirken auch, wenn Sie Ihre Sprachmuster bereits verändert haben, eine gewisse Zeit still und leise weiter aus dem

Hintergrund. Je länger Sie neue Rollen und erfolgversprechende Sprach-muster verinnerlichen, desto weiter entfernen Sie sich von den alten Re-sonanzen, sie verlieren an Kraft. Gleichzeitig wächst Ihre Sicherheit, mit der die Menschen in Ihrer Nähe automatisch in Resonanz gehen. Jeder Mensch sucht Sicherheit, Geborgenheit und Vertrauen. Nachhaltige Be-ziehungen, private und geschäftliche, sind nur mit Vertrauen möglich.

Das Erlernen neuer Muster ist in der Gruppe leichter, weil ein direktes Feedback, das wir für unsere Entwicklung brauchen, möglich ist.

Betrachten wir jetzt noch einmal das Gesamtmodell, können wir die unterschiedlichen Rollen, aus denen heraus wir konstruktiv oder des-truktiv sprechen, erkennen. Die Schlüsselfrage für den Ausstieg lautet: Was braucht der andere, der sich momentan auf einem destruktiven Weg befindet?

Der Täter, beispielsweise der Aktionist, braucht Ruhe und Vertrauen:

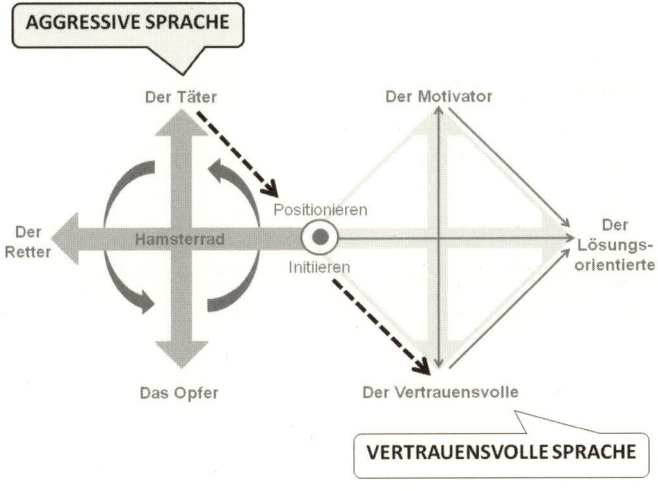

Abb. 32: Aggressive Sprachmuster verändern

Das Opfer braucht Hoffnung, Motivation und Begeisterung:

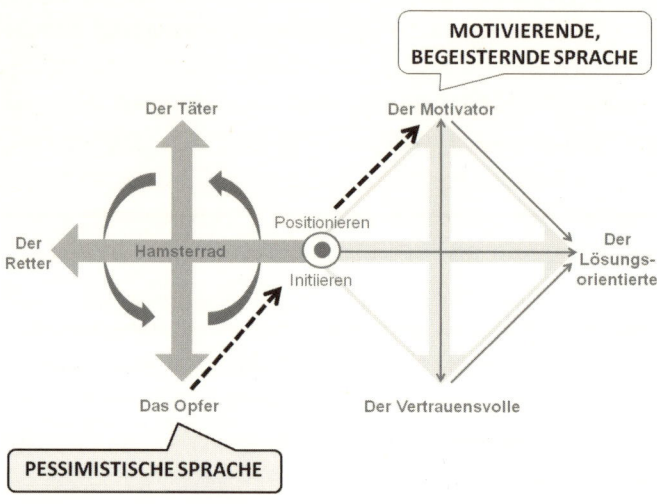

Abb. 33: Pessimistische Sprachmuster verändern

Der Retter braucht Klarheit und konkrete Schritte hin zu einer Lösung:

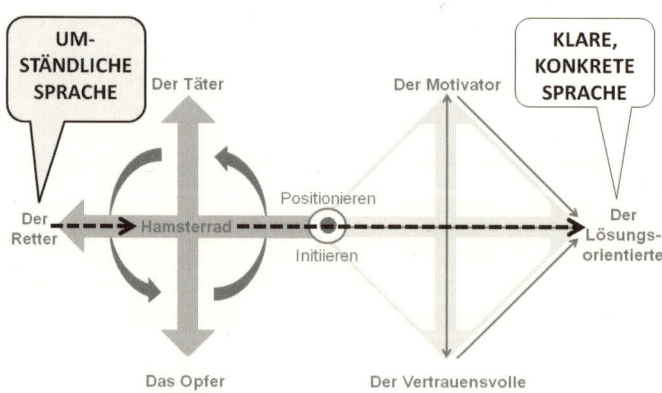

Abb. 34: Umständliche Sprachmuster verändern

Grundsätzlich können wir nach dem Gesetz der Polarität nur über den positiven Gegenpol aussteigen. Das entspricht dem Prinzip von Einstein: »Problemraum ist nicht Lösungsraum.« Es gilt also, eine andere Ebene einzunehmen.

Voraussetzung, um den positiven Gegenpol zu erreichen, ist, dass wir unsere eigene Rolle verstanden haben. Dann können wir Wege finden, sie zu verlassen. Anderen können wir den Ausstieg nur anbieten, den Impuls dafür setzen. Was der andere daraus macht, bleibt seine Sache. Stört es uns, dass er unserem Impuls nicht folgt, begeben wir uns selbst in die Opfer-, Täter- oder Retterrolle. Spielen wir den Beleidigten und sagen: »Der will sich doch gar nicht verändern!«, sind wir in der Opferrolle gelandet. Regen wir uns über ihn auf, weil er den Impuls missachtet, finden wir uns in der Täterrolle wieder, vor allem wenn wir sagen: »Der kapiert das doch sowieso nicht.« Beginnen wir, ungefragt gute Ratschläge zu geben, sind wir in die Retterrolle gerutscht.

Wenn Sie resigniert sind, macht es keinen Sinn, dass Ihr Partner Sie ermahnt, Vertrauen zu haben. Das wirkt in diesem Moment wie eine Floskel. Motivierende Worte unterstützen viel eher. Wenn Sie aufbrausend gegenüber einem Kind waren, gilt es als Erstes, wieder eine ruhige vertrauensvolle Rolle und Sprache einzunehmen. Und wenn Sie in der Retterrolle sind, braucht es zunächst die Reflexion Ihrer verdeckten Opferrolle. Sonst können Sie die Retterrolle nicht verlassen.

Im Folgenden beschreiben wir Lösungsansätze aus dem Bereich Familie und Schule, denn jeder kennt die Reibungsflächen und Stresssituationen, die in den besten Familien vorkommen. Die meisten erinnern sich noch an die eigene Schulzeit bzw. erleben diese Zeit erneut mit den Kindern. Das Praxisfeld »Unternehmen« reicht vom Führungsverhalten bis zur wichtigen Synergie innerhalb eines Teams, unabhängig, ob Sie Unternehmer, Führungskraft oder Teil eines Teams sind.

Lösungsansatz im Praxisfeld Familie

Ausgangssituation: Das Kind hat sein Zimmer wieder nicht aufgeräumt. Die Mutter sagt: »Ich halte dein Chaos nicht mehr aus. Ich weiß nicht mehr, was ich mit dir machen soll.« Das Kind erwidert: »Wenn du das Chaos nicht aushältst, musst du ja nicht in mein Zimmer gehen.«

Analyse: Die Mutter fühlt sich komplett überlastet, sie spricht aus der Opferrolle, das Kind nimmt die Täterrolle ein. Die resignierte Sprache der Mutter ist genauso kontraproduktiv wie eine aufgeregte oder empörte Sprache.

Lösung: Es gilt, ruhig mit dem Kind zu sprechen, sodass es überhaupt eine Wahl hat aufzuräumen. Gleichzeitig braucht das Kind Klarheit. Dahinter steckt in der Regel eine Geschichte, wie zum Beispiel unklare Regelungen oder ein fehlender Rhythmus des Aufräumens. Vielleicht ist es auch nicht die Stärke des Kindes, Struktur zu schaffen. Das heißt, es braucht Hilfe beim Aufräumen. Bei Kindern in der Vollpubertät ist es empfehlenswert, sie bis zu einem gewissen Grad ihrem eigenen Chaos zu überlassen. Empfehlenswert ist auch zu reflektieren, ob das Kind nicht vielleicht die Strukturlosigkeit der Eltern spiegelt. In diesem Falle müssten die Eltern selbst Strukturen schaffen und Ordnung halten.

Lösungsansatz im Praxisfeld Schule

Ausgangssituation: Ein Schüler zeigt häufig ein auffälliges Verhalten. Der Lehrer ermahnt den Schüler: »Wenn du so weitermachst, setze ich dich vor die Tür.«

Analyse: Der Lehrer spricht aus der Täterrolle, indem er sich über den Schüler aufregt und eine Drohung ausspricht. Der Schüler reagiert ebenfalls aus der Täterposition. Er fällt auf, weil er sich in seinem Wert nicht gesehen fühlt. Dabei braucht er Wertschätzung. Er will in seinem

Wert gesehen werden. Vor die Tür gestellt, kann er gar nicht mehr gesehen werden. Sein Verhalten wird sich verschlimmern. Zwei Personen in der Täterrolle verstärken den Stress. Es gibt Streit und Kampf.

Auch wenn der Lehrer den Schüler ignoriert, handelt er aus der Täterrolle, weil er über den Schüler hinwegsieht. Er wird also wieder nicht gesehen, bleibt in der Täterrolle und setzt sein auffälliges Verhalten fort.

Lösung: Der Lehrer spricht nach dem Unterricht mit dem Schüler zuerst über das, was er an ihm schätzt, und erst dann über Verbesserungsmöglichkeiten seines Verhaltens.

Als übergreifende Lösung ließen sich Jahresentwicklungsgespräche mit allen Schülern am Anfang und Ende des Schuljahres als Standard einführen. Sie beugen auffälligen Verhaltensweisen ebenso vor wie ein Entwicklungstag für die Schulklasse zur Teambildung, denn auffällige Schüler fühlen sich auch innerhalb des Klassenverbandes nicht anerkannt und wertgeschätzt.

Der auffällige Schüler braucht Vertrauen und Wertschätzung. Erst wenn der Lehrer seine Täterrolle verlässt und darauf vertraut, dass der Schüler sich positiv entwickeln wird, hat dieser die Chance, seine Täterrolle zu verlassen. Der Erwachsene muss den Anfang machen und die Lösung anbieten. Wir können diesen Schritt von Kindern und Jugendlichen nicht erwarten.

Lösungsansatz im Praxisfeld Unternehmen (Beispiel Vertrieb)

Ausgangssituation: Ein Kunde verliert sich in negativen Endlosgeschichten.

Kontraproduktive Reaktion 1: Als Kundenbetreuer setzen Sie noch eine Geschichte drauf: »Ja, das ist mir auch schon mal passiert. Stellen Sie sich vor ...«

Analyse: Der Kunde spricht aus der Opferrolle, der Kundenbetreuer aus der Retterrolle.

Kontraproduktive Reaktion 2: »Ja, aber so negativ müssen Sie das nicht sehen!«

Analyse: Mit dem »Ja, aber« begeben Sie sich in die Täterrolle. Der Kunde wird unter Umständen sauer, weil Sie ihm mit dem »aber« etwas wegzunehmen versuchen. Das lässt er sich nicht gefallen. Wenn er nicht sauer wird, fällt er eventuell in die Lähmung, weil ihm nichts mehr einfällt. Auch in diesem Falle ist das Gespräch wahrscheinlich beendet.

Hinter Endlosgeschichten steht, dass ein Mensch gefragt und ganz persönlich angesprochen werden möchte. Hinter dem Unkonkreten steht das ganz Konkrete, was ihn tatsächlich beschäftigt und was er alleine nicht zu lösen vermag.

Lösung: Es gilt zu erkennen, was dem Kunden momentan wichtig ist. Was ist der springende Punkt, wenn er ohne Punkt und Komma redet? In der Regel kompensiert er übers Geschichtenerzählen Kummer und Sorgen. Sie können fragen: »Was beschäftigt Sie momentan? Wo zwickt es, wo drückt es, wo brennt es? Ich höre Ihnen gerne zu.« Wichtig ist, den Kunden dazu zu bewegen, aus seiner Endlosgeschichte herauszutreten. Das schaffen Sie, indem Sie ihn direkt und persönlich ansprechen, um anschließend mit ihm an konkreten, kleinen Lösungsschritten zu arbeiten.

Diese Lösung können Sie übrigens auch anwenden, wenn Sie von den Endlosgeschichten Ihrer Bekannten und Freunde genervt sind.

Lösungsansatz im Praxisfeld Unternehmen (Beispiel Kundenbetreuung)

Ausgangssituation: Ein Kunde ruft an und beschwert sich: »Sie sind schuld, dass die Ware nicht rechtzeitig geliefert wurde!«

Kontraproduktive Reaktion 1: Als Kundenbetreuer antworten Sie: »Nein, das kann nicht sein! Wir haben Ihre Bestellung rechtzeitig weitergeleitet.«

Analyse: Damit übermitteln Sie dem Kunden folgende Botschaft: Wir haben alles richtig gemacht. Sie liegen falsch und sind selbst schuld. Letztlich sagt er dem Kunden: »Sie lügen.« Um nicht das Opfer zu sein, greifen Sie ihn aus der Täterrolle an und geben die Schuld zurück.

Kontraproduktive Reaktion 2: »Ich weiß jetzt auch nicht, was wir machen sollen.«

Analyse: In diesem Fall sprechen Sie als hilfloses Opfer. Der Kunde reagiert unter Umständen aufgebracht. Wenn ihm keiner helfen kann, fühlt er sich hilflos und kompensiert das Gefühl durch Aggression. Seine Täterposition verstärkt sich.

Lösung: Der Kunde braucht Verständnis und Vertrauen, dass die Dinge geregelt werden. Sprachlich können Sie folgende Formulierung verwenden: »Ich verstehe Ihren Ärger. Sicher finden wir eine Lösung. Ich schlage vor, dass ich nachsehe, was schiefgelaufen ist, und melde mich wieder bei Ihnen bis 12 Uhr. Genügt Ihnen das zeitlich?« So sprechen Sie mit Vertrauen und Zuversicht. Der Kunde wird auf Lösungsorientierung statt auf Konfrontation eingestimmt. Das Problem selbst tritt in den Hintergrund.

Lösungsansatz im Praxisfeld Unternehmen (Beispiel Mitarbeiterführung)

Ausgangssituation: Ein Mitarbeiter geht seine Aufgabe zögerlich an. Die Führungskraft spürt seine Unsicherheit und sein Unbehagen.

Kontraproduktive Reaktion 1: »Das ist doch leicht!«

Analyse: Sie sprechen aus der Täterrolle, spielen den Schlauen. Beim Mitarbeiter kommt an, dass er zu dumm ist, folglich verhält er sich gelähmt.

Kontraproduktive Reaktion 2: »Stellen Sie sich nicht so an!«

Analyse: Auch diese ungeduldige und aggressive Antwort kommt aus der Täterrolle. Damit produzieren Sie entweder Resignation beim Mitarbeiter (Opferrolle) oder setzen einen Konfliktreiz (Täterrolle).

Lösung: Der Mitarbeiter braucht Motivation. Sie können antworten: »Ich weiß, dass Sie es können. Vor einigen Wochen haben Sie eine ähnliche Aufgabe gut gelöst!« Mit dieser Antwort zeigen Sie Wertschätzung und motivieren den Mitarbeiter.

Diese Lösung ist ebenso im privaten Bereich anwendbar.

Lösungsansatz im Praxisfeld Unternehmen (Teamarbeit)

Ausgangssituation: Ein Team sucht eine Lösung für ein Problem. Alle machen Vorschläge, drehen sich im Kreis und verlieren sich im Unkonkreten. Es gelingt ihnen nicht, das Wesentliche auf den Punkt zu bringen.

Kontraproduktive Reaktion: Auch Sie können sich innerhalb des Teams vor guten Ideen nicht retten. Sie springen von einer Idee zur nächsten, ohne eine Priorität zu erkennen oder eine favorisierte Idee zu benennen.

Analyse: Alle Teammitglieder sprechen entweder aktionistisch (Täterrolle), oder sie machen die Dinge nicht konkret, indem Sie Stellung beziehen und sagen, was sie gut finden. Oder sie wollen sich nicht positionieren (Retterrolle).

Lösung: Stimmt die Kommunikation nicht, d. h., die einzelnen Personen haben keine gute Beziehung miteinander, gilt es als Erstes, den Teamgeist zu stärken. Ist die Beziehung der einzelnen Teammitglieder schlecht, braucht es unter Umständen einen Mediator zur Lösung der Konflikte. Ist beides nicht der Fall, genügt eine klare Struktur der Gesprächsführung. Klären Sie folgende Fragen: Wer ist Teamleiter? Wie lautet der Zeitrahmen oder die Tagesordnung? Was sind die Brennpunkte? Wie wurden solche Probleme in der Vergangenheit gelöst?

Insbesondere gilt es, die Disziplin zu wahren, jeden Lösungsvorschlag ernst zu nehmen, die Konkretisierung zu reflektieren und gegebenenfalls klare Schritte festzulegen.

Solche Lösungsmöglichkeiten gelten ebenso für Ehepartner, Freunde, die Familie: dem/den anderen zuhören und das Gesagte ernst nehmen und gemeinsam Lösungen überlegen.

Lösungsansatz im Praxisfeld Unternehmen (Beispiel Vertrieb)

Ausgangssituation: Sie wollen eine Anzeige in einer Zeitschrift verkaufen. Der Kunde reagiert leicht aufgebracht: »Sie wollen doch sowieso nur mein Geld!« (Position: Täter)

Kontraproduktive Reaktion: »Schauen Sie, welche Vorzüge diese Anzeige für Sie hat!«

Analyse: Der Kunde fühlt sich nicht ernst genommen und greift aus der Täterrolle an. Sie reagieren nicht als Motivator, sondern als Aktionist, befinden sich also ebenfalls in der Täterrolle. Das führt zu Streit.

Lösung: Steigen Sie nicht auf die Provokation ein, bleiben Sie ruhig. Hören Sie Ihrem Kunden zu, und erinnern Sie ihn daran, wie die Situation im letzten Frühjahr war. So kann er erkennen, dass nach jeder Flaute immer wieder Aufschwünge erfolgten.

Lösungsansatz im Praxisfeld Unternehmen (Beispiel Vertrieb)

Ausgangssituation: Sie bieten ein Seminar an. Der Kunde sagt: »Das hat alles keinen Sinn!« (Position: Opfer)

Kontraproduktive Reaktion: »Sehen Sie Ihre Situation nicht so tragisch!«

Analyse: Diese Aussage wird leicht als Ignorieren der Realitäten gewertet.

Lösungsansatz: »Lassen Sie uns schauen, wo wir Sie unterstützen können. Wissen Sie noch, wie gut Sie sich nach dem letzten Seminar gefühlt haben?« Damit der Kunde die Opferrolle verlassen kann, braucht er Motivation, die Erinnerung an eine Situation, in der er motiviert war.

Erfolg braucht die Balance der drei Intelligenzen

Der Mensch verfügt über drei unterschiedliche Arten von Intelligenz. Die erste kann im Verhältnis zu den anderen mit der Größe eines Tischtennisballs verglichen werden – und das ist zur Enttäuschung vieler die *rationale Intelligenz*, unser Verstand, der gerne Pingpong mit uns spielt:

Und wenn Sie jetzt sagen, das kann doch nicht möglich sein, dann rebelliert gerade Ihr Verstand, der sich über solche Aussagen ärgert, weil er es gewohnt ist, mehr Bedeutung zugemessen zu bekommen. Analog zum Pingpongball wechseln unsere Gedanken von rechts nach links und von links nach rechts. Unermüdlich, notfalls ein Leben lang, wenn wir die Bedeutung des Verstandes nicht auf eine gesunde Größe zurückfahren.

Die mittelgroße, die *emotionale Intelligenz*, in etwa vergleichbar mit einem Fußball, symbolisiert unser Herz:

Mit offenem Herzen können wir andere Herzen bewegen und uns mit anderen verbinden. »Learning by heart«, »Lernen mit dem Herzen«, empfiehlt eine englische Sprachwendung. »Das heißt zwar »auswendig lernen«, aber es gelingt am besten, wenn wir uns mit dem Herzen nach außen wenden. Wachstum und Entwicklung sind nur über Lernen möglich. Wir lernen natürlich auch mit dem Verstand, allerdings rein quantitativ. Das Lernen mit dem Herzen geht tiefer und berührt die Emotionen. Diese Qualität brauchen wir, um uns und Menschen zu bewegen.

Die größte der drei Intelligenzen ist die spirituelle Intelligenz, unser *Spirit,* unser *Sprit,* den wir brauchen, um im Leben immer wieder durchzustarten. Ihre Größe kann mit der eines Völkerballs verglichen werden:

Zur spirituellen Intelligenz gehören unsere Begeisterung, unsere Impulse, unsere Intuition. Sie gibt uns die Möglichkeit, unter anderem mit unseren Sinnen Wesentliches zu begreifen und zu erleben. Und das können wir nur, wenn Körper, Geist und Seele in Harmonie sind.

Vernachlässigung oder Überbetonung der einzelnen Intelligenzen

Alle drei Intelligenzen wirken im richtigen Verhältnis zusammen. Es gilt, stets alle drei Bälle gleichzeitig zu jonglieren und zur rechten Zeit am rechten Ort die richtige Intelligenz zu nutzen.

Tun wir das nicht und vernachlässigen bzw. überbetonen eine, werden wir schlechte Ergebnisse erzielen: Mit mangelnder rationaler Intelligenz werden wir Probleme bekommen, unsere Ideen umzusetzen. Mit mangelnder emotionaler Intelligenz wirken wir kühl und unnahbar, denn wir glauben, alles alleine machen zu müssen, und überlasten uns, weil wir uns nicht mit anderen verbinden. Mit mangelnder spiritueller Intelligenz fallen wir in die Sinnlosigkeit, werden zum Workaholic: *Burnout* ist die Folge, wenn das *Burn-in* ausbleibt. Ohne Sprit geht es nicht voran.

Mit einem Zuviel wird es gleichfalls problematisch. Bei einer Überbetonung der rationalen Intelligenz wird unser Verstand vorlaut. Er neigt ohnedies dazu, laut zu sein. Manager mit einem Zuviel an Ratio gehen im Endstadium über Leichen: Sie entlassen Mitarbeiter für einen dickeren Geldbeutel. Am Ende werden sie selbst vom Geld gebeutelt und Beute ihrer Gier.

Mit einem Zuviel an emotionaler Intelligenz werden wir zum Allesversteher, wir überladen uns emotional, sind im Mitleid oder gar im Helfersyndrom gefangen. Erst mit der Klarheit und Unterscheidungskraft der Ratio können wir Emotionen kühlen und im Rahmen halten. Beide ergänzen sich optimal: Die Emotion ist warm, die Ratio kühl. Beide zum rechten Zeitpunkt eingesetzt und in Balance gehalten, ergeben ein Ganzes.

Mit einem Zuviel an spiritueller Intelligenz werden wir zu Heilern, die sich heiler fühlen als alle anderen. Wir wirken abgehoben, wenn nicht sogar entrückt. Esoterik bedeutet im ursprünglichen Sinn nichts Negatives. Ein Esoteriker ist »jemand, der in die Geheimlehren einer Religion, Schule oder Lehre eingeweiht ist«. Da, wo wir uns zu Hause fühlen, wo wir bei uns selbst angekommen sind, da sind wir an das geheime Wissen angeschlossen. Je weiter wir uns von uns selbst entfernen, desto *un-heimlicher* wird es.

Jede der drei Intelligenzen verfügt über eigene Kompetenzen, Überschreitungen führen ins Ungleichgewicht und letztlich ins Chaos. Die rationale Intelligenz, unser Verstand, ist der Verwalter, der Wissen, Erfahrungen und Erlebnisse lenkt. Für das Neue ist er nicht zuständig. In diesem Fall müssen wir unser Herz fragen. Wenn es nicht lauter zu schlagen beginnt, wird es sich nicht für das Neue erwärmen können. Immer wenn es um das Neue geht, sollten wir zudem die spirituelle Intelligenz fragen, den sich ausdehnenden Geist, der für Wachstum zuständig ist. Das Herz macht aus dem *Geist* des Neuen die *Begeisterung*, unser Verstand sichert den Praxistransfer, formuliert Ziele, bestimmt Teilziele und terminiert alle Vorhaben. Er managt das Controlling, damit wir am Ende im Terminal einlaufen und unseren Bestimmungsort zur rechten Zeit erreichen.

Die emotionale Intelligenz öffnet das Herz und erwärmt uns für Menschen und Projekte. Die spirituelle Intelligenz macht Sinn, gibt den Sprit, fördert die Impulse und stärkt die *Intuition*, was *unmittelbare Betrachtung* heißt, das heißt, wir können jetzt und sofort erkennen, was wesentlich ist. Der Terminus »Intuitives Management« beginnt sich in der Wirtschaft zu etablieren. Wenn wir etwas Neues vorhaben, sei es im Privaten oder im Unternehmen, und wissen wollen, ob das Vorhaben sinnvoll ist, macht es keinen Sinn, den Verstand zu fragen. Für Entscheidungen ist er nur bedingt wichtig, indem er die positive Essenz seiner alten Erfahrungen einbringt. Für den Sinn, der zu einer Entscheidung führt, sind die *Sinne* der spirituellen Intelligenz zuständig. Sie bringen uns zur *Besinnung*. Unser Verstand wird Altes abfragen, das Neue kennt er noch nicht, weshalb er, egal, wie lange seine

Suchmaschine das Alte durchforstet, nur folgende Antworten auszu-
spucken vermag: »Das geht nicht«, »Das gibt es nicht«.

Bei der Durchführung eines Einstellungsgesprächs brauchen Sie deshalb Ihren Verstand nicht gänzlich auszuschalten. Ihre alten Erfahrungen spielen durchaus eine Rolle. Vorwiegend jedoch sollten Sie sich auf
Ihre Intuition verlassen, indem Sie danach fragen, was mit dem neu-
en Mitarbeiter Neues im Unternehmen passieren soll. Und Sie könnten Ihr Herz entscheiden lassen. Stellen Sie sich vor, Sie werden die
nächsten 20 Jahre diesen Bewerber jeden Tag sehen. Hüpft Ihr Herz
vor Freude? Empfinden Sie Zuneigung? Interessiert Sie dieser Mensch
gar nicht? Erscheint er Ihnen nützlich, weil er Ihnen eine ungeliebte
Tätigkeit abnehmen könnte? Diese Haltung bringt Ihnen kein Glück.
Stets ist es wichtig, dass alle drei Intelligenzen befragt werden. Mit der
rationalen Intelligenz fragen Sie im Zuge des Gesprächs vielleicht die
Fachkompetenz ab, doch sollten spirituelle und emotionale Intelligenz
in der Entscheidung den Vorrang haben. Sagt eine der beiden Instan-
zen Nein, spielt die Fachkompetenz, egal, wie gut der Bewerber ist,
keine Rolle mehr.

Machen Sie auch nicht den Fehler, Bewerbungsgespräche zwischen-
durch oder abends zu führen, wenn Sie sich erschöpft fühlen. In diesem Fall springt Ihre spirituelle Intelligenz vielleicht nicht mehr an. Sie
funktioniert am besten in der Ruhe bzw. wenn Sie ausgeglichen sind.

Praxisbeispiel Familie: Eine Frau, bereits mit vier kleinen Kindern gesegnet, war erneut schwanger. Sie eröffnete das Coachinggespräch mit den Worten: »Ich habe mich entschieden abzutreiben.«
Da Coachs keine Abtreibungen vornehmen, war klar, dass sie dem
kleinen Geschöpf in ihrem Bauch noch eine Chance einräumen wollte. »Wir können gerade mal die vier Kinder ernähren«, »Meine Ehe
wird die Belastung nicht aushalten«, »Ich wollte endlich mal wieder
Zeit für mich«, eine Viertelstunde lang erzählte ihre Ratio von der
Unmöglichkeit, dem Kind eine Chance einzuräumen. Auf die Frage,

was denn ihr Herz zu der Schwangerschaft sage, brach sie in Tränen aus und weinte lange. Ihr Herz brachte unterdrückte Emotionen in Fluss und den Verstand zum Schweigen. Denn für das Herz war alles in bester Ordnung, auch ihr Spirit schien sehr zufrieden, sie tankte in kurzer Zeit energetisch auf, fühlte den Sinn des Ganzen. Nun erinnerte sie sich, dass sie bereits beim ersten Kind dachte, das sei die unpassende Zeit, beim zweiten, es wäre nicht zu schaffen, und beim dritten und vierten, das wäre ihr alles zu viel. Doch mit jedem Kind öffneten sich ungeahnte energetische Räume, sie wurde kräftiger und selbstbewusster. Dennoch hatte sich immer wieder ihr verstandesmäßiger »Pingpongball« zu Wort gemeldet. Er mischte sich ein, er wollte recht behalten.

Wir können nur in Kombination mit der rationalen Intelligenz erfolgreich sein. Wir brauchen sie zur Realisierung von Projekten. Dennoch misst unsere Kultur der rationalen Intelligenz eine viel zu große Bedeutung bei. Politiker debattieren in Endlosdiskussionen mit rationalen Argumenten und wundern sich, dass sich nichts verändert, sondern immer nur hin und her diskutiert wird – das beste Beispiel rechthaberischer, nicht funktionierender Führung. Auch im Verkauf oder Vertrieb der Unternehmen werden die Experten oft auf rationale Argumentationsketten getrimmt. Das ist anstrengend und energieraubend, denn sie versuchen ihre Kunden zu überreden, statt sie zu gewinnen. Unser ganzes Schulsystem wird durch die aufgeblähte rationale Intelligenz blockiert. Quantitatives Wissen zählt mehr als das Herz, die emotionale Intelligenz, und die Begeisterung, die spirituelle Intelligenz. Hauptsache, der Stoff wird den Kindern eingepaukt. Wie der Mensch funktioniert, wird in der Regel vernachlässigt. An erster Stelle steht jedoch die Begeisterung eines Menschen, dann seine Fähigkeit, Emotionen zu zeigen und Beziehungen zu leben. Sind Schüler begeistert, fühlen sie sich beim Lehrer gut aufgehoben und haben dazu noch eine Klassengemeinschaft, in der jeder seinen Platz gefunden hat, ist es leicht, neues quantitatives Wissen aufzunehmen. Denn emotionale und spirituelle Intelligenz sind dafür die Voraussetzung. Ohne diese Grundlage sind Schüler im Dauerstress und Kampf um ihre Position.

Emotionale und spirituelle Intelligenz entscheiden bis zu 80 Prozent über Glück und Erfolg. Die rationale Intelligenz, als IQ bekannt, besetzt die restlichen 20 Prozent. Daniel Goleman schreibt in seinem Buch »Emotionale Intelligenz«: »Der IQ trägt höchstens 20 Prozent zu den Faktoren bei, die den Lebenserfolg ausmachen, sodass über 80 Prozent auf andere Kräfte zurückzuführen sind.« Was nutzen uns Ärzte mit hohem IQ und besten Noten, wenn sie zu Menschen keine Beziehung aufbauen können? Was nutzen Manager und Führungskräfte in der Wirtschaft, die hochintelligent sind, aber jegliches Feingefühl für die Basis verloren haben?

Die folgende Darstellung zeigt das optimale Zusammenspiel der drei Intelligenzen:

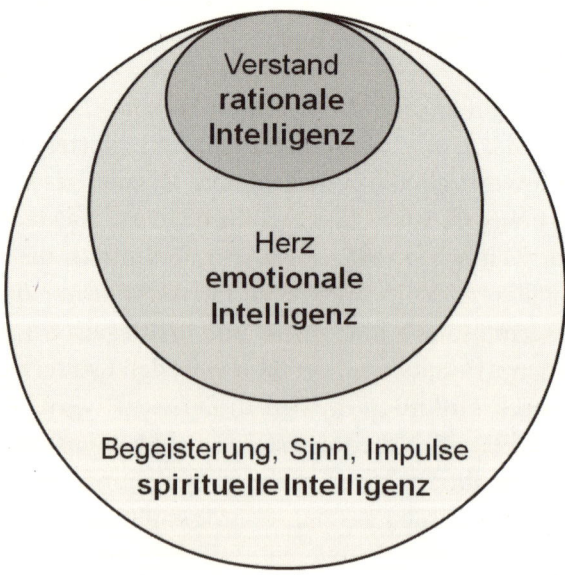

Abb. 35: Die drei Intelligenzen

Wie wir die drei Intelligenzen erkennen können

Die Sprache der rationalen Intelligenz können wir an folgenden Indikatoren ausmachen: Als Verwalter des Alten spricht die rationale Intelligenz oft aus der Vergangenheit. Wir erzählen negative alte Geschichten. Das tun wir, weil die Ratio nur von Altem erzählen kann. Neues ist ihr fremd. Sprechen wir über etwas Schönes aus der Vergangenheit, verantwortet das nicht unsere Ratio, sondern die Emotion.

Da die rationale Intelligenz nicht nur der Verwalter des Alten, sondern der Notmanager ist, sprechen wir unter ihrer Anleitung oft aus der Not. Mit »sollen«, »müssen« sowie »hätten«, »könnten«, »würden« und »wären« halten wir uns in der Not fest. »Sollen« kommt von Schuld, »müssen« macht Druck. »Hätte«, »könnte«, »würde«, »wäre« werden als Konjunktiv auch als Unwirklichkeitsform bezeichnet. Vertiefend können Sie die Verwendung dieser Begriffe, die ausschließlich von der Ratio geprägt werden, bei den zuvor beschriebenen Sprachmustern und in Kapitel 5 nachlesen.

Sprechen wir nicht aus der Not, dann zeigt sich die rationale Intelligenz sehr sachlich, nüchtern, kühl, dominant, fordernd und starr: »Zahlen Sie unverzüglich!« Denken Sie an das Beamtendeutsch und die Juristensprache. In der Regel geht es nicht um einzelne Wörter, sondern um das Gesamtsprachbild, denn emotional warme Wörter und solche, die Spaß machen, fehlen. Viele Wörter kommen aus einer komplexen, teilweise fremden Welt: Brückentechnologie, Straßenverkehrsordnung, Arbeitslosenschwemme, Zwangsvollstreckung. Letzteres stammt aus dem Mittelalter, wo Menschen »zwangsweise voll zu strecken« eine Foltermethode war. So reden heute Behörden mit den Bürgern! Bei den oben genannten Beispielen handelt es sich um Aneinanderreihungen von Hauptwörtern: *Straßen-Verkehrs-Ordnung*. Ein *Haupt-Wort* drückt Wichtigkeit aus, viele Hauptwörter wirken überwichtig.

Folgende Indikatoren weisen auf die Sprache der emotionalen Intelligenz hin: Wörter, die warme Gefühle auslösen und mit positiven Vorstellungen verbunden sind, zum Beispiel: herzlich, freundlich, schön, Freude, Lust und lustig, Glück etc. Die emotionale Sprache stellt Beziehung zu Menschen her: »Ich freue mich, Sie wiederzusehen.« »Es war sehr schön in Ihrem Hause.« »Was für ein Glück, dass Sie gekommen sind.« »Du machst mich glücklich.« »Ich liebe dich.« Mit dieser Sprache geben wir Menschen Energie.

Die Sprache der spirituellen Intelligenz zeigt sich nicht in einzelnen Schlüsselwörtern oder -sätzen, sondern im Inhalt, der eine positive, optimistische Einstellung zum Leben widerspiegelt. Wie oben beschrieben, gibt sie Sinn, schafft Bilder der Begeisterung und fordert uns auf, kreativ zu sein.

Leitsätze aus Kapitel 2

- Erfolg folgt einer Struktur.
- Ihre Emotionen drehen Ihr Leben.
- Opfer bedeutet eine nicht gelebte Wichtigkeit.
- Mit Beschwerden machen Sie sich schwer.
- Die Retterrolle führt ins Helfersyndrom.
- Opfer- und Retterrolle entsprechen Reflexen aus der Tierwelt und dienen der Notabwehr.
- Statt in Reflexen zu verharren, können wir lernen, unsere Rollen zu reflektieren.
- Erfolg entsteht, wenn Sie die drei positiven Grundrollen in Balance halten: den Vertrauensvollen, den Motivator und den Lösungsorientierten.
- Nicht mehr recht haben zu müssen macht frei.
- Mit dem positiven Gegenpol steigen Sie aus dem Hamsterrad aus.

Kapitel 3

Mit System aus dem Hamsterrad aussteigen – die Entwicklung der Persönlichkeit

Leitfragen zu Kapitel 3

• Welche Bedeutung hat Entwicklung für unser Leben?

• Kennen und nutzen Sie Ihren Stärke- und Schwächespiegel für Ihre Entwicklung?

• Wie können Sie Ihre Persönlichkeit mit System entwickeln?

»Wenn du hervorbringst, was in dir ist,
wird das, was in dir ist, dich heilen.
Wenn du nicht hervorbringst, was in dir ist,
wird das, was in dir ist,
dich zerstören.«

Thomasevangelium, Logion 70

Ohne Entwicklung können wir einpacken

Ohne *Entwicklung* landen wir automatisch im negativen Part des EMO-TIONAL ROTORs: Wir verharren in den Rollen Täter, Opfer oder Retter. Deshalb gilt es *auszuwickeln,* was in uns steckt. Dies braucht neben Kontinuität und innerer Stärke ständige Reflexion in der Tiefe sowie den professionellen Blick von außen und den wachen Geist eines Teams, denn allzu leicht rutschen wir mit der Macht der Gewohnheit zurück in alte Spuren. Der Mensch ist ein Gewohnheitstier – Hauptsache, wir brauchen die vertrauten Strukturen nicht zu verlassen! Doch kontinuierlicher Wandel gehört zur Erfolgsmatrix, deshalb müssen wir im Laufe unseres Lebens immer wieder unsere Denk- und Verhaltensmuster überprüfen und gegebenenfalls erneuern.

Es gibt individuelle Zeiten des Wandels, in denen wir in eine neue Phase unseres Lebens eintreten, wenn wir beispielsweise von der Schule in den Beruf wechseln. Oder wenn wir in der Lebensmitte in die »Wechseljahre« kommen und uns die Endlichkeit des Lebens klar zu werden beginnt. Nach dem Kabarettisten Hanns Dieter Hüsch sollte, wer über 50 Jahre alt ist, ab und an über den Friedhof schlendern, um später nicht aus allen Wolken zu fallen.

Die Lebensmitte dient der Rückbesinnung und Neubewertung. Dabei ist besonders die Intuition gefragt. Was ist uns wirklich wichtig und wertvoll? Was soll im nächsten Lebensabschnitt maßgeblich sein? Unternehmer, die diese Zeitqualität nutzen, beginnen ihre Nachfolge zu reflektieren und den Fortbestand ihres Unternehmens zu sichern.

Ein geistiges Gesetz heißt: wie im Kleinen so im Großen. Dementsprechend gibt es »kollektive Wechseljahre«, etwa den globalen Wandel, der auch als Paradigmenwechsel, also als Veränderung der Denk- und Handlungsstrukturen, angesehen werden kann. Dabei kommen alle richtig ins Schwitzen, die Kleinen wie die Großen. Wir müssen uns dem Wandel stellen.

Zum neuen Paradigma gehört vor allem der Aspekt »Transparenz«, der momentan besonders Politikern und der Institution Kirche zum Verhängnis wird. Die Kraft der Teamsynergie und das Wissen, dass Schwächen nicht gelebte Stärken werden, bestimmen dieses neue Paradigma. Die Bedeutung der emotionalen Intelligenz rückt immer stärker in den Vordergrund, das heißt, die Entwicklung der Intuition und Sensitivität ist mehr und mehr gefragt.

Ein notwendiger Wechsel löst stets Krisen aus. Das lateinische Wort *crisis* heißt *Höhepunkt, entscheidende Wendung.* Auch das chinesische Zeichen für Krise ist doppelsinnig: Einerseits symbolisiert es *Gefahr* und gebietet, wachsam zu sein, andererseits steht es für *Möglichkeit.* Wer wachsam ist, wird neue Möglichkeiten sehen und ergreifen können. Zu den Erfordernissen unserer Zeit gehört, dass wir neue *Spuren* finden, uns neu *spüren,* neu *einspuren* und dass wir den richtigen Riecher haben, zur rechten Zeit am rechten Ort zu sein. Unternehmer, die nur damit beschäftigt sind, das, was unweigerlich zusammenbrechen wird, zu halten, statt das, was aufbricht, wahrzunehmen und ihm zu folgen, verpassen die Vielfalt der Möglichkeiten. Das Wachstum findet ohne sie statt. Denn dem Wachstum ist es egal, wer mit ihm wächst und wer nicht.

Dabei braucht es eine bestimmte Entwicklungsgeschwindigkeit. Albert Einstein verglich dieses Phänomen mit dem Fahrradfahren: »Das Leben ist wie ein Fahrrad. Man muss sich vorwärtsbewegen, um das Gleichgewicht nicht zu verlieren.« Menschen und Systeme sind auf Entwicklung ausgerichtet. Dabei ist jedoch nicht grenzen- und maßloses, sondern kontinuierliches gesundes Wachstum gefragt. Wie beim *Erwachsenwerden* können wir uns nicht entscheiden, nicht zu wachsen, denn wenn wir das tun, beginnt negatives Wachstum. Alles ist immer in Bewegung, in Veränderung und Entwicklung – positiv oder negativ.

Praxisbeispiel: Was geschieht bei Wachstumsverweigerung?

Ein erfolgreicher Berater hatte sich entschieden, nur bis zu einem bestimmten Umsatz zu wachsen, nachdem sein Steuerberater errechnet hatte, dass – aufgrund des Steuersatzes – nach Abzug der Einkommensteuer bei 70 000 Euro Jahresumsatz der Reinerlös genauso hoch sei wie bei einem Umsatz von 120 000 Euro. Bei 70 000 Euro müsse also Schluss sein – ein Trugschluss. Der Berater hatte fortan zu kämpfen, um sich überhaupt über Wasser halten zu können. Doch weiter zu wachsen und über 120 000 Euro Jahresumsatz einzufahren, war jenseits seiner Vorstellung geblieben. Die überschüssige Kraft, die er zurückhielt, spiegelte sich folglich im Negativwachstum wider. Das Nichtvorstellbare löste Resignation aus. Die Angst, zu viel zu verdienen, hat er jedenfalls erfolgreich bekämpft.

Entwicklung bedeutet an erster Stelle, vorhandene Potenziale zu *entdecken, aufzudecken* und zu fördern. Dazu müssen Sie bedenken, dass Schwächen nicht gelebte Stärken sind. Schwächen gehören also zu Ihren Ressourcen. Der alte Beraterslogan »Stärken stärken und Schwächen schwächen!« ist fatal, denn mit den Schwächen blenden Sie einen Teil Ihrer Ressourcen aus, dunkle Seiten bleiben weiterhin unterbelichtet. Erleuchtung ist schon mal ausgeschlossen. Für den Entwicklungsprozess ist es verhängnisvoll, nicht alle Seiten zu beleuchten. Langfristig fallen wir dann immer wieder in unsere eigenen nicht erkannten Schwächen zurück.

Ohne inneres Wachstum ist äußeres, beispielsweise die Entwicklung von Projekten, schwer möglich, zumindest nicht nachhaltig. Wachstum erfolgt von innen nach außen. Das zeigt uns die Natur.

Im ursprünglichen Wortsinn können wir nur *ent-wickeln,* was in uns steckt. Ohne Entwicklung entsteht Verwicklung, und wir drehen uns im Teufelsrad des Täter-Opfer-Retter-Spiels und laufen Gefahr, uns selbst zu zerstören.

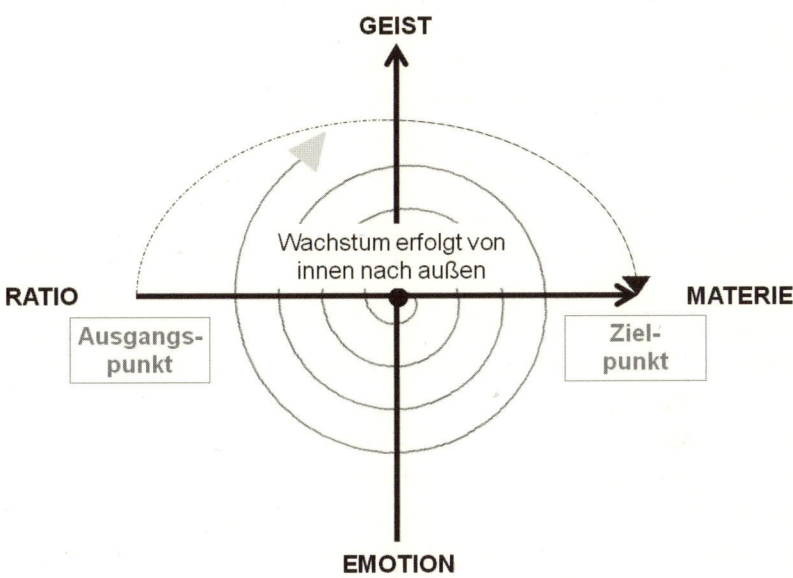

Abb. 36: Das Wachstum von innen nach außen

Unsere Talente sind unser Geschenk. Jeder kennt die Tradition, ein Geschenk in schönes Geschenkpapier zu packen, damit der Beschenkte es genüsslich und mit großer Erwartung auspacken kann und freudig überrascht ist, was zum Vorschein kommt. So verhält es sich auch im *Ent-wicklungsprozess* der Persönlichkeit.

Ein Leben lang geht es um die Polarität von *verstecken*, im Sinne von *behüten, bewahren* und *sich zeigen*. Um zu *reifen*, müssen wir lernen, unsere Talente zu *beg-reifen*. Erst dann werden wir uns, wie eine Weisheit besagt, von Tag zu Tag ähnlicher.

Der richtige Zeitpunkt und die richtige Dosierung entscheiden

In unserem *Dasein* ist alles bereits *da*. Es wartet darauf, dass wir es zum rechten Zeitpunkt auspacken, zeigen und nutzen. Deshalb ist es wichtig, sich zur richtigen Zeit zu zeigen, Kompetenz zu signalisieren und sich hervorzubringen. Entwickeln wir uns zu früh, laufen wir Gefahr, mit unseren Talenten zu verbrennen. Entwickeln wir uns zu spät, verdecken Selbstzweifel unsere Talente. Getrennt von unseren Talenten, werden wir trübsinnig. Mit getrübten Sinnen steigen Gefühle der Sinnlosigkeit in uns auf. Jeder Selbstzweifel kann letztlich in Verzweiflung münden.

Nicht nur der richtige Zeitpunkt, auch die richtige Dosierung entscheidet über Erfolg oder Misserfolg. Entwickeln wir uns zu schnell, drohen wir uns zu verausgaben und letztlich zu erschöpfen. Entwickeln wir uns zu langsam, überkommen uns Selbstzweifel, wir fühlen uns gelähmt, und unsere Entwicklung stagniert. Zu früh oder zu spät – beides mündet genauso wie ein Zuviel oder Zuwenig in das Hamsterrad des Täter-Opfer-Retter-Spiels. Die Folge: Stärken werden zu Schwächen. Ein Schub der Hormone etwa kann bei einem jungen Menschen dazu führen, dass nach dem Himmelhochjauchzen, ausgelöst durch ein Energiehoch, schon im nächsten Moment der Gegenpol, das Zu-Tode-betrübt-Sein, überhandnimmt. Nicht nur für junge Menschen ist es ein Kunststück, ihre Energie zu dosieren. Im Pathologischen entwickelt sich aus Überschuss oder Mangel an Energie manisch-depressives Verhalten. Jede Stärke eines Menschen verwandelt sich bei einem Zuviel oder Zuwenig in eine Schwäche. Nehmen wir den Humor: Zu viel davon zeigt sich als Ironie, das kann bis hin zum Spott gehen; mit zu wenig Humor hingegen werden wir verbissen.

Warum ist das so? Was ist der Nutzen? Denn der Mensch tut nichts, ohne einen, wenn auch oft unbewussten, Nutzen daraus zu ziehen. Immer wenn wir eine unserer Stärken mit einem »um zu« verbinden, also die Stärke funktionalisieren und mit ihr unserem Ego statt anderen

Menschen dienen, wandelt sich die Stärke in eine Schwäche. Setzt ein Mensch beispielsweise seinen Humor ein, weil er sich nicht gesehen fühlt, dann funktionalisiert er seine Stärke, auch wenn das unbewusst geschieht. Macht er einen guten Witz, bekommt er Aufmerksamkeit, alle sehen ihn an, und er genießt diese Anerkennung einen Moment lang. Ist das Lachen verklungen, fühlt er sich erneut nicht gesehen und wieder alleine. Das Gefühl verstärkt sich. Also macht er weiter Witze, auch wenn diese immer schlechter werden. Aus Humor wird verletzende Ironie und schließlich Zynismus und beißender Spott.

Setzt ein humorvoller Mensch seine Stärke sinnvoll ein, so ist er beispielsweise in der Lage, Menschen durch gemeinsames Lachen zu verbinden oder in schwierigen Situationen Verhärtungen aufzulockern.

Die Bedeutung der richtigen Dosierung können wir anhand des Stärke-Schwäche-Spiegels erkennen. Mit nur geringem Überschuss oder Mangel landen wir in unserer Schwäche. Mit sensibler Dosierung können wir unsere Stärken zu vollem Nutzen bringen. Wir sind in unserer Mitte, mit uns und mit den anderen Menschen. Im folgenden System können Sie das Thema der richtigen und falschen Dosierung anhand urtypischer Stärken sehen[7]:

Das Modell des Stärke-Schwäche-Spiegels der Persönlichkeit

Zu wenig als Schwäche SCHATTEN	Richtig dosiert in der Mitte als Stärke LICHT	Zu viel als Schwäche SCHATTEN
Totstellreflex oder Lähmung (inaktiv)	Reflexion (statt Reflex) agieren (statt reagieren)	Flucht- oder Angriffsreflex (hyperaktiv)
zu Tode betrübt; pathologische Form: depressiv	visionär	himmelhoch jauchzend; pathologische Form: manisch

Weitere Beispiele zum Stärke-Schwäche-Spiegel:

Zu wenig als Schwäche S C H A T T E N	Richtig dosiert in der Mitte als Stärke L I C H T	Zu viel als Schwäche S C H A T T E N
verbissen	**humorvoll**	spöttisch
vorsichtig, feige	**mutig**	übermütig, vorwitzig
schlampig, unzuverlässig	**zuverlässig**	pingelig, pedantisch
verlogen, unehrlich	**ehrlich**	kontrollierend, dogmatisch, fanatisch
abgestumpft, unlustig	**lebensfroh**	überschäumend
muffig, unfreundlich, eklig	**freundlich**	schleimig
verschlossen	**offen**	leichtgläubig
abweisend	**hilfsbereit**	aufopfernd
fahrig	**führend**	dominant
gelähmt, faul	**aktiv**	aktionistisch
sich selbst gering schätzend	**selbstbewusst**	überheblich

Erstellen Sie anhand der folgenden Tabelle Ihren **persönlichen Stärke-Schwäche-Spiegel**. Welche Ihrer wichtigen Eigenschaften sind wie dosiert?

Zu wenig als Schwäche S C H A T T E N	Richtig dosiert in der Mitte als Stärke L I C H T	Zu viel als Schwäche S C H A T T E N

Schwächen in Stärken verwandeln

Wenn Schwächen nicht gelebte Stärken sind, dann können wir aufgrund der Schwäche eines Menschen auf seine Stärke schließen. Nur wenn wir ihn in seiner Stärke erkennen, sind wir in der Lage, diesen Menschen in seiner Kraft anzusprechen. Sprechen wir ihn in seiner Schwäche an, verstärken wir nach dem Gesetz der Aufmerksamkeit dieselbe. Wir schwächen uns sogar selbst und begeben uns auf die negative Seite des EMOTIONAL ROTORs.

In der folgenden Übersicht können Sie anhand von drei Beispielen die Kraft hinter einer Schwäche erkennen. Fragen Sie sich als Erstes: Wie fühlt sich der Arrogante wirklich, wie ist sein inneres Befinden? Sie kommen zur Erkenntnis, dass er sich klein, unwichtig und unvollkommen fühlt. Nun machen Sie sich ein inneres Bild dieses Menschen, indem Sie von der Arroganz auf die verdeckte Stärke Rückschlüsse ziehen: Ein arroganter Mensch stellt sich beispielsweise über andere, oder er wirkt größer als andere. Ihm ist eine tatsächliche Größe zu eigen, die er im Positiven zur Führung nutzen könnte. Arrogante Menschen haben also verdeckte gute Führungseigenschaften.

Das Modell zur Transformation von Schwächen:

Schwäche	Inneres Befinden	Gefühlsbild: Wirkung nach außen	Verdeckte Stärke
Arroganz	fühlt sich klein fühlt sich unwichtig fühlt sich unvollkommen	taucht groß auf erscheint mächtig zeigt sich perfekt	führt gut stellt viel Energie zur Verfügung bringt Vorhaben zum Erfolg
Ängstlichkeit	fühlt sich klein fühlt sich gefährdet fühlt sich gelähmt	kauert sich zusammen versteckt sich verhält sich ruhig	passt sich gut an, ist teamfähig nimmt sich zurück handelt umsichtig und besonnen

Schwäche	Inneres Befinden	Gefühlsbild: Wirkung nach außen	Verdeckte Stärke
Aggressivität	fühlt sich eingeschlossen fühlt sich eingeengt fühlt sich nicht gehört	droht zu platzen nimmt Raum ein verhält sich laut	verfügt über viel Energie expandiert gerne setzt sich durch

Übung 1

Mit diesem Modell können Sie üben, verdeckte Stärken zu erkennen. Suchen Sie sich einen Menschen aus, der Sie stört oder nervt. Welche negative Eigenschaft stört Sie am meisten? Als Nächstes machen Sie sich ein inneres Bild davon, wie sich dieser Mensch fühlt (Gefühlsbild), und finden die verdeckte Stärke. Und wenn Sie ganz mutig sind, sprechen Sie diesen Menschen, wenn Sie ihm das nächste Mal begegnen, in dieser Kraft an. Oder Sie denken zumindest an seine Stärke. Ziel dieser Übung ist, dass wir Menschen in ihrer positiven Kraft sehen, auch wenn diese verdeckt ist. Wir können erkennen, dass Abneigung lediglich fehlende Zuneigung bedeutet. Es ist wichtig zu wissen, dass Abneigungen gegen andere immer im Kontext fehlender Zuneigung zu eigenen Persönlichkeitsteilen stehen. Wenn ich meine eigene Größe nicht leben kann, stört mich unter Umständen die überzogene Größe eines arroganten Menschen besonders.

Schwäche	Inneres Befinden	Gefühlsbild: Wirkung nach außen	Verdeckte Stärke

Übung 2

Wenden Sie das Modell nun bei sich selbst an. Nehmen Sie Ihre drei größten Schwächen, und verfahren Sie wie in Übung 1.

Schwäche	Inneres Befinden	Gefühlsbild: Wirkung nach außen	Verdeckte Stärke

Was oben in Tabellenform dargestellt wurde, lässt sich auch grafisch zeigen. Wir erkennen das Täter-Opfer-Modell wieder, hier am Beispiel Arroganz:

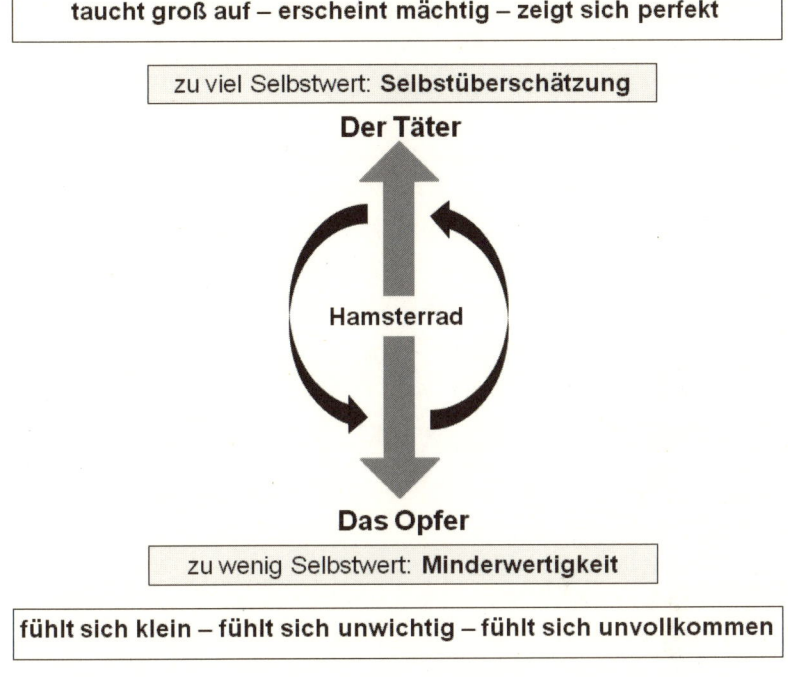

Abb. 37: Das Täter-Opfer-Modell am Beispiel von Arroganz

Eine positive Wirklichkeit kreieren

Wirklichkeit geht auf das Wort *Wirkung* zurück. Wie *wirkt* die Wirklichkeit auf uns? Wir schwächen uns, indem wir das, was in unserer Wirklichkeit passiert, negativ interpretieren. Interpretieren müssen wir auf jeden Fall. Ein Coach drückte das einmal so aus: »Vögel zwitschern, und Menschen erzählen Geschichten.« Die Interpretation selbst ist nicht das Problem, sondern nur negative *Deutungen*, die an *Bedeutung* gewinnen, indem wir sie für wahr halten. Doch Interpretationen sind weder wahr noch unwahr. Jedes Mal, wenn uns etwas »Negatives« widerfährt, das wir uns zu sehr zu Herzen nehmen, das uns in die Lähmung bringt oder in Schock versetzt, taucht dieses Negative wie Wolken über uns auf und überschattet einen Teil unserer Persönlichkeit. Es gibt kleine und große Wolken, die unser Leben verdunkeln. Ein wolken*verhangenes* Leben kann *verhängnisvoll* sein. Besonders wenn wir diese Wolken immer wieder mit negativen Gedanken aufblasen und damit vergrößern. Heiterkeit hat da kaum noch Platz.

Würden wir zur Ruhe kommen, könnten sich die Wolken verziehen. Stattdessen laufen wir mit den Wolken mit, indem wir unsere negativen Gedanken hegen und pflegen – und wundern uns, dass wir immer finsterer dreinblicken. Unsere Kraft und Freude dringen ab einem gewissen Grad, wenn die Wolken zu dicht geworden sind, nicht mehr durch:

Abb. 38: Das Wolkenmodell unserer negativen Gedanken und Geschichten

Wir haben jedoch nicht das Gefühl, dass Wolken unsere Kraft verdecken, sondern erleben uns von unserer ursprünglichen Kraft abgeschnitten, und das mit jedem negativ einschneidenden Erlebnis immer stärker. Das scheinbar Abgeschnittene wirkt auf uns bedrückend und verhängnisvoll. Es bleibt wenig Freiraum und damit wenig Heiterkeit.

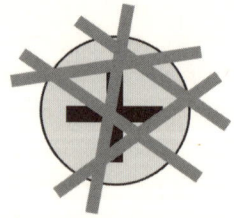

Abb. 39: Das Gefühl des Abgeschnittenseins von Kraft und Freude

Wir denken, dass etwas kaputtgegangen ist, Kraft und Freude verloren sind und nicht mehr wiederkommen werden. Das löst tiefe Resignation und Lähmung aus. Analog sagen wir, wenn es bewölkt ist, dass die Sonne nicht scheint. Natürlich scheint die Sonne jeden Tag, nur sie scheint nicht immer durch die Wolken. Auch unsere Stärken sind nicht immer sichtbar, dennoch sind sie da und warten darauf, genutzt zu werden.

Sich aus den Schichten der eigenen Geschichte befreien

Die Wolken über uns haben mit den negativen Geschichten zu tun, die wir immer wieder über uns, die anderen, Gott und die Welt erfinden und die weder wahr noch unwahr sind. Diese negativen *Geschichten* legen sich als *Schichten* um unsere positiven Persönlichkeitsteile.

Abb. 40: Das Zuschichten mit Geschichten

Bleiben wir in Verletzungsgeschichten hängen, sind wir nicht mehr in der Lage, uns Stück für Stück zu entwickeln, zu zeigen und preiszugeben, was in uns steckt: Haben wir von einem Lehrer erfahren, dass wir von Tuten und Blasen sowieso keine Ahnung haben, kann das, vorausgesetzt, unser Elternhaus ist ähnlich negativ auf uns eingestimmt, zu einer negativen Geschichte über uns selbst führen, aus der wir nicht mehr herausfinden. Das ist besonders der Fall bei Autoritätspersonen. Kinder nehmen sie automatisch als Vorbild, vor allem mit solchen Äußerungen. In diesem Fall *schichten* wir uns mit unserer eigenen *Geschichte* zu, *Schicht für Schicht*. Aufgrund des Gesetzes der Resonanz ziehen wir in der Folge immer mehr Erlebnisse dieser Art an. Und das

139

ist gut so, denn irgendwann ist der Leidensdruck so groß, dass wir die Verletzungsgeschichte auflösen möchten.

Sagt ein Vater zu seinem Sohn immer wieder »Kurzer« oder »Kleiner«, wird sich der Sohn irgendwann zu kurz gekommen fühlen und zu klein, um mit den Großen mitreden zu können. Er nimmt sich mehr und mehr zurück und verdeckt damit auch seine Potenziale. Mit dieser Abkapselung empfindet er sein Leben als eng und unlebbar. Entwicklung scheint nicht mehr möglich:

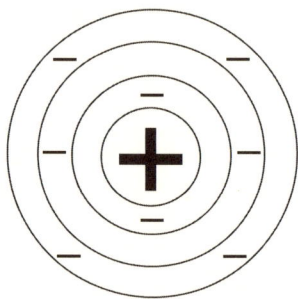

Abb. 41: Das Geschichtenmodell – teilweise zugeschichteter Persönlichkeitsteil

Mit zu vielen Geschichten, die uns einschnüren, erreichen wir einen Zustand der Starre (Lähmungs- bzw. Totstellreflex). Weitere Geschichten können wir nicht mehr aufnehmen. Das dient unserem Schutz, sonst würden wir den Weg bis zu unserer eigenen Zerstörung weitergehen. Gleichzeitig können wir auch nichts Neues aufnehmen, das bedeutet, dass Entwicklung und Wachstum nicht mehr möglich sind (siehe Abb. 42).

Wir haben jetzt drei Möglichkeiten: Entweder wir explodieren (Täterrolle), das heißt, wir richten die Energie nach draußen, was sich in Wutausbrüchen äußern mag.

Oder wir implodieren (Opferrolle), das heißt, wir richten die gesamte Energie gegen uns selbst und resignieren (siehe Abb. 43f.).

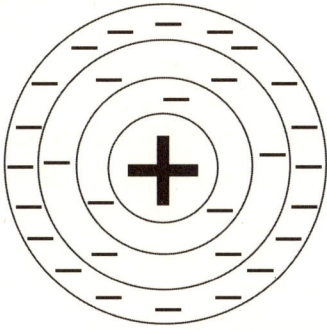

Abb. 42: Das Geschichtenmodell – vollständig zugeschichteter Persönlichkeitsteil

Abb. 43: Explodieren

Abb. 44: Implodieren

Oder wir wandeln die Verletzungsgeschichte, damit uns die gesamte Energie wieder zur Verfügung steht. Eingeschlossene Energie wird immer zu uns wollen, deshalb wiederholen sich negative Situationen wieder und wieder und verstärken sich, bis wir bereit sind, den scheinbar abgespaltenen Persönlichkeitsteil wieder zu integrieren. Abspaltungen von Bewusstseinsinhalten entstehen unter anderem bei traumatischen Ereignissen. Das lässt sich mit einem Luftballon vergleichen, den wir immer wieder unter Wasser drücken, der allerdings einen so starken Auftrieb hat, dass wir den Wiederaufstieg letztlich nicht verhindern können:

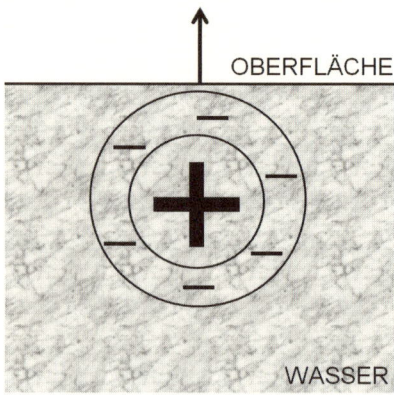

Abb. 45: Der Auftrieb des abgespaltenen Persönlichkeitsteils

Wenn die Kraft wieder zu uns kommt, fühlen wir uns als Erstes mit der alten Verletzungsgeschichte konfrontiert, weil sie unseren inneren positiven Persönlichkeitskern, die positive Kraft, ummantelt. Erst wenn wir uns den alten Geschichten stellen, können wir beginnen, die eingesperrten Emotionen wieder freizusetzen, damit sie uns und unseren Stärken zur Verfügung stehen.

Das Geschichtenmodell demonstriert, wie sich eine Wesenseigenschaft, eine Stärke, in eine Schwäche verwandelt, wenn wir sie mit einer negativen Absicht verbinden. Wir erinnern uns an das Beispiel »Humor«: Sie machen beispielsweise einen Witz, weil Sie gesehen werden wollen. In der weiteren Negativentwicklung werden Sie zum Familienclown oder Klassenkasper. Sobald das Sich-in-Szene-Setzen vorbei ist und Sie keine Aufmerksamkeit mehr bekommen, fallen Sie zurück in Ihre Verletzungsgeschichte, spüren die Verletzung immer stärker und beginnen, sie nach außen zu projizieren. Sie sind nicht mehr humorvoll, sondern werden ironisch. Am Ende stehen Spott, Zynismus und Sarkasmus:

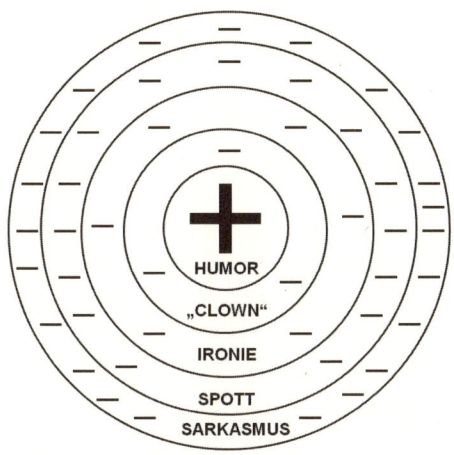

Abb. 46: Die Wesenseigenschaft (Stärke) verwandelt sich in eine Schwäche

Menschen, die dramatische Verletzungsgeschichten wie sexuellen Missbrauch in der frühen Kindheit erfahren haben, verdrängen das meist komplett. Sie blenden das Geschehene aus, weil die Situation unerträglich war. Solche Geschichten treten im Erwachsenenalter wieder ins Bewusstsein, sodass der Mensch gezwungen ist, sich damit auseinanderzusetzen.

Es gibt auch Geschichten, wo überhaupt niemand verletzt wurde, etwa weil wir uns die Verletzung nur eingebildet haben. Ist jemand beispielsweise als drittes Kind, als Nesthäkchen, mit dem Gefühl aufgewachsen, mit den beiden Geschwistern nicht mithalten zu können, kann allein aus dieser Situation das stete Gefühl entstehen, das fünfte

Rad am Wagen zu sein. Die Betroffenen fühlen sich überflüssig, alleine gelassen oder vergessen, wenngleich sie vielleicht gar keinen Grund dazu haben. Dennoch kann ihre Position in der Familie das ganze Leben bestimmen: Sie fühlen sich im Unternehmen ausgeschlossen, im Team ausgeschlossen – überall dominiert das Gefühl, isoliert zu sein.

Oder wenn ein Sohn meint, er werde von seinem Vater nicht anerkannt, weil dieser kein Lob über die Lippen bringt. In der Regel passiert das, wenn sich der Vater selbst nicht anerkannt fühlt. Selbstanerkennung ist nämlich die Voraussetzung, um loben zu können. Der Sohn aber macht daraus: Ich werde nicht geliebt, an mir ist etwas falsch, mein Vater ist gegen mich. Nach dem Gesetz der Übertragung von Urerlebnissen innerhalb der Familie auf spätere Bezugspersonen außerhalb der Familie fühlt er sich irgendwann von keinem mehr geliebt, hat vielleicht sogar das Gefühl, die ganze Welt sei gegen ihn. Er bleibt in ständiger Abhängigkeit vom Lob der anderen und wird zum Anerkennungsjunkie.

Sich mit seinem Potenzial profilieren

Was nützt es, ein Genie zu sein, ohne dass es jemand weiß? Nichts. Wir müssen unser Potenzial zur Sprache bringen. Erst dann erfahren wir den Unterschied zwischen gut und ausgesprochen gut. Erst wenn wir unser Potenzial zur Sprache bringen, Kompetenz signalisieren, können wir uns beispielsweise entsprechenden Aufgaben im Unternehmen stellen. Diese Kernaufgaben spiegeln sich in einem Stellenprofil wider. Zwar existieren in vielen Unternehmen solche Profile, doch dümpeln sie meist in Schubladen vor sich hin, weil sie eher einer Ansammlung von Tätigkeiten entsprechen, aber Kernaufgaben und Nebenaufgaben nicht unterscheiden. Kaum einer richtet sich nach ihnen. Auch Geschäftsführer verfügen oft nicht über ein eigenes Stellenprofil. Sie haben sich vergessen. Ähnlich ergeht es uns im Privatleben: Viele Menschen sind sich ihres Potenzials, mit welchem sie sich profilieren könnten, nicht bewusst.

In Berufs- wie im Privatleben konzentrieren wir uns selten auf unsere Kernaufgaben. Oder wir beginnen mit einer Kernaufgabe, und schon schiebt sich etwas Unwichtiges dazwischen. Warum ist das so?

Nach dem Wolkenmodell unserer negativen Gedanken und Geschichten (siehe Abb. 38) liegen Schatten über unserer Persönlichkeit und damit über unseren Potenzialen. Sie lenken uns vom Wesentlichen ab. Die Folge ist, dass wir uns mit Unwesentlichem beschäftigen, das sich plötzlich in unsere Wirklichkeit schiebt und bedeutend erscheint. Das heißt, wenn wir nicht an unseren Schatten bzw. an den Wolken, die sie verursachen, arbeiten und aus unserem Schatten heraustreten, werden unsere Kernaufgaben weiterhin automatisch von Nebensächlichkeiten verdrängt.

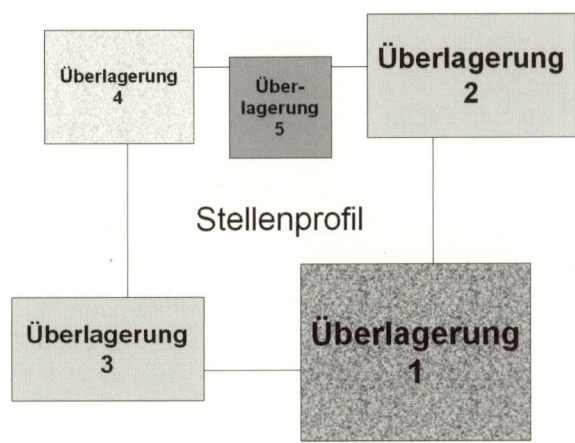

Abb.47: Die Überlagerung der Kernaufgaben

Nach dem Zeitmanagement-Experten Lothar Seiwert[8] gibt es eine Aufteilung nach Prioritäten in A-, B- und C-Aufgaben, wobei A die Kernaufgaben betrifft, B die nicht so wichtigen und C Nebensächliches. Diese Prioritäten werden durch die Mechanismen, die im Wolkenmodell dargestellt sind, massiv gestört. Die prozentualen Verhältnisse von A, B und C drehen sich um: Das Nebensächliche unter C wird zur wichtigsten Aufgabe, und A, die eigentliche Kernaufgabe, degradiert zur Nebensache.

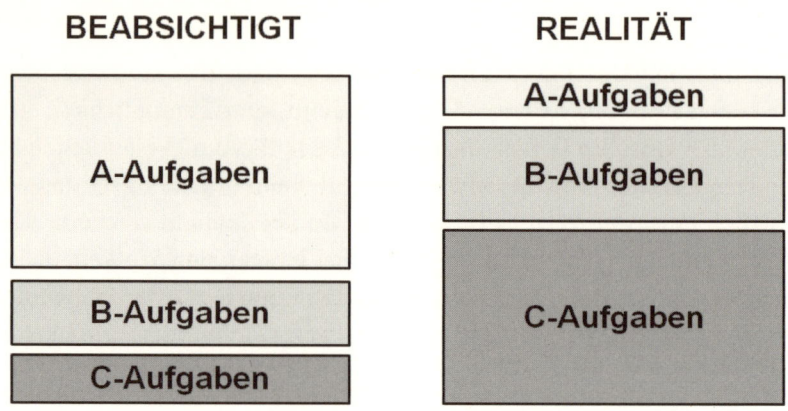

Abb. 48: Die Verschiebung der Aufgaben durch Überlagerung der Kernaufgaben

Doch gerade die Bewältigung unserer Kernaufgaben bringt uns besonders voran. Der Rest ist Schattenboxen. Arbeiten wir an den Kernaufgaben, bekommen wir Energie. In den Nebenaufgaben erschöpfen wir uns schnell. Das zeigt sich im Gefühl der Sinnlosigkeit und Überlastung.

Praxisbeispiel Familie: Eine Mutter schob die Fortbildung zum Wiedereinstieg in den Beruf vor sich her, obwohl ihre Kinder groß genug waren. Sie rechtfertigte ihre eigene Unsicherheit damit, dass immer etwas dazwischenkomme und sie noch nicht könne, weil die Kinder sie vielleicht doch noch bräuchten. Das sorgte bei den Kindern für Verunsicherung. Sie hatten ein schlechtes Gewissen und dachten, ihre Mutter könne sich ihretwegen nicht verwirklichen. Die Mutter hatte sich weder ihr Stärkenprofil noch den Nutzen bewusst gemacht, den sie durch die Fortbildung hätte. Sie meldete sich erst an, als sie sich die Fortbildung auch zutraute. Dieses Selbstvertrauen entwickelte sie, indem sie wesentliche Schritte schriftlich fixierte und damit ihr Vorhaben überschaubar machte. Mit der gewachsenen Selbstständigkeit der Mutter gewannen auch die Kinder an Selbstständigkeit. Die guten Impulse der Mutter übertrugen sich auf sie.

Praxisbeispiel Unternehmen: Ein Vertriebsleiter fühlte sich komplett überlastet. Er verfügte zwar über ein Stellenprofil, sagte allerdings: »Zu dem, was ich zu tun habe, komme ich in der Regel nicht. Immer steht etwas anderes an.« Im Coachinggespräch stellte sich heraus, dass ihn die Vertriebsaufgaben sehr belasteten. Auf der einen Seite war er keine gelernte Vertriebskraft, es galt, Fachkompetenz nachzuholen. Auf der anderen Seite stand er unter dem hohen emotionalen Druck, gute Verkaufsabschlüsse zu tätigen. Dieser Druck sowie Versagensängste führten dazu, dass er sich nicht vollständig auf seine Kernaufgaben konzentrierte und für Ablenkungen fast schon dankbar schien. In der Folgezeit belegte er Seminare zur Stärkung seiner Vertriebskompetenz und zur Persönlichkeitsbildung. Er lernte, kreativ mit Druck umzugehen und im Verkaufsgespräch ruhig und vertrauensvoll zu bleiben. Das verbesserte zügig seine Verkaufsabschlüsse. Hinzu kam ein besseres Zeitmanagement, um Zusatzaufgaben bzw. Überlagerungen seiner Kernaufgaben bewältigen zu können. Er erarbeitete einen Plan, wie er diese innerhalb von drei Monaten von zwölf auf drei Stunden runterfahren konnte.

In einem anderen Beispiel eines kaufmännischen Leiters zeigte sich nach Auflösen der Überlagerungen, dass er sein Stellenprofil gar nicht erfüllen konnte. Er musste sich dieser Tatsache stellen und innerhalb des Unternehmens eine andere Position einnehmen.

Es gilt zu bedenken, dass das Zurückfahren von Überlagerungen Zeit und Struktur braucht. Unsere Überlagerungen entsprechen unseren negativen Einstellungen und Gedanken – über uns, das Leben, die Liebe, das Geld, über Gott und die Welt. So schnell geben wir alte Einstellungen, auch wenn sie uns schaden, nicht auf. Wir *wohnen* in diesen *gewohnten* Einstellungen und wollen immer recht behalten. Wenn wir uns nicht selbst mit guter Struktur überlisten, indem wir uns beispielsweise mit klarem Stellenprofil auf unsere Kernaufgaben konzentrieren, kann das zum Verhängnis werden.

Aus negativen Kreisläufen aussteigen: für das Neue freischalten

Wirklichkeit ist, was *wirkt*. Vor der Wirkung kommt die Ursache. Oft erinnern wir uns aber nicht mehr, was die Ursachen für negative Wirkungen und Wirklichkeit waren. Stellen Sie sich vor, Sie sind in eine schwierige Situation geraten, beispielsweise weil ein Finanzberater oder ein Freund Sie finanziell über den Tisch gezogen hat. An dieser Situation gibt es nichts zu ändern: Das Geld ist weg. Nun neigen wir Menschen dazu, in dem negativen Gefühl, betrogen worden zu sein, hängen zu bleiben. Wir denken beispielsweise: »Hätte ich das und das gemacht, dann wäre es nicht passiert.« Oder: »Warum immer ich?« Vielleicht versuchen wir auch, die Situation zu beschönigen: »So schlimm ist das auch nicht, vielleicht hatte der Freund das Geld nötiger.« Oder wir hoffen, dass wir das Geld zurückerhalten. Damit jedoch versuchen wir, an der Wirkung der Wirklichkeit etwas zu verändern, doch das geht nicht. Die Wirkung hat bereits gewirkt. Stellen Sie sich vor, ein Landwirt stellt bei der Ernte fest, dass seine Kartoffeln angefressen und teilweise faul sind. Was macht es für einen Sinn, diese Kartoffeln zu nehmen, um sie im nächsten Jahr neu zu setzen? Kein Landwirt käme auf diese Idee!

Wenn wir das tun, gestalten wir unsere Zukunft nicht mit unseren besten Gedanken, sondern mit unseren schlechtesten – und wundern uns dann, dass die negative Wirklichkeit sich immer wieder bestätigt und sogar zunehmend schlechter wird. Im folgenden Modell können Sie das Hamsterrad der Wirklichkeit nochmals verfolgen. Es verfolgt Sie sowieso:

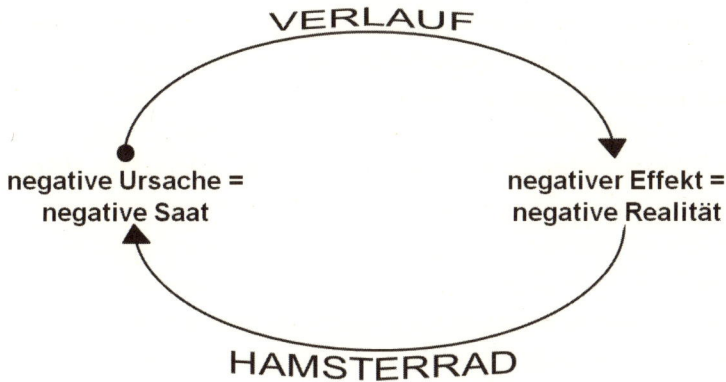

Abb. 49: Das Hamsterrad mit negativer Ursache und negativem Effekt

Wenn Sie es müde sind, sich im Hamsterrad zu drehen, gehen Sie auf Distanz zu Ihren negativen Gedanken und Emotionen des Getrieben-Seins wie auch zu Ihrer negativen Sprache. Dies erreichen Sie beispielsweise über Meditation. Grundsätzlich gilt es den *Stoppschalter* zu finden und zu betätigen. Sie steigen aus, indem Sie sich frei*schalten,* Ihren Kopf wieder frei machen vom Ärger. Säen Sie stattdessen frische, neue Gedanken.

Abb. 50: Die Freischaltung aus dem Hamsterrad

Es fällt uns grundsätzlich schwer, aus negativen Geschichten auszusteigen. Doch indem wir lernen, dass uns der Ausstieg guttut, wird es uns immer besser gelingen. Üben Sie bei kleinen Pannen, die im Leben passieren. Beispielsweise, wenn Ihre Tochter eine schlechte Schulnote nach Hause bringt. Die Note wird nicht besser, indem Sie mit ihr schimpfen. Die Wahrscheinlichkeit, dass sie das nächste Mal eine noch schlechtere Note schreibt, nimmt sogar noch zu, weil sie sich entwertet fühlt.

Zum Freischalten brauchen wir einen positiven Spiegel, einen Gesprächspartner, sonst bleiben wir in der Regel im eigenen Spiegel gefangen. Es gilt also, jemanden zu finden, der in Distanz zu unseren negativen Emotionen gehen kann. Hierfür sind der Ehepartner, Familienmitglieder oder auch Freunde oft nicht geeignet. Sie sind uns oft zu nah, sodass wir deren Lösungsvorschläge schwer annehmen können. Es ist wichtig, einen neutralen Beobachter zu finden, der unsere Verstrickungen erkennen kann.

Durch Freischaltung können wir mit positiven Gedanken und Vorstellungen eine neue Wirklichkeit schaffen. Wir übernehmen Verantwortung, und frische Energie steht uns wieder zur Verfügung. Wir entwickeln uns weiter.

FREIGESCHALTET SEIN

VERLAUF

positive Ursache =
positive Saat

positiver Effekt =
neue positive Realität

Abb. 51: Freigeschaltet sein

Man kann nicht auf Dauer freigeschaltet sein, weil immer wieder neue Probleme und Widerstände, zuweilen auch Widerwärtigkeiten auftauchen. Sie üben die Freischaltung ein Leben lang. Aber Sie werden feststellen, dass die Lösungsgeschwindigkeit zunimmt und die Ernte immer besser ausfällt.

Den Mangel nutzen

Zum Menschen gehört das Gefühl, dass ihm etwas fehlt. Oft wird das scheinbar Fehlende durch den Partner oder Teamkollegen ergänzt. Das darf kein lebenslanger Zustand sein, denn auf Dauer fühlen die anderen sich ausgenutzt, und die Beziehung erstarrt. Stattdessen müssen wir das, was uns zu fehlen scheint, in uns selbst entdecken, denn es ist bereits da, wir können es nur nicht sehen.

Stellen Sie sich ein Ehepaar vor, die Frau ist so kreativ, dass sie vor Ideen nur so sprüht, weshalb sich der Mann auch von ihr angezogen fühlt. Er hingegen ist gut strukturiert und besitzt einen klaren Ordnungssinn. Genau das zog die Frau an, als sie sich kennenlernten. Die beiden ergänzen sich optimal, das Gesetz der Polarität funktioniert, denn Gegensätze ziehen sich an. Auch Gleich und Gleich gesellt sich gern, denn eine bestimmte Schnittmenge von Gemeinsamkeit wird das Paar gefunden haben, sonst wären sie nicht zusammen. Es braucht stets beide Phänomene: das Gleiche und das Unterschiedliche. Bei zu viel Gleichheit entsteht Langeweile, bei zu starker Polarität Streit.

Die Frau profitiert von der klaren Struktur ihres Mannes, um ihre Ideen konkretisieren zu können, und der Mann genießt die lebendige Kreativität seiner Frau. Das mag jahrelang gut gehen. Entwickelt jedoch die Frau nicht ihr eigenes strukturelles Denken und der Mann nicht seine individuelle Kreativität, kommt es irgendwann zum Streit oder gar Bruch, manchmal auch zum Ehebruch. Auf Dauer nehmen wir nicht den ganzen Partner wahr, sondern nur einen Teil. In einer Partnerschaft ist es wichtig, immer mehr von seinem Partner zu entdecken. Es geht nicht, dass sich jeder allein entwickelt. Es braucht die Freude an gemeinsamer Entwicklung, was wiederum dem Gesetz der Polarität entspricht: Jeder entwickelt sich für sich alleine, und wir entwickeln uns gemeinsam. Verschließen wir uns diesen Gesetzmäßigkeiten, bleiben wir ein Leben lang im Gefühl des Mangels. Viele Menschen sind fast ausschließlich damit beschäftigt, ihren Mangel zu managen. Immer muss einer dafür herhalten, den Mangel auszugleichen.

Im folgenden Modell sehen Sie, was passiert, wenn uns etwas zu fehlen scheint, wir aber nicht wissen, dass es nur scheinbar fehlt. Unser oft verdeckter innerster positiver Kern ist unser Selbst, mit ihm treten wir selbstbestimmt auf:

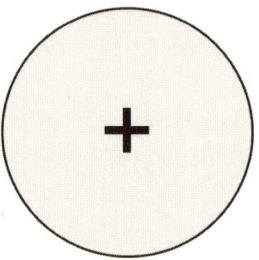

Abb. 52: Unser »Selbst«

Der Teil, der verdeckt ist, muss entwickelt, also belichtet werden. Er wird als fehlend erlebt:

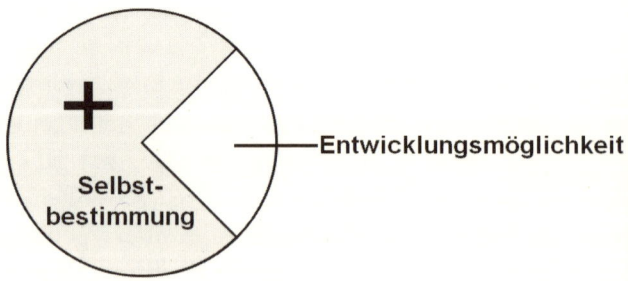

Abb. 53: Unsere Selbstbestimmung

Das, was fehlt, erleben wir in diesem Fall als negativ. Etwas Negatives nistet sich ein. Das bedeutet Fremdbestimmung:

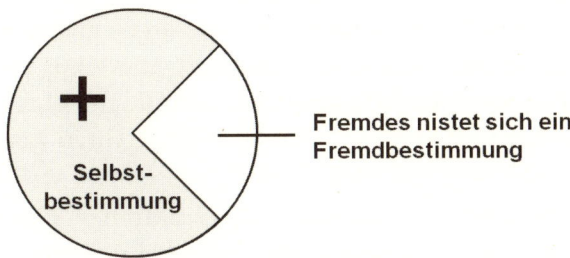

Abb. 54: Die beginnende Fremdbestimmung

Mit einer negativen Einstellung ziehen wir Fremdbestimmung und Negatives geradezu an. Es ist kein Problem, wenn sich eine Frau beispielsweise mit der Kindererziehung befasst, während der Mann arbeitet. Für einen gewissen Zeitraum kann diese Trennung sinnvoll sein. Jeder entwickelt seinen Teil. Stürzt sich der Ehemann jedoch immer tiefer in seine Arbeit, wird sich die Frau mit den Kindern allein gelassen fühlen. Verpassen beide den Zeitpunkt der Umschaltung, kommt es zum Konflikt. Ähnlich kann es uns mit unserer Arbeit gehen. Alle finden gut, was wir machen. Doch dürfen wir nicht vergessen zu reflektieren, ob das, was wir machen, überhaupt noch zu unserer Selbstbestimmung gehört. Erkennen wir den fremdbestimmten Teil nicht, wird dieser von alleine weiterwachsen und den selbstbestimmten Teil verdrängen:

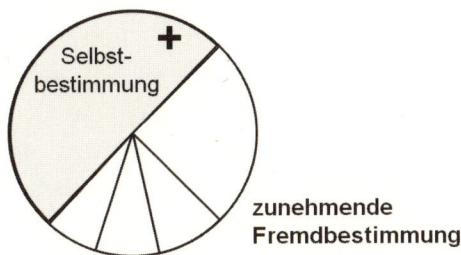

Abb. 55: Die zunehmende Fremdbestimmung

Wir neigen dazu, abgespaltene Persönlichkeitsteile zu verdecken, etwa eine Verletzung aufgrund eines Ereignisses, bei dem wir uns ohnmächtig fühlten (Opferrolle). Dieses Gefühl der Ohnmacht lädt Menschen geradezu ein, die sich gerne allmächtig zeigen. Der Täter findet das Opfer. Das Opfer zieht den Täter an. Das funktioniert komplett unbewusst.

Praxisbeispiel aus dem interkulturellen Coaching: Ein deutscher Manager hatte bereits Hunderttausende Euro in ein Unternehmen in China investiert, als er plötzlich auf Widerstände stieß. Ein Verantwortlicher der chinesischen Verwaltung, der mit chinesischen Managern vernetzt war, verlangte von ihm einen Mercedes als Voraussetzung, dass er auf höherer Ebene die Geschäfte zum Weiterfließen bringen würde. Diese scheinbar allmächtige Art des Funktionärs stieß auf alte Ohnmachtsgefühle des deutschen Managers sowie seine Angst, das bereits eingesetzte Geld zu verlieren. In Coachinggesprächen und kinesiologischer Stressablösung konnte er seine Ohnmachtsgefühle wandeln und ließ sich zum Glück nicht auf das Korruptionsangebot ein. Dafür erntete er große Wertschätzung bei den chinesischen Geschäftspartnern. Die Geschäfte gingen gut voran, die Geschäftsblockade war gelöst.

Praxisbeispiel aus der Schule: Ein »böser« Junge ärgert immer wieder ein »armes« Mädchen. Dieses zieht durch ihr schüchternes, geducktes Verhalten den »bösen« Jungen geradezu an. Ducken trägt aber nur in einer akuten Notsituation zu unserer Rettung bei, beispielsweise wenn wir körperlich bedroht werden. Ist Ducken zu einem Dauerverhaltensmuster geworden, erreichen wir genau das Gegenteil: Wir bieten eine Angriffsfläche für Täter. Auch den Tätern ist ihr Verhalten in der Regel völlig unbewusst. Böse hat die Doppelbedeutung aufgeblasen und schwach. Die Schwäche des Jungen entwickelte sich zu einer aufgeblasenen Stärke. Er bläst sich auf, weil er sich in anderen Situationen als schwach erlebte und fortan Schwäche vermeiden möchte. Der »böse« Junge und das »arme« Mädchen bedienen sich gegenseitig mit ihren Mustern.

In Konflikten Raum für gemeinsame Möglichkeiten schaffen

Nach dem Gesetz der Anziehung zieht sich Gleiches ebenso an wie Gegensätzliches. Opfer und Opfer treffen sich in Jammerclubs, Täter und Täter schmieden Komplotte gegen andere und mobben sie. Täter und Opfer treffen zusammen. Mit keinem dieser Prinzipien ist uns gedient, denn sie führen beide in die Verwicklung und direkt in den Konflikt.

Unsere Schatten ziehen den Schatten des anderen an, im Modell gezeigt als schwarzer Teil innerhalb des Kreises:

Abb. 56: Wie ein Konflikt entsteht

Der Schatten kann Angst sein. Denn unsere Angst zieht Menschen, die ihre Angst zeigen, ebenso an wie Menschen, die ihre Angst mit Angstmachen kompensieren. Doch genauso zieht Gutes wiederum Gutes an. Die Konsequenz daraus heißt: Entwickeln Sie möglichst viel Gutes in sich, und stärken Sie Ihr positives Denken!

Dabei sollten Sie vor allem beachten: Mit Negativsprache laden wir Negatives ein. Mit verunsichernden Worten verunsichern wir nicht nur, sondern ziehen Menschen und Situationen an, die uns noch mehr verunsichern. Böse Worte können böse enden. Auch die kleinen Wörter wie »eigentlich«, »vielleicht«, »leider« oder »ja, aber« besitzen eine magnetische Anziehungskraft. Es kommt zur Verwicklung:

Abb. 57: Wie durch Verwicklung ein Konflikt entsteht

Wir können uns aus Verwicklungen befreien, indem wir unsere eigenen »Schatten« reflektieren und unsere Schwächen zurückstellen, sobald wir eine negative Resonanz beim Gesprächspartner spüren. Zurückstellen heißt, dass wir sie bewusst in den Hintergrund stellen. Dadurch verliert der Schatten an Bedeutung für die momentan zu bewältigende Situation. Wir stellen beispielsweise den Drang, recht haben zu wollen, zurück, wenn wir merken, dass es im Moment darum geht, ein Projekt voranzubringen. Den Schatten können Sie zu einem späteren Moment angehen und wandeln.

Vielleicht bewirkt die Rückstellung des eigenen Schattens nicht zwangsläufig die sofortige Rückstellung beim Gesprächspartner, aber nach dem Gesetz der Analogie wird auf *Dauer* bzw. mit *Ausdauer* der Gesprächspartner ebenfalls seine Befindlichkeit zurückstellen. Es entsteht Freiraum für Kommunikation.

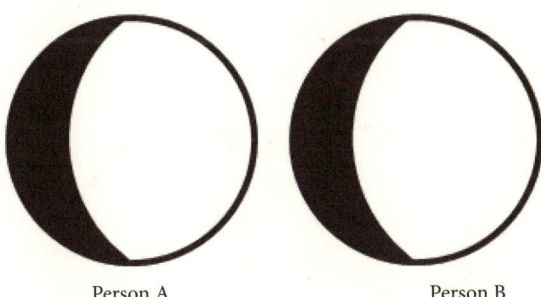

Person A   Person B

Abb. 58: Die Rückstellung des Schattens bei Person A

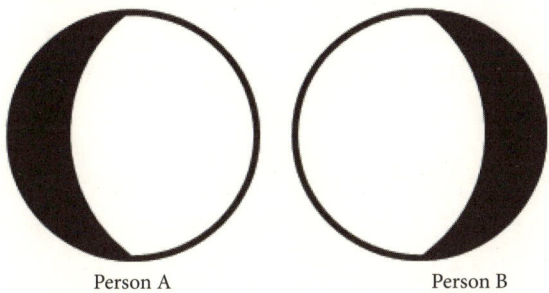

Person A   Person B

Abb. 59: Die Rückstellung des Schattens bei Person A und B

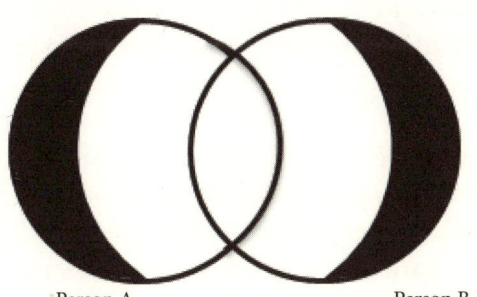

Person A   Person B

Abb. 60: Kommunikation wird möglich

Das Gesetz der Polarität bestimmt die Entwicklung unserer Persönlichkeit

Pole sind sich ergänzende Gegensätze. Die Spannung zwischen den Polen dient dazu, dass wir in Aktion treten. Hätten wir immer alles, was wir brauchen, warum sollten wir uns dann in Bewegung setzen? Das ist auch das Problem von Kindern, die von ihren Eltern zu viel bekommen. Ihre Eltern bringen sie um die Spannung, sich zu entwickeln, und damit um ein spannendes Leben. Entwicklung im Leben funktioniert hauptsächlich über Polaritäten. Das Gesetz der Polarität ist nach Rüdiger Dahlke das wichtigste Gesetz, weil wir danach funktionieren. Die grundsätzlichen Pole unseres Lebens sind:

Geburt	↔	Tod
Tag	↔	Nacht
Frau	↔	Mann
aktiv	↔	passiv
Qualität	↔	Quantität

Halten wir beide Pole jeweils in Balance, kommen wir automatisch in unsere Mitte und damit in die Senkrechte. Wir erleben uns in der Tiefe unserer positiven Emotionen und haben einen weiten Blick auf die Dinge.

Die Pole »Geburt« und »Tod« in Balance zu halten bedeutet, Zeit als ein Geschenk zu betrachten und uns bewusst zu machen, dass unsere Zeit auf der Erde begrenzt ist. Es gilt, unsere Zeit zu nutzen und Tod, Sterben wie auch die Vergänglichkeit zu reflektieren. Es ist nicht selbstverständlich, jeden Tag aufs Neue zu erwachen.

Die Pole »Tag« und »Nacht« in Balance zu halten heißt, am Tag präsent zu sein und die Nacht nicht nur zur Erholung zu nutzen, sondern ihr den Stellenwert einer Schöpfungskraft zu geben. In der Nacht gib Acht: Achtsamkeit, etwa im Hinblick auf Inhalt und Symbolkraft unserer Träume, ist gefragt.

Die Pole »Frau« und »Mann« in Balance zu halten will sagen, auf Gleichwertigkeit zu achten und Unterschiedlichkeiten als sich ergänzende Gegenpole zu nutzen.

Die Pole »aktiv« und »passiv« in Balance zu halten meint, aktives und passives Verhalten abzuwechseln, auf Aktion Ruhepausen und Erholung folgen zu lassen und umgekehrt.

Die Pole »Qualität« und »Quantität« in Balance zu halten beinhaltet, sich an die richtige Reihenfolge zu halten. Der Geist schafft die Materie und nicht umgekehrt. Das heißt auch, dass wir unsere Ideen mit System Realität werden lassen und überprüfen, ob sie unserer Vorstellung von Lebensqualität entsprechen.

Jeder Mensch trägt eine Entwicklungspolarität in sich. Auf der einen Seite sind ihm Potenziale gegeben, die zu seinen Lebensaufgaben werden, auf der anderen Seite ist er stets auf der Suche. Das Leben gleicht somit einer mathematischen Aufgabe. Die Pole »gegeben« und »gesucht« erzeugen einen Spannungsbogen, durch den unsere Energie ins Fließen kommt. Ohne Spannung bewegen wir uns nicht. Die Spannung verlangt natürlich wieder nach Entspannung, denn ohne Entspannung fließt irgendwann ebenfalls nichts mehr.

Die Entwicklung unserer Persönlichkeit wird von zwei sich ergänzenden Polen bestimmt. Auf der einen Seite haben wir den Pol »gegeben«. Dieser betrifft unser von Anfang an offensichtliches Potenzial, dass sich in bestimmten Wesenseigenschaften positiv ausdrückt. Ein Baby etwa, das in den ersten Wochen schon alleine schlafen möchte, wird als Erwachsener ein hohes Potenzial an Eigenständigkeit mit sich bringen und sein Leben lang vieles alleine ausprobieren wollen. Auf der anderen Seite haben wir den Pol »gesucht«. Er bildet den positiven Gegenpol zu »gegeben«, nämlich das nicht so offensichtliche, noch verdeckte und damit zu *ent-wickelnde* Potenzial. Dieser Mensch wird später besonders die Initiative, die zusammen mit anderen Menschen erfolgt, *ent-wickeln* müssen.

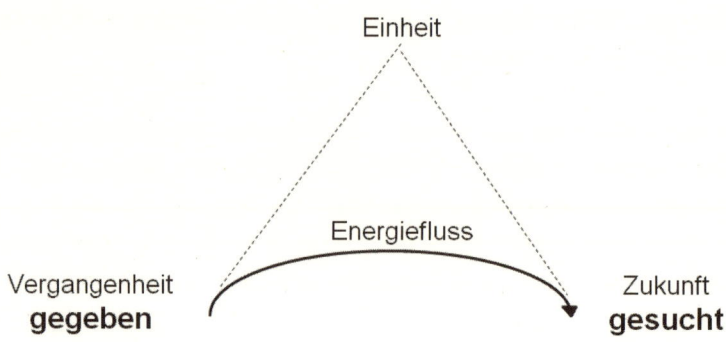

Abb. 61: Die menschliche Entwicklungspolarität

Wenn wir nicht wissen, was uns gegeben ist, dann lässt uns der Pol »gesucht« verzweifeln. Wissen wir nicht, was wir suchen, können wir mit unserem Potenzial nichts anfangen. Wir werden träge. Das, was gesucht ist, also unser noch nicht *ent-decktes* Potenzial, bezeichnen wir oft als *Fehler.* Wir denken, es würde uns etwas *fehlen,* um die nächsten Schritte tun zu können. An diesem Punkt nimmt das Mangeldenken seinen Lauf. Das Gesuchte ist in der Tat ein *Problem,* allerdings nur in der wahren Bedeutung dieses Wortes: *Vorgelegtes,* d. h., das, was wir suchen, ist uns bereits gegeben. *Es liegt praktisch vor uns,* obwohl wir es oft nicht sehen können. Der Blick darauf wird uns erst gewährt, wenn wir den Gedanken aufgeben, dass der Mensch eine Fehlkonstruktion ist. Das Gesuchte liegt im Gegebenen selbst: Es ist sein polares Gegenstück, das wir erst erkennen, wenn wir das Gesetz der Polarität als Lebensprinzip akzeptieren. Vorher ist uns ein Denken in Analogien und Entsprechungen überhaupt nicht möglich.

Im Entwicklungsprozess kommen wir, wie bereits dargestellt, immer wieder in unsere Mitte und damit in die Senkrechte, sodass wir wieder an unsere Impulse und Emotionen angeschlossen sind, ohne die keine

Entwicklung stattfinden kann. In der Senkrechten bekommen wir wieder frische Energie für unsere Entwicklung.

Erinnern wir uns an das Beispiel der kreativen Frau und ihres strukturierten Ehemannes. Für die Entwicklungsgeschichte der Frau ist es wichtig, sich nicht auf die Struktur des Mannes zu verlassen, sonst wird sie vielleicht irgendwann von ihm verlassen. Sie muss lernen, Struktur Schritt für Schritt in ihr Leben zu bringen. Erst mit der Entwicklung ihres Gegenpols fühlt sie sich ganz.

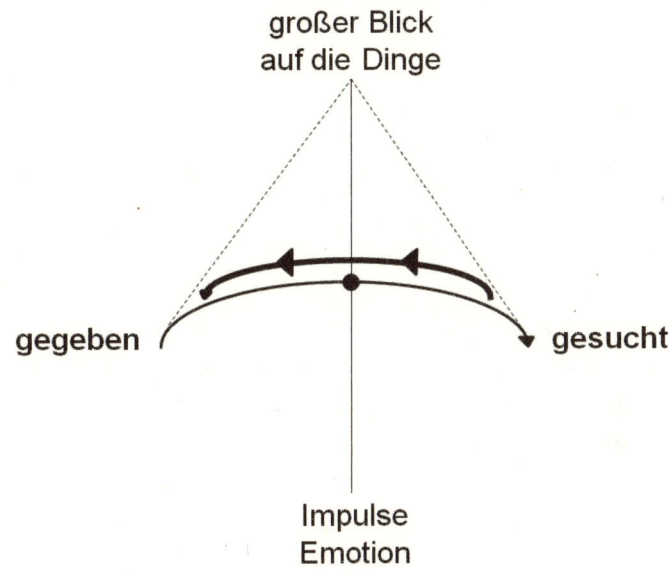

Abb. 62: Der menschliche Entwicklungsprozess

Für den Mann hingegen heißt es, seinen Gegenpol Kreativität und damit zusammenhängende Gefühle der Gelassenheit zu entwickeln.

Spürt die Frau keine Veranlassung, ihr strukturelles Denken zu entwickeln – dafür hat sie ja schließlich ihren Mann –, kann sie eine gewisse Zeit lang ihre Kreativität noch steigern. Doch mit zunehmender Kreativität entfernt sie sich von der Realität. Ihre Ideen werden immer abstruser und bodenloser. Am Ende steht sie als Spinnerin da.

Weigert sich der Mann, sich zu entwickeln, wird er immer dominanter in seinem strukturellen Denken. Zugleich festigen sich seine Strukturen mehr und mehr. Am Ende ist er so stocksteif und stur, dass seine Frau nichts mehr mit ihm anzufangen weiß, weil seine Fixierung ihre Kreativität stört. Umgekehrt kann der Mann nichts mehr mit der Kreativität seiner Frau anfangen. Beide sind mit ihren Stärken in ihren Schwächen gelandet. Und beide machen sich nun ihre Schwächen gegenseitig zum Vorwurf.

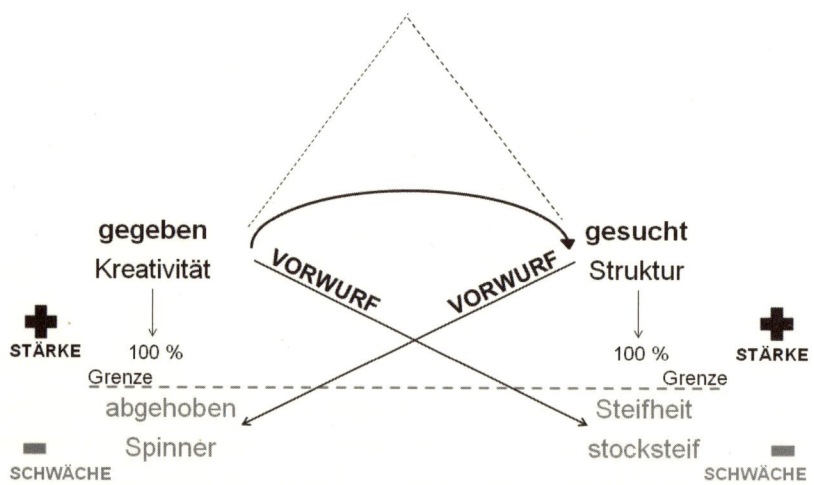

Abb. 63: Gegeben-Gesucht (gegenseitiger Vorwurf)

Ein klassischer Beziehungskonflikt ist entstanden: Die Partner werfen sich gegenseitig ihre Schwächen vor. Dabei spiegeln diese Schwächen nur den eigenen nicht entwickelten Gegenpol. Der Konflikt lässt sich nur lösen, indem jeder für sich seinen Gegenpol entwickelt. Das ist wahre *Aus-Einander-Setzung!* Gemeinsamkeit ergibt sich erst wieder, wenn jeder seine eigene Entwicklung nachgeholt hat.

Jedem Menschen sind spezielle Kräfte gegeben. Zu jeder dieser Kräfte gehört ein Gegenpol, den es zu entdecken gilt. Der schnelle Geist braucht als Gegenpol die Ruhe, sonst gerät er aus dem Gleichgewicht, er wird aktionistisch, hektisch und damit unglücklich und erfolglos. Der langsame Geist braucht als Gegenpol Spontaneität, sonst wird er initiativlos und damit ebenfalls unglücklich und erfolglos. Die Folgen der Entwicklungsverweigerung können wir an den Grundsatzpolen »aktiv« und »passiv« im folgenden Modell sehen:

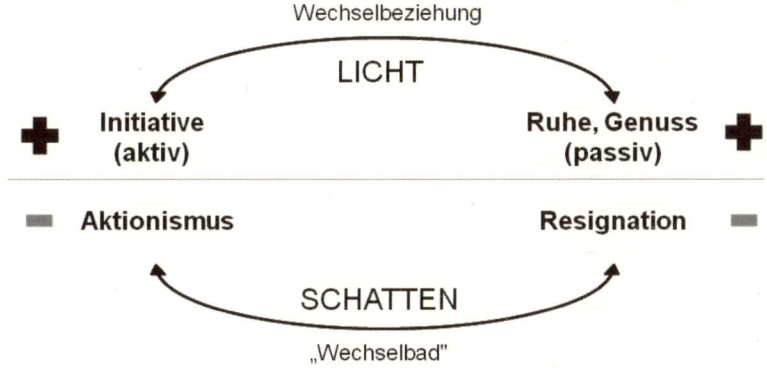

Abb. 64: Gegeben-Gesucht, Beispiel aktiv-passiv

Der Aktive landet automatisch im Aktionismus, wenn er die Ruhe nicht lebt und nicht genießt, was er ins Leben bringt. Genuss ist nicht Luxus, sondern Pflichtprogramm. Wer sich im Aktionismus erschöpft, gelangt auf die Gegenseite: in die Resignation. Entwickelt er sich immer noch nicht, landet er im Wechselbad zwischen Aktionismus und Resignation, statt eine gesunde Wechselbeziehung seiner Pole zu leben.

Der innovative Mensch braucht Menschen mit konservativem Wesen. Entwickelt er das Bewahrende nicht in sich, wird er immer mehr abheben. Und er wird in dem, was er sich zusammenspinnt, immer dogmatischer:

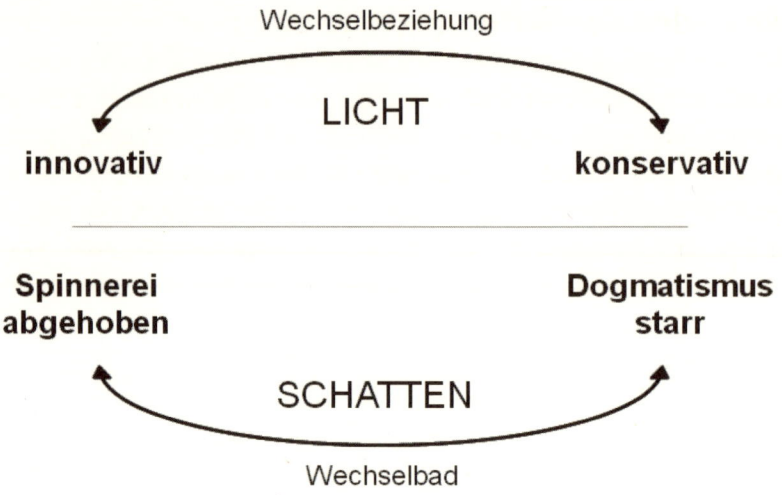

Abb. 65: Gegeben-Gesucht, Beispiel innovativ-konservativ

Statt den Gegenpol in sich selbst zu entwickeln, bleiben viele Menschen dabei stehen, das Fehlende wahrzunehmen, es zu kompensieren oder sich mit anderen Menschen zu vergleichen. Entweder schauen sie zu anderen auf und erheben sie zum Idol, oder sie stellen sich selbst über andere. Wenn wir uns vergleichen, fallen wir stets aus unserem individuellen Gleichgewicht, denn dabei verlassen wir uns selbst, gehen von uns weg, um uns anschließend verlassen zu fühlen.

Wir können nur das hervorbringen, was in uns steckt. Aus dem Samen einer Trauerweide wächst keine mächtige Eiche. Ein eher stiller Mensch entwickelt sich nicht zu einer Stimmungskanone, ein eher ruhiges Wesen nicht zu einer Rennfahrerseele. Aber: Ein Rennfahrer kann lernen, das Ruhige in sich zu entdecken und zu nutzen. Und ein ruhiger Mensch kann lernen, Gas zu geben und Geschwindigkeit zu variieren.

Methoden der Auseinandersetzung

Entwicklung ist nur möglich, wenn wir Abstand von unseren Gedanken und Emotionen nehmen. Das ist das wichtigste Lösungsprinzip. Ohne diesen Abstand verkleben wir automatisch mit unseren Gedanken, die dann über uns herrschen. Oder wie Martin Luther sagte: »Gedanken sind wie Vögel, die um unsere Köpfe kreisen. Wir sollten Acht geben, dass sie keine Nester bauen.«

Wir setzen uns mit anderen auseinander

Eine Form des Abstandnehmens ist die *Auseinander-Setzung*, beispielsweise in der Partnerschaft. Wir hocken nicht mehr aufeinander, sondern setzen uns auseinander. Dabei bleiben wir nicht sitzen, sondern beide stehen auf und gehen erst einmal ihren eigenen Weg. Beide besinnen sich auf sich selbst und nehmen wieder Kontakt zu sich auf. Beide können Dinge tun, die sie früher gerne getan haben: wieder Kontakt zu alten Freunden aufnehmen und sich neuen Freundschaften öffnen; die eigenen Wünsche formulieren sowie Lebensziele und Pläne überprüfen. Klarheit und Zufriedenheit mit sich selbst sowie Selbstliebe sind die Voraussetzung für Klarheit und Liebe in der Partnerschaft.

Mit dieser *Auseinander-Setzung* stoppen wir die Projektionsmaschine: »Du bist schuld, dass …« Oft wissen die *Partner* nicht, dass sie sich in der Beziehung immer nur auf einen *Part* im anderen beziehen können, und das auch nur für eine gewisse Zeit. Dieses Wissen beugt Besitzansprüchen vor.

Wir setzen uns mit uns selbst auseinander

Mit unseren Gedanken und Emotionen setzen wir uns auseinander, indem wir sie beobachten. Das ist nur mit Abstand möglich. Im Dauerlauf der Gedanken verlieren wir zu viel Energie, ermüden und erschöpfen uns, vor allem wenn wir auch nachts unser Gedankenrad in den Träumen nicht anhalten können, statt Impulse zu tanken. Besonders stark wirkt dies, wenn unsere negativen Gedanken und Bilder uns gefangen halten, sich verselbstständigen und das Kommando übernehmen. Eine positive Form des Abstandnehmens und der Auseinandersetzung geschieht beispielsweise in der Meditation. Auf den Punkt gebracht, schließen wir uns durch die Technik des Meditierens an unsere eigene *Ressource* an, was wörtlich *zurück zur Quelle* bedeutet. Wir lernen uns selbst zu *genügen,* die Grundvoraussetzung für *Vergnügen* und Freude im Leben. Meditation fördert das Verantwortungsbewusstsein für das Eigene und das gemeinsam Mögliche. Mit der *Verantwortung* erhalten wir *Antworten* auf essenzielle Fragen unseres Lebens. Das englische Wort für Verantwortung, *responsability (response-ability),* meint wörtlich *Fähigkeit zu antworten.* Diese Antworten brauchen wir, um uns entwickeln und von Altem lösen zu können.

Professionelle Auseinandersetzung durch Coaching

Der Coach nimmt Abstand zu dem, was der Kunde ihm erzählt. Er befindet sich auf einer Metaebene, auf der er an seine Impulse angeschlossen ist. Der englische Begriff *Coach* bedeutet zugleich *Kutsche* und *Kutscher.* Im Coaching lernen Sie, Lenker Ihrer eigenen Kutsche zu sein. Sie entwickeln Ihre Talente und lernen Ihr Potenzial zu nutzen. Coaching dient der Entwicklung der Persönlichkeit.

Im Coaching stärken Sie die Kraft Ihrer Sprache. Menschen, die sich anerkannt und ausgesprochen gut fühlen, positionieren sich stärker im Leben und im Unternehmen und werden nicht müde, andere zu motivieren. Eine klare Sprache und der richtige Ton verbessern den täglichen Flow. Im Coaching lernen Sie, erfolgreich zu kommunizieren.

Zudem lernen Sie Ihre Erfolgs- und Misserfolgsstrukturen kennen und Ihre Haltungen zu verändern. Denn *Erfolg folgt* der inneren Einstellung. Im Coaching stellen Sie sich auf Ihren Erfolg ein. Sie lernen, *Wesentliches* von *Unwesentlichem* zu trennen, damit es nicht sein *Unwesen* treibt und Ihr Leben leichter wird. Die Konzentration auf das Wesentliche gibt Ihnen zugleich die Leichtigkeit, wichtige Entscheidungen zu treffen. Nach dem Coaching wissen Sie:

- wo Sie hinwollen,
- wie Sie dahin kommen,
- und vor allem: SIE TUN ES!

Professionelle Auseinandersetzung durch Stimmtraining

Im professionellen Stimmtraining können Sie lernen, sich authentisch zur Sprache zu bringen. Diverse wissenschaftliche Studien zeigen auf, dass bis zu 85 % unseres Erfolgs von Körperausdruck und Stimme bestimmt werden, wie es zum Beispiel der Autor und Persönlichkeitstrainer Nikolaus B. Enkelmann erklärt. Nicht authentischer Ausdruck zeigt sich durch Anstrengung und stresst alle an der Kommunikation Beteiligten. Authentische Kommunikation hingegen erhöht die Effektivität und erleichtert den Flow im Berufs- wie im Privatleben.

Laut den Stimmtrainerinnen Viviane Jovanov und Michaela Suchomel folgt unsere Stimme dem Körper: »Ist der Körper steif und eng, wird auch die Stimme fest und dünn. Ist er offen und in seiner natürlichen Präsenz, kann auch die Stimme offen schwingen und ihren natürlichen, authentischen Klang entwickeln. Geben wir aber nur vor, präsent und locker zu sein, wird die Dissonanz durch Stimme und Körpersprache offensichtlich.« Über die Stimme können wir lernen, mit Leichtigkeit zu führen: »Gezielte Stimm-, Atem- und Körperübungen lösen Verspannungen auf. Das dadurch vergrößerte körperliche und stimmliche Volumen erhöht die charismatische Wirkung. Das kreative Potenzial weitet sich. Eine enorme Kraft entsteht, die es ermöglicht, Menschen mit Leichtigkeit zu führen und Essenzielles in Bewegung zu bringen.«[9]

Auseinandersetzung durch Familienstellen

Jeder Mensch ist bis zu einem gewissen Grad in die alten Denk- und Verhaltensmuster seiner Familie verstrickt, die er automatisch im Alltag fortsetzt. Im Familienstellen nehmen wir genau von diesen Mustern Abstand.

Das von der amerikanischen Familientherapeutin Virginia Satir entwickelte Familienstellen wurde in Deutschland durch Bert Hellinger bekannt. Wenn Sie vermuten, dass eine psychische oder physische Störung im Familiensystem ihren Ursprung hat, kann Ihnen systemisches Familienstellen helfen, wiederkehrende Problemstellungen zu lösen. Dies können Ereignisse sein, die eine Sprach- oder Fassungslosigkeit auslösten und nie zur Sprache gebracht wurden:

Warum halten meine Beziehungen nie länger als einige Monate oder Jahre?

Weshalb habe ich nicht den Erfolg in Beruf und/oder Familie, den ich mir wünsche, obwohl ich alles Erdenkliche dafür tue?

Warum dreht sich in unserer Familie das Hamsterrad so oft in Bezug auf Streit, Neid und Ärger?

Warum kommt es in unserem Familiensystem so oft zu Krankheit und frühem Tod?

Welche Sprache verwende ich für das Gefühl des Fremd- oder Alleinseins?

Weshalb habe ich nie genug Geld? Welche Sprache benutze ich für mein eigenes Wertegefühl?

Welche Ungerechtigkeiten haben mich sprachlos gemacht?

Der Hintergrund dieser Probleme ist oft in Dynamiken der Vorgenerationen zu sehen, etwa den Folgen des Krieges (Tote und Vermisste), Unfällen, Suiziden, Abtreibungen und Fehlgeburten, Missbrauch, Trennungen etc. Beim Familienstellen werden »die Familienmitglieder [...] mithilfe von Stellvertretern aus der Gruppe in den Raum gestellt, um so die Dynamik im System zu erkennen. Weil der Einzelne sich dem aufgestellten System öffnet, zeigen sich Emotionen, die er bisher verschlossen oder verdrängt hatte. Diese anzuschauen, anzunehmen und anzuerkennen bringt eine neue ›heilende Ordnung‹ in das System. Ohne dass die Arbeit mit allen Mitgliedern der Familie notwendig ist, wandelt sich das ganze System mit der Arbeit eines einzelnen Mitglieds einer Familie.«[10]

Leitsätze aus Kapitel 3

- Nutzen Sie individuelle Zeiten des Wandels zur Reflexion und zur Erneuerung Ihrer Denk- und Verhaltensmuster.

- Entwicklung bedeutet an erster Stelle, vorhandene Potenziale zu entdecken und zu fördern. Wir können nur ent-wickeln, was in uns ist.

- Mit Ihrem persönlichen Stärke-Schwäche-Spiegel können Sie Schwächen in Stärken verwandeln.

- Durch Abstandnehmen von negativen Gedanken und Emotionen schalten Sie sich für eine positive Wirklichkeit frei.

- Mit einem klaren Profil konzentrieren Sie sich auf Ihre Kernaufgaben.

- Mangelnde Selbstbestimmung gibt Raum für Fremdbestimmung.

- Unsere Gedanken spiegeln sich in den Menschen, denen wir begegnen.

- Gute Kommunikation entsteht, indem wir unsere Befindlichkeiten und Verletzungen zurückstellen.

- Das Leben gleicht einer mathematischen Aufgabe: Gegeben sind unsere Talente, gesucht ist der dazugehörige positive Gegenpol.

- Auseinandersetzung heißt Abstand nehmen von Situationen und Menschen.

Kapitel 4

Werte und Leitbild für Glück und Erfolg in der Praxis nutzen

Leitfragen zu Kapitel 4

- Welche Rolle spielt es für den Erfolg, wenn wir unseren Selbstwert, unsere Werte und unser Leitbild zur Sprache bringen?
- Von welchen Werten lassen Sie sich leiten?
- Wie können Sie Ihr Leitbild leben und nutzen?

Unser persönlicher Erfolg und der Erfolg von Unternehmen und Verbänden funktioniert, indem wir die Senkrechte (Werte, Selbstwert, Leitbild) zur Sprache und in Balance mit der Waagrechten (Positionierung, Zielsetzung, Verwirklichung) bringen.

Überlassen wir Selbstwert und Werte mehr oder weniger dem Zufall, laufen wir Gefahr, ins Unbewusste und ins Getrieben-Sein im Hamsterrad zurückzufallen. Wenn wir uns klar positionieren, verliert die Dominanz negativer Emotionen an Kraft.

Vom Leidbild zum Leitbild

Durch die Entwicklung eines Leitbildes können wir die Werte, die uns leiten, im Kontext unseres Selbstwertes erleben und zur Sprache bringen. Drückt sich unser Potenzial nicht in unserem Selbstwert aus, geraten wir schnell in das Hamsterrad der Gefühle der Minderwertigkeit und Selbstüberschätzung.

»Das ist mir alles zu viel …«, »Es geht nicht, weil …«, »Du bist schuld, dass …«. Kennen Sie diese Dauerbeschwerden? Ganz normale *Leidbilder!* Das ist oft unser sprachlicher Alltag: Ihr Alltag, der Alltag in der Familie, in der Arbeit.

Sie sind sich sicher, so kann es in Ihrem Leben nicht weitergehen? So geht es auch nicht weiter, es kommt noch schlimmer: Wenn Sie es nicht schaffen, *unmögliche* Stimmungen durch *Möglichkeiten* abzulösen, werden sich Ihre Familie, Ihr Partner, Ihre Freunde, Ihre Kollegen, Mitarbeiter oder Kunden immer *unmöglicher* verhalten. Dem Gefühl mangelnder Verbundenheit oder nicht gesehen und anerkannt zu werden – mit allen Ausdrucksvarianten von Minderwertigkeit bis Selbstüberschätzung – folgen automatisch Beschwerden, Gejammer und gegenseitige Vorwürfe. Wenn wir aber mögen, was wir tun, unseren Alltag mit Leidenschaft leben und der *Geist* der *Begeisterung* unser Denken und Handeln bestimmt, sehen wir unsere Möglichkeiten. Diese bringen wir in eine Vorstellung, sprich ein Leitbild – ein Bild, das *leitet* und *begleitet:* bei Schwierigkeiten, Skepsis, Rückschlägen ebenso wie bei Erfolgen und Höhepunkten.

Leitbild, Vision und Mission

Ein klares, zugkräftiges Leitbild kann im privaten Bereich wie im Unternehmen zur Grundlage nachhaltigen Erfolgs werden. Es ist gleichsam der Slogan Ihres Erfolgs, der sich später auch in der Außendarstellung und Imageentwicklung einsetzen lässt.

Leitbild ist hier nicht mit Vision gleichzusetzen, die Vision steht über dem Leitbild. Vision bedeutet *Sehen, Anblick, Erscheinen,* der Begriff ist verwandt mit dem Wort *Wissen.* Darüber hinaus hat Vision laut Duden die Bedeutung *Traumgesicht.* Das heißt, wir *sehen* einen großen Traum von Möglichkeiten, die unserer Bestimmung entsprechen. Es gilt, den Traum *anzublicken* und zu *schauen,* um was es in unserem Leben wirklich geht. Erst dann *scheint* das, was wirklich wesentlich und realistisch ist, durch alles hindurch. Millionär werden zu wollen ist keine Vision, dahinter steckt vielmehr die Angst, zu wenig Geld zu haben.

Das Leitbild eines Menschen kann folgendermaßen lauten: Mein Bestreben und Engagement ist es, dass Menschen in Frieden und Freude zusammenleben. Sie sehen, dass im Leitbild durchaus visionäre Ideen mitschwingen können. Das ist gut so. Die Vision hat etwas damit zu tun, den Menschen zu dienen, d. h. im obigen Beispiel, Frieden und Freude im Zusammenleben zu schaffen. Der Auftrag, die *Mission* besteht in Maßnahmen, wo und wie dieser Mensch das tun kann. Etwa indem er als Mediator arbeitet, weil er es sich zum Ziel gesetzt hat, Konfliktparteien im familiären oder beruflichen Bereich zu befrieden, damit wieder Lebensfreude bei den betroffenen Personen entstehen kann.

Die Vision einer Mutter besteht nicht darin, dass der Haushalt tipptopp ist und die Kinder perfekt herausgeputzt sind, sondern könnte sich auf die gut entwickelten Potenziale der Persönlichkeit ihrer Kinder beziehen. Ordnung und Sauberkeit sind weder Mission noch Vision, sondern dienen einem Zweck.

Mit der *Mission* wird die *Vision* Realität. Das lateinische *missio* bedeutet *schicken, entsenden,* d. h., wir sind *geschickt,* um einen Auftrag zu erfüllen, siehe den Erziehungsauftrag, den sich die Mutter zum Ziel gesetzt hat.

Zunächst sollte bei der Leitbildentwicklung die Vision ins Auge gefasst werden. Bei einem persönlichen Leitbild ist dies leicht möglich, in Wirtschaftsunternehmen gestaltet es sich allerdings oft schwierig. Visionäre Formulierungen wirken zunächst meist abgehoben und unrealistisch. In diesem Fall macht es Sinn, zuerst das Leitbild zu formulieren und dann die Vision.

Wie Sie ein persönliches Werte- und Leitbild entwickeln

Sie können die in folgendem Schema dargestellten Phasen der Werte- und Leitbildentwicklung für Ihre persönlichen oder beruflichen Vorhaben nutzen. Eine professionelle Begleitung durch einen Coach erleichtert den Prozess.[11]

ABLAUFPHASEN DER LEITBILDENTWICKLUNG

PHASE 1: WERTEENTWICKLUNG
Erfassen Ihrer Werte
↓

PHASE 2: LEITBILDFORMULIERUNG
Formulierung Ihres Leitbilds auf Grundlage Ihres Werteprofils
↓

PHASE 3: POSITIONIERUNG
Überprüfen Ihrer Position
↓

PHASE 4: ZIELFORMULIERUNG

Planung von Zielen und Maßnahmen zur Verwirklichung Ihres Leitbilds

↓

PHASE 5: UMSETZUNG

Umsetzung Ihres Leitbilds

Nur mit einer Balance zwischen Senkrechte und Waagrechte, zwischen klarer Emotion und zielgerichtetem Handeln, ergibt ein Werte- und Leitbild einen Sinn. Aus nachfolgender Darstellung können Sie die Logik der fünf Phasen als Gesamtschau erkennen.

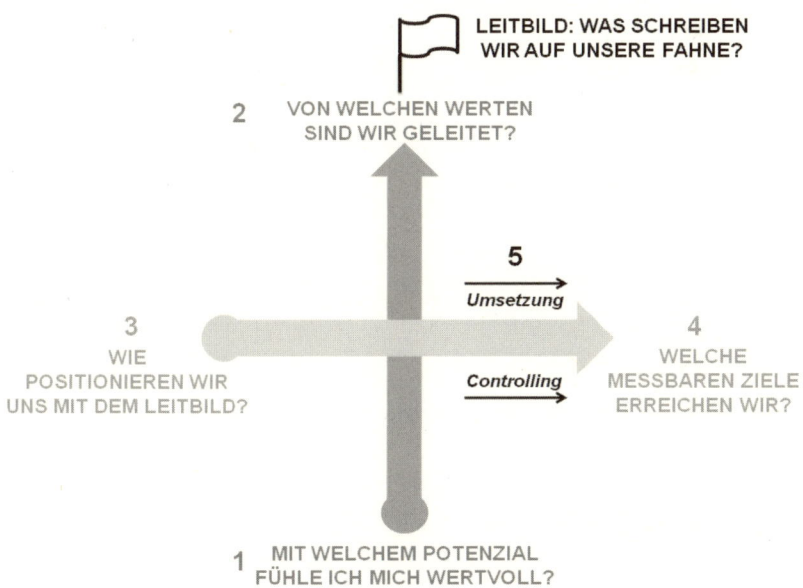

Abb. 66: Die fünf Phasen der Werte- und Leitbildentwicklung

Zur Verwirklichung Ihres persönlichen Werte- und Leitbilds können Sie die folgende inhaltliche Gestaltung der fünf Phasen nutzen.

Phase 1: Erfassen Ihrer Werte

1. Formulieren Sie, was Ihnen wichtig und wertvoll im Leben ist. Gehen Sie möglichst weit in Ihre Kindheit zurück. Schreiben Sie alles, was Ihnen dazu einfällt, in einem Brainstorming auf. Wählen Sie aus Ihren vielen Werten die drei wichtigsten Werte aus, eventuell mit Unteraspekten: Das ist Ihr Werteprofil.

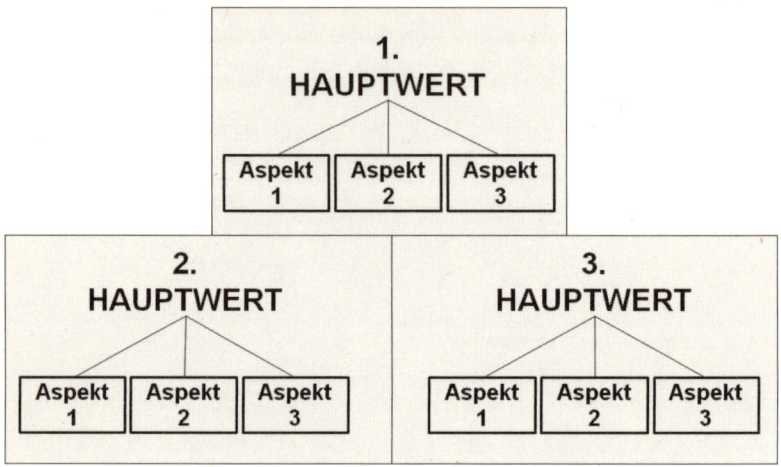

Abb. 67: Das Werteprofil mit Hauptwerten und Aspekten

Praxisbeispiel: Der Wert »Liebe« kann die Unteraspekte »Herzlichkeit«, »Nähe zu Menschen« oder »Liebe zur Natur« haben:

LIEBE

Herzlichkeit   Nähe zu Menschen   Liebe zur Natur

2. Verbinden Sie jeden Wert mit einem positiven Erlebnis, das Sie in kurzen Notizen festhalten. Damit verankern Sie den Wert emotional und tanken ihn mit Energie auf. Vielleicht erinnern Sie sich – im Beispiel Liebe – an eine Situation, in welcher Sie Herzlichkeit

in Ihrer Familie erlebt haben bzw. eine besondere Nähe zu Ihrem Vater oder zu Ihrer Mutter.

3. Werte bekommen ihre Kraft erst durch den Selbstwert, d. h., wenn wir uns selbst etwas wert sind. Er entsteht, indem wir unsere Stärken erkennen und leben. Ähnlich wie bei den Werten verfahren Sie jetzt mit Ihren Stärken: Ihren besten Qualitäten. Notieren Sie Ihre Stärken in Begriffen auf einem Blatt Papier von oben nach unten. Wählen Sie wieder die drei wichtigsten aus. Diese drei Stärken bilden Ihr Stärkeprofil:

STÄRKEPROFIL
STÄRKE 1:
STÄRKE 2:
STÄRKE 3:

Verbinden Sie anschließend wieder jede Stärke mit einem Erlebnis: Schreiben Sie auf, welche Erfolge diese Stärken Ihnen bisher im Leben brachten. Erleben Sie nochmals, wie gut Sie sich fühlen, wenn Sie Ihre Stärke einsetzen.

Schwächen entstehen, indem wir eine Stärke zu viel oder zu wenig leben: Statt mutig zu sein neigen wir beispielsweise zum Übermut oder sind zuweilen feige. In der folgenden Übersicht machen wir den Stärke-Schwäche-Spiegel zu den Stärken: innovativ/verbindend/ strukturiert. Innovative Menschen wirken bei einem Zuviel manchmal abgehoben und unrealistisch und fühlen sich bei einem Zuwenig oft ideenlos. Bei einem Zuviel der Stärke »verbindend« kann sich ein Mensch im Helfersyndrom wiederfinden, bei einem Zuwenig als Einzelgänger zurückziehen. Der Strukturierte wird bei einem Zuviel zum Pedanten, während er bei einem Zuwenig ins Chaos fällt.

zu wenig SCHWÄCHEN	STÄRKEPROFIL	zu viel SCHWÄCHEN
ideenlos	STÄRKE 1: innovativ	abgehoben, unrealistisch
einzelgängerisch	STÄRKE 2: verbindend	Helfersyndrom
chaotisch, planlos	STÄRKE 3: strukturiert	pedantisch

Im nächsten Schritt machen Sie den Stärke-Schwäche-Spiegel zu Ihren drei Hauptstärken. An dieser Stelle braucht es oft einen Reflexionspartner, etwa einen guten Freund oder einen Coach.

zu wenig SCHWÄCHEN	STÄRKEPROFIL	zu viel SCHWÄCHEN

Immer wenn wir unsere Stärken zu viel oder zu wenig leben, fühlen wir uns schwach und sinken in unserem Selbstwert. Mit einem niedrigen Selbstwert können wir unsere Werte nicht verwirklichen. Sie können beispielsweise den Wert »Liebe«, angelehnt an obiges Stärkeprofil, nur erfüllen, wenn Sie Ihre Stärken – innovativ/verbindend/strukturiert – nutzen.

Phase 2: Formulierung Ihres Leitbilds auf Grundlage Ihres Werteprofils

Jetzt formulieren Sie in klaren Sätzen Ihr Leitbild. Ein gutes Leitbild erkennen Sie daran, dass es Ihnen Kraft gibt und Sie und andere begeistert.

Phase 3: Überprüfen Ihrer Position

Nur mit guter Positionierung ist auf Dauer positives Denken möglich. Sind Sie mit Ihren Stärken richtig positioniert – privat, beruflich und in Ihrem sozialen Engagement? Wir beziehen uns wieder auf die Stärken »innovativ, verbindend und strukturiert«. Findet Ihre Kraft, verbindend zu wirken, im privaten Bereich einen Ausdruck, pflegen Sie beispielsweise Freundschaften? Oder haben Sie eine berufliche Aufgabe, in der Sie innovativ sein können? Stellen Sie sich zu Ihren Stärken ähnliche Fragen.

Phase 4: Planung von Zielen und Maßnahmen zur Verwirklichung Ihres Leitbilds

Überprüfen Sie Ihre bisherigen privaten und beruflichen Planungen und Ziele: Was können Sie gemäß dem neuen Leitbild umformulieren?

Phase 5: Umsetzung Ihres Leitbilds

Umsetzung bitte nicht vergessen! Erst die Umsetzung bringt den Erfolg. Dabei hilft Ihnen immer wieder Ihr Stärke-Schwäche-Spiegel, damit Sie nicht auf sich selbst hereinfallen. Nutzen Sie eine schriftliche Planung mit terminierten Vorhaben und Zielen. Überprüfen Sie in monatlichen Abständen, ob Sie noch auf dem richtigen Weg sind oder ob es neuer Planungen bedarf.

Die nachfolgenden Beispiele zeigen die Einfachheit von persönlichen Leitbildern:

1. Praxisbeispiel eines persönlichen Leitbilds

Meine Werte:

Liebe – Humor – Reichtum

Mein Leitbild:

- Ich bin in Liebe und Klarheit mit den Menschen.
- Mit meinem Humor und meiner Lebensfreude verbinde ich Menschen.
- Ich bin reich an geistigen und materiellen Ressourcen und verhelfe anderen Menschen zu ihrem Reichtum.

2. Praxisbeispiel eines persönlichen Leitbilds

Meine Werte:

Liebe – Lebensfreude – Leichtigkeit

Mein Leitbild:
- Ich bringe Liebe in die Welt.
- Lebensfreude ist die Essenz meines Seins und meiner Arbeit.
- Ich lehre die Menschen Leichtigkeit.

Kapitel 5

Was Wörter und Verhaltensweisen über Ihre Emotionen und Einstellungen verraten

Leitfragen zu Kapitel 5

- Was lösen Wörter und Sätze in uns aus?
- Welche Wörter und Sätze machen mächtig oder schmächtig?
- Wo liegt der Schlüssel für den Ausstieg aus dem Kampf um Anerkennung und Energie?

Im Folgenden beschreiben wir, wie wir mit unserer Sprache und unseren Verhaltensmustern das alltägliche Hamsterrad drehen. So verfügen wir über die unterschiedlichsten sprachlichen Spielarten, um uns Energie zu *besorgen*, Energie zu *kriegen*: Das eine bringt Sorgen, das andere führt zum Streit – schlimmstenfalls in den Krieg. Fast immer geht es letztlich darum, Beachtung zu erlangen, in seiner Bedeutung gesehen, erkannt, anerkannt und geliebt zu werden. Das entspricht den Grundbedürfnissen des Menschen. Um Aufmerksamkeit zu erhalten, tun wir zuweilen fast alles, sogar fast alles Unmögliche. Das Ergebnis: Wir sind unmöglich und ernten Unmöglichkeit.

Energie ist die Grundlage menschlichen Lebens. In guten energetischen Phasen sind wir in guter *Stimmung*, erkennen Möglichkeiten und folgen unserer *Bestimmung*. Auf niedrigen Energiestufen kommt es zum Streit: Wir versuchen uns energetisch oben zu *halten*, indem wir recht *behalten* wollen. Verfügen wir über wenig Energie, entstehen negative Gedanken. Wir schalten auf Not, und alle negativen Bilder, die wir aufgrund von Erfahrungen im Kopf gespeichert haben, kommen zum Vorschein. Wir greifen zurück auf gespeicherte Mechanismen, um die Not zu wenden, und schaffen, wenn wir nicht wirklich in Not sind, erneut Not. Dies geschieht zum einen häufig durch unbedachten bzw. automatisierten Sprachgebrauch. Allein der Verzicht auf manche Begriffe führt dazu, dass unsere Energie erhalten bleibt oder wir sogar Energie gewinnen.

Betont sei, dass wir den Gebrauch der nachfolgenden Begriffe nicht grundsätzlich verdammen, sondern auf eine unbedachte, zum Teil übermäßige und damit Energie raubende Verwendung hinweisen wollen. Zum anderen haben sich auch in unserem Verhalten Automatismen eingenistet, die uns Kraft rauben, wie etwa Faulheit, Konkurrenzverhalten oder Unentschlossenheit.

Im folgenden Glossar stellen wir Begriffe, sprachliche Wendungen und damit verbundene Verhaltensweisen vor, die uns und andere in

Energiespiele verwickeln, und decken die dahinter liegenden Motive auf. Einige Begriffe beziehen sich direkt auf negative Sprach- und einige auf negative Verhaltensmuster, die sich nicht unbedingt in der gesprochenen Sprache zeigen müssen, sondern ihren Ausdruck in Körpersprache, Mimik und Gestik finden. Etwa wenn wir in unangebrachtem, barschem oder spitzem Tonfall oder zu leise und zurückhaltend, zu laut und aggressiv oder zu undeutlich, unsicher oder schwammig sprechen. Zu langsames Sprechen signalisiert eine Lähmung, mit der wir auch andere lähmen oder aggressiv machen. Zu schnelles Sprechen ist die Folge von aktionistischem Verhalten. Andere fühlen sich dadurch gehetzt, werden hektisch oder fallen in den Gegenpol der Lähmung. Sind wir vorlaut oder geben wir an, drängen wir uns in den Vordergrund. Mit einer zurückhaltenden Sprache blockieren wir uns und stecken andere mit diesem Verhalten an. Ein gehetzter Gesichtsausdruck oder unkontrollierte und zu schnelle Bewegungen bewirken Ähnliches wie eine gehetzte Sprache. Starre Gesichtszüge lassen unter Umständen auch unseren Gesprächspartner erstarren.

abarbeiten

Phänomen
Abarbeiten steht synonym für sich *abmühen*, sich *abplagen*. Es bedeutet »durch Arbeit tilgen« (Duden, Bedeutungswörterbuch). Die Hintergrundkulisse besteht aus Bergen von Arbeit, zum Beispiel stapelweise Post, die erledigt werden muss. Haben wir den einen abgearbeitet, *türmt* sich schon der nächste Stapel. Am liebsten würden wir selbst *türmen*, denn wir wissen, weitere 25 Jahre des Sich-Abarbeitens warten. *Abarbeiten* birgt die Gefahr, dass wir uns am Ende selbst abgearbeitet fühlen. Die Arbeit ist erledigt – wir auch!

Energiespiel
Alle können an den Stapeln auf meinem Schreibtisch sehen, dass ich ja sooo viel zu tun habe. Ich fühle mich gefragt, wichtig, vielleicht sogar

unersetzlich. Das entspricht der Täterposition. Im Sich-bemitleiden-Lassen begebe ich mich wiederum in die Opferposition – siehe auch *Mitleid*.

Schlüsselfragen

- Warum plagen Sie sich ab?
- Was haben Sie davon, wenn Sie sich abarbeiten?

Lösungsimpulse

- Sie ändern Ihre Einstellung zum täglichen »Arbeitsberg«: Bedanken Sie sich für die Fülle.
- Betrachten Sie nicht leidvoll, was noch alles vor Ihnen liegt.
- Schreiben Sie auf, was Sie schon alles in Ihrem Leben geleistet haben. Über die *Sinne* entsteht *Sinn*! Mit einer *Liste* des bereits Erreichten *überlisten* Sie Ihre negativen Einstellungen.
- Lassen Sie die Stapel auf Ihrem Schreibtisch gar nicht erst zu groß werden. Ein überfüllter Schreibtisch lädt nicht zum Arbeiten ein. Ein Stapel mit dem Pensum, das Sie an einem Tag gut schaffen können, genügt.

aber

Phänomen

Die indogermanische Wurzel *apo-* bedeutet *ab, weg*. *Aber* heißt also »ab er«, d. h., etwas geht weg. Die Vorsilbe *Aber-* drückt außerdem einen Gegensatz aus bzw. verweist auf das Verkehrte, beispielsweise *Aberwitz,* der nicht wirklich witzig ist, oder *Aberglauben,* der mit Glauben nichts mehr zu tun hat. Das Wort *aber* ist nach der Autorin Scheurl-Defersdorf eine Steigerungsform von »ab«, in der Bedeutung *Trennung.*[12]

Energiespiel

Immer wenn jemand einen Vorschlag macht, antworten Sie automatisch mit »Ja, aber …«. Erst stimmen Sie zu, dann nehmen Sie diese

Zustimmung wieder zurück. Doppelbotschaften wirken destruktiv und verwirren Ihre Gesprächspartner auf Dauer.

Schlüsselfrage

- Warum fällt Ihnen eine klare Zustimmung ohne jegliche Einschränkung schwer?

Lösungsimpulse

- Bei kreativen Neuerungen macht es Sinn, ein Brainstorming zu vereinbaren. Legen Sie einen Zeitrahmen von 10 bis 20 Minuten fest. In dieser Zeit darf jeder seine Impulse äußern, ohne dass andere sie gleich wieder mit einem »Ja, aber …« einschränken. Alle Beteiligten der Gruppe erleben Kreativität, weil sie ihre Gedanken strömen lassen.
- Praxisbeispiel: Ein Teamkollege nervte die anderen mit seinem ständigen kritischen »Ja, aber …«. Dem Rat der Gruppe folgend, drehte er den Satz einfach um und antwortete nun: »Aber ja!« Das machte allen so viel Spaß, dass schnell ein Wandel des Sprachmusters erfolgen konnte.

abgeschlossen haben

Phänomen

Abschließen steht für *abriegeln*, *verschließen* und *abschneiden*. Bei Themen, zu denen Sie sich nicht äußern möchten, antworten Sie: »Damit habe ich abgeschlossen.« Auf diese Weise reagieren zum Beispiel Kunden im Coaching häufig auf die Frage nach dem Verhältnis zu ihren Eltern, Freunden oder Arbeitgebern.

Energiespiel

Sie versuchen, das Thema (etwa das Verhältnis zu Ihren Eltern) und damit verknüpfte negative Erlebnisse auszugrenzen, das Ganze zu verdrängen, in eine »Kiste« zu sperren und diese zu verschließen. Die Eltern erscheinen nicht einmal mehr im schlechten Licht, sie sollen gar nicht mehr in Erscheinung treten.

Schlüsselfragen
- Was versuchen Sie wegzusperren?
- Für welches Problem machen Sie andere verantwortlich?
- Welchen Themen können Sie sich wieder öffnen, damit Ihre Energie erneut fließt?

Lösungsimpuls
- Achtsam die »Kiste« wieder öffnen. Ein Coaching kann dabei hilfreich sein.

abhängig

Phänomen

Abhängig steht für *bedingt, unfrei* und *unselbstständig*. Abhängigkeit bezeichnet eine Fremdbestimmung, die etwa durch Überidentifikation mit der Arbeit entsteht.

Energiespiel

Viele Menschen sagen und glauben, dass sie abhängig sind von anderen Personen und von Umständen. Deshalb haben sie das Gefühl, für ihr Glück immer irgendwelche Bedingungen erfüllen zu müssen, und werden dadurch immer unfreier und unselbstständiger.

Ein Workaholic beispielsweise begibt sich in die Abhängigkeit einer künstlichen Wichtigkeit. Er pendelt zwischen Opfer- und Täterposition hin und her, zwischen Sich-erschlagen-Fühlen von der vielen Arbeit und Wichtigkeit, weil er so viel zu tun hat. Ein Workaholic überidentifiziert sich mit seiner Arbeit. Dadurch braucht er sich mit Identitätslücken nicht auseinanderzusetzen.

Schlüsselfragen
- Von was machen Sie Ihr Glück abhängig?
- In welchen Bereichen und Situationen zeigen Sie sich besonders unselbstständig?

Lösungsimpulse

- Warten Sie nicht mehr auf irgendetwas, sondern ergreifen Sie selbst die Initiative.
- Schieben Sie wichtige Entscheidungen nicht mehr auf, sondern entscheiden Sie.

abkanzeln

Phänomen

Der Begriff leitet sich vom Wort *Kanzel* ab. Dort wird gepredigt, dem Prediger wird zugehört, er erhält Aufmerksamkeit. Siehe auch *empören, recht haben*.

Energiespiel

Jemand, der andere Menschen *abkanzelt,* stößt diese von der Kanzel, um sich selbst dort oben zu positionieren. Er hält es nicht aus, dass ein anderer – in seinen Augen unberechtigterweise – die Aufmerksamkeit erhält, die er selbst will.

Schlüsselfragen

- Fühlen Sie sich in Ihrer Wichtigkeit gesehen? In welchen Beziehungen möchten Sie gerne der *Kanzler* sein?
- Glauben Sie, ein Genie zu sein, ohne dass es jemand weiß?

Lösungsimpulse

- Positionieren Sie sich, signalisieren Sie Kompetenz.
- Bringen Sie sich mit Ihren positiven Seiten zur Sprache.
- Notieren Sie Ihre Erfolge, damit Ihnen Ihr Erfolg deutlich wird. Je stärker Ihre Selbstanerkennung, desto klarer können auch andere Sie sehen.

Abneigung

Phänomen

Abneigung steht für *ablehnende Haltung, Missbilligung, Abscheu* und *Ekel*. Wir entwickeln Abneigung oder Zuneigung gegenüber Menschen und Dingen. In beiden Fällen sind wir nicht neutral. Nach dem Gesetz der Resonanz gibt es eine Entsprechung in uns: Wir lehnen etwas in uns ab und projizieren dies auf einen Menschen oder eine Sache. Wenn Sie an jemandem etwas nachhaltig *stört,* dann lag in der Regel schon vorher in Ihnen eine *Störung* vor.

Energiespiel

In der Abneigung wenden wir uns von einem Menschen ab, das raubt diesem ebenso Energie wie uns selbst. Die meiste Energie verbrauchen wir, indem das negative Bild in uns weiterarbeitet. Je mehr wir abneigen, desto stärker ziehen wir negative Bilder an.

Schlüsselfragen

- Was lehnen Sie an sich selbst ab?
- Wen lehnen Sie ab und warum?
- Wem haben Sie aus welchem Grund nicht vergeben?
- Welches Verhalten und welche Schwächen stören Sie an anderen am meisten? Wo ist der Bezug zu Ihrer eigenen Störung?

Lösungsimpulse

- Schenken Sie Zuneigung! Der Raum, den Ihre Zuneigung einnimmt, kann nicht mehr von Abneigungen besetzt werden.
- Erstellen Sie Ihren persönlichen Stärke-Schwäche-Spiegel.
- Sprechen Sie Menschen an, gegen die Sie eine Abneigung haben. Sie werden merken, wie sich Ihre negativen Gedanken über diese Menschen als Vorurteile entlarven. Machen Sie diese Aufgabe bewusst eine Woche lang.
- Bei Abneigung gegen Tätigkeiten wie Putzen, Abwaschen, Ordnung schaffen: Holen Sie das positive Bild der Zukunft in die Ge-

genwart. Stellen Sie sich vor, wie schön es ist, ein sauberes Bad zu haben, oder welchen Freiraum Sie spüren, wenn Sie endlich Ihren Speicher entrümpelt haben.

- Schaffen Sie weitere positive Bilder. Statt zu denken, dass Sie jetzt auch noch Rechnungen schreiben müssen, arbeiten Sie lieber mit dem Bild: Rechnungen schreiben ist wie Geld drucken.

Abtönungspartikel

Phänomen

Abtönen steht für *einen Ton abschwächen*, wir können einen Farbton, aber auch Sprache abtönen. Manche Menschen neigen dazu, alles, was sie sagen, durch die Einfügung unscheinbarer kleiner Wörtchen, der sogenannten Abtönungspartikel, einzuschränken. Sie verleihen ihrer Aussage damit eine ganz andere Note. Beispiele sind: aber, auch, bloß, denn, doch, eben, eigentlich, etwa, etwas, eventuell, halt, irgendwie, ja, mal, nicht, nur, oder so, ruhig, schon, so, übrigens, und so, vielleicht, wohl.

Sätze mit Abtönungspartikeln büßen an Klarheit und Kraft ein, öfter sagen sie sogar das Gegenteil aus. Im Grunde genommen müssten sie »Abtötungspartikel« heißen, sie zerstören die Aussage und lassen ahnen, was wirklich gemeint ist. Die seltsamsten Partikel sind die sogenannten Abtönungspartikel – Wörter, die normalerweise eine bestimmte Bedeutung haben, in diesem Zusammenhang aber *eigentlich* keine greifbare Aussage treffen. Trotzdem können sie für das Verständnis des Gesagten enorm wichtig sein. Wenn der Chef Ihnen einen Berg Arbeit auf den Tisch donnert und sagt: «Sie schaffen das schon», hat das Wörtchen *schon* keine grammatische Funktion. Es ist ein Abtönungspartikel[13], mit dem Ihr Chef vielmehr seine Zweifel ausdrückt, ob Sie die Arbeit tatsächlich bewältigen können.

Auch *mir, wir* oder *uns* dienen manchmal der Abtönung im Satz: »Mach mir keine Dummheiten.« »Wie geht's uns denn?« »Das heben wir mal schön wieder auf!«

Energiespiel

Entweder Sie sind unsicher und projizieren Ihre Unsicherheit auf andere Menschen, oder Sie trauen einem Menschen eine Sache nicht zu. Vor allem aber trauen Sie sich nicht, es ihm zu sagen. Sie positionieren sich nicht. Das zeigt sich besonders stark bei der Verwendung von *wir* und *uns*: Sie tauchen gleichsam im Plural unter und müssen sich nicht mehr persönlich auseinandersetzen. Sie beugen der Gefahr vor, dass der andere sich die Kritik nicht gefallen lässt und Sie angreift. So nehmen Sie Ihrem Gegenüber die Chance, sich offen seinen Fehlern zu stellen, sich zu entwickeln und zu verbessern.

Schlüsselfragen

- Wem gegenüber sagen Sie nicht, was Sie denken?
- In welchen Situationen ist das der Fall?
- Was könnte passieren, wenn Sie sagen, was Sie denken?
- Was könnte es Ihnen bringen, wenn Sie klar sprechen und sich damit positionieren?

Lösungsimpulse

- Schlicht und ergreifend: Abtönungspartikel weglassen! Spüren Sie, wie Ihr Selbstbewusstsein steigt, indem Sie Ihrem Gesprächspartner größere Aufmerksamkeit und Klarheit schenken. Das befähigt den anderen, seine Aufgaben gut zu machen, weil Sie ihm das Bild liefern, dass er es kann.
- Wenn Sie Zweifel gegenüber jemandem hegen, sprechen Sie das an. Mit der Sprachform beginnt die Möglichkeit der Veränderung.

Aktionismus

Phänomen

Aktionistisch ist ein Mensch, der übertrieben in Aktion ist. Er redet zu schnell und zu viel und vor allem durcheinander. Wer beispielsweise nonstop arbeitet, keine Pausen und keinen Urlaub macht, verhält sich aktionistisch. Die Steigerung ist *blinder* Aktionismus, in dem weder der Betroffene noch sein Umfeld mehr erkennt, was gerade passiert.

Negative Hintergründe, wie etwa die Angst, nicht zu genügen oder zu kurz zu kommen, können zu Aktionismus führen. Sie arbeiten immer mehr und immer schneller – allerdings ohne dass der negative Hintergrund verschwindet. Unbewusst spüren Sie, dass Sie falsch liegen, das macht Ihnen Angst, und die treibt Sie weiter an. Doch je schneller Sie werden, desto wahrscheinlicher wird die Fehlerquote, desto mehr müssen Sie zur Fehlerbehebung abarbeiten. Wer so arbeitet, definiert sich über Leistung und vergisst dabei, wer er ist. An die Stelle von Sein rücken Haben und Leistung. Das führt in die Abhängigkeit, zum Beispiel von Anerkennung über Leistung.

Energiespiel
Der Aktionist entwickelt sich wie der Workaholic zum Anerkennungsjunkie. Er besorgt sich Energie durch Aufmerksamkeit bzw. Anerkennung über Leistung und wird immer stärker extrinsisch (von außen) motiviert. Im Aktionismus entwickeln wir eine Dauerwichtigkeit.

Schlüsselfragen
- Arbeiten Sie nonstopp? Wie viele Ruhephasen gönnen Sie sich im Laufe des Tages? Was machen Sie in diesen Ruhephasen?
- Wie geht es Ihnen in den ersten Urlaubstagen? Können Sie abschalten, ohne ein schlechtes Gewissen zu haben?

Lösungsimpulse
- Finden und vor allem *betätigen* Sie den Stoppknopf.
- Beginnen Sie Ihren Tag mit wichtigen und nicht mit dringenden Aufgaben.
- Fangen Sie an, Unwesentliches wegzulassen.
- Essen Sie langsam, und genießen Sie das Essen.
- Nehmen Sie Geschwindigkeit aus Ihrem Leben. Hören Sie in Ruhe zu, gehen Sie langsamer, und sprechen Sie bedächtiger.

ängstlich

Phänomen

Der Begriff *Angst* geht auf die indogermanische Wortgruppe *eng* zurück. Angst ist zunächst ein Reflex: Wir ziehen uns zusammen oder igeln uns ein, wenn Gefahr droht. Im Zusammenziehen sammeln wir unsere Kräfte, um *not-wendig* reagieren zu können. Menschen tun das, wenn sie Gefahr wittern, aber auch, wenn sie sich diese nur einbilden. Beispielsweise, weil sie sich nicht trauen, sich zu zeigen, wie sie sind. Dann erfinden sie in ihrer Angst Geschichten um Geschichten, warum es besser ist, sich zu verstecken.

Energiespiel

Indem Sie Ihre Energie in der Angstreaktion konservieren, sind Sie ausschließlich mit sich beschäftigt. Ihre Energie bleibt so für Sie selbst reserviert.

Beispiel 1: »Wenn ich mich öffne, werde ich verletzt.« In Wahrheit aber kann ich mich so nicht *ent-wickeln* und werde auf Dauer krank, verletze mich also selbst. Zudem reize ich andere, mich »zwangszuöffnen«. Das tut dann richtig weh.

Beispiel 2: »Wenn ich mich ducke, bekomme ich keine rein.« Das mag als Kind funktioniert haben, wenn akute Gefahr bestand. Als Erwachsener bewirke ich mit Ducken das Gegenteil, insbesondere wenn ich gar nicht in Gefahr bin. Geduckte ziehen Täter an.

Schlüsselfragen

- Was ist Ihre größte Angst?
- Was trauen Sie sich nicht zu sagen oder zu zeigen?

Lösungsimpulse

- Erinnern Sie sich an Situationen, in denen Sie sich geöffnet und Positives erlebt haben.

- Finden Sie Gelegenheiten, um sich auszudrücken und zu zeigen, etwa im Gespräch mit Familienangehörigen und Freunden oder beispielsweise in einer Theatergruppe, wie sie oft an Volkshochschulen angeboten werden. Auch Gesangsunterricht, Stimm- und Körpertrainings sind hilfreich.
- Traumata und pathologische Ängste lassen sich ohne Therapie – z. B. Trauma-, Gestalt- und Verhaltenstherapie – oder andere Verfahren wie etwa die kinesiologische Stressablösung kaum ausbalancieren.

angeben

Phänomen
Angeben bedeutet »sich durch Reden und Tun den Anschein von Bedeutsamkeit und Wichtigkeit zu geben versuchen« (Duden, Bedeutungswörterbuch).

Energiespiel
Der Angeber holt sich Energie, indem er andere auf sich aufmerksam macht und versucht, ihnen glaubhaft zu machen, wie großartig er ist. Er erzählt anderen von Erfolgen, die er noch gar nicht erreicht hat. Wenn er hört, dass er nicht so angeben solle, oder gar, dass alles nicht stimmen würde, verliert er den Glauben an sich selbst, wird entweder depressiv oder entwickelt sich zu einem noch größeren Angeber.

Schlüsselfragen
- In welchen Situationen setzen Sie sich in Szene?
- Warum meinen Sie, mehr sein zu müssen, als Sie sind?
- Von wem fühlen Sie sich nicht anerkannt?
- Welches Potenzial haben Angeber, die Sie kennen?

Lösungsimpulse
- Arbeiten Sie an Ihrem Selbstwert.
- Machen Sie einen Plan: Halten Sie fest, wo Sie jetzt stehen und wo Sie bis wann wohin möchten. Vergessen Sie dabei nicht, Zwischenstati-

onen einzubauen. Mit Controlling, das den Realitätssinn stärkt, beginnen Sie das Problem zu lösen. So verlieren Sie nicht den Glauben an sich und sind nicht mehr von der Anerkennung anderer abhängig.

- Es ist förderlich, an den Angeber zu glauben, ihm Wege aufzuzeigen, wie er seinen Angaben entsprechend erfolgreich sein kann. Gut tut ein Mentor, der bedingungslos an ihn glaubt, aber gleichzeitig seinen Realitätssinn fordert.

anprangern

Phänomen
Jemanden an den Pranger zu stellen bedeutet, ihn anzuschuldigen. Das mittelniederdeutsche Wort *prangen* heißt *drücken, pressen, klemmen*. Ein anderer wird unter Druck gesetzt und beschuldigt, um ihn in eine Klemme zu bringen. Laut Duden ist der Pranger »nach dem drückenden Halseisen benannt, mit dem die Verbrecher an den Schandpfahl angekettet wurden« (Duden, Herkunftswörterbuch).

Energiespiel
Grundsätzlich ist derjenige, der andere anprangert, selbst in der Klemme. Er hat Angst, schlecht dazustehen oder beschuldigt zu werden, und befreit sich aus der Klemme, indem er stellvertretend für sich einen anderen in die Klemme bringt. Der Angeprangerte bedient, wenn er sich immer wieder anprangern lässt, sein Opfermuster. Opfer bedeutet nicht gelebte Wichtigkeit.

Schlüsselfragen
- Stehen Sie oft unter Druck?
- Projizieren Sie Ihren Druck auf andere?
- Wer muss herhalten, wenn Sie Ihren Druck weitergeben?

Lösungsimpulse
- Reflektieren Sie Ihren Druck. Notieren Sie, wo es in Ihrem Leben nicht vorangeht.

- Wenn andere Sie anprangern, reagieren Sie nicht, steigen Sie nicht auf das Täter-Opfer-Spiel ein.
- Übernehmen Sie die Verantwortung für Ihre Weiterentwicklung. Arbeiten Sie an Ihrer Wichtigkeit.

anschwärzen

Phänomen
Anschwärzen bedeutet, *jemanden als Übeltäter zu kennzeichnen*. Der andere bekommt den *Schwarzen Peter*.

Energiespiel
Wie beim *Anprangern* und *Vorwürfe machen* steckt hinter *Anschwärzen* ein Ablenkungsmanöver. Wer anschwärzt, holt sich Pluspunkte, weil er meint, nicht gesehen zu werden. Der Angeschwärzte, der sich nicht wehrt, bedient seine Opfermuster und muss sich nicht in seiner Größe zeigen.

Schlüsselfragen
- In welchen Situationen wurden Sie von anderen angeschwärzt? Und warum?
- Ähneln sich die Situationen, ähneln sich die Menschen, die Ihnen den Schwarzen Peter zugeschoben haben?

Lösungsimpulse
- Zeigen Sie Ihre starke Seite.
- Zeigen Sie sich in Ihrer Größe.
- Übernehmen Sie Verantwortung für Ihr Tun.

anstrengen, sich oder andere

Phänomen
Manche Menschen meinen, sie müssten sich stets anstrengen, und verlangen dies auch von anderen. Das Wort *streng* geht zurück auf den Begriff

Strang. Mit der *Strenge* uns selbst oder anderen gegenüber beginnt die Anstrengung. Wir *strangulieren* damit unsere Lebendigkeit und die Lebensfreude anderer. In *streng* ist das Wort *eng* enthalten, und schon sind wir
wieder bei der Angst, die auf diesen Begriff zurückgeht. Wer sich anstrengt,
hat Angst – Angst, nicht zu genügen oder nicht gesehen zu werden.

Energiespiel

Ein Lehrer, der zu seinem Schüler sagt: »Streng dich an«, überträgt
seine eigene Strenge auf den Schüler. Die Aufforderung ist kontraproduktiv. Sie motiviert nicht. In der Strenge und Enge spüren wir Energie, unsere Wichtigkeit und Dringlichkeit. Im *Drängen* und dem Wort
D-Rang können wir den Kampf um den besten *Rang* erkennen.

Schlüsselfragen

- In welchen Situationen und gegenüber welchen Menschen strengen
  Sie sich besonders an? Von welchen Menschen wünschen Sie sich
  Be-Achtung?
- Mit welchen Menschen sind Sie zu streng? Mit Ihren Kindern? Mit
  Ihrem Partner? Mit Ihren Mitarbeitern?
- Sind Sie besonders streng mit Andersdenkenden? Durften Sie als
  Kind anders denken und Sie selbst sein?

Lösungsimpulse

- Lassen Sie die sprachlichen Wendungen »Ich strenge mich an« oder
  »Streng dich an!« weg.
- Hören Sie auf, Druck zu machen. Schenken Sie sich und anderen
  Vertrauen.
- Machen Sie einen Plan, damit Sie wissen, dass Sie Zeit haben und
  Anstrengung nicht notwendig ist.
- Erinnern Sie sich, dass Sie die größten Dinge im Leben nicht über
  Anstrengung bekommen haben. Ihren Partner, einen Orgasmus,
  den Kindersegen, die vielen schönen *Zufälle*, die Ihnen einfach *zu-
  gefallen* sind. Notieren Sie einige schöne Zufälle.
- Machen Sie Pausen, und nutzen Sie Entspannungstechniken.

ärgern, sich oder andere

Phänomen

Ärger ist die Steigerungsform von *arg*. Der Volksmund weiß: »Mit Ärger wird es immer ärger!« Es gibt Menschen, die können sich ständig über alles ärgern: über andere und über sich selbst. Sie geben Ihren Ärger laufend weiter. In der Täterposition sind wir, wenn wir andere ärgern oder unseren Ärger über andere laut kundtun. Die Opferposition nehmen wir ein, wenn wir uns ärgern lassen.

Wenn wir andere ärgern, ist bei uns etwas im Argen. Wenn wir uns über uns selbst ärgern, ebenfalls. Im Dauerärger *wohnt* das *Arge* in den Menschen. Es hat endlich ein Zuhause gefunden: Diese Menschen werden *argwöhnisch*. Nun ist im Leben immer einiges im Argen. Das ist nicht schlimm, denn das Arge ist der Grundstoff des Lebens. *Arg* bedeutet laut Duden *schlimm*, *böse*, *schlecht*. Das Wort *schlimm* ist dem Begriff *Schleim* nahe. Beide gehen auf das mittelhochdeutsche Wort *slim* zurück. Schleim ist sicher nicht schlimm, hier hebt sich die negative Bedeutung von *schlimm* auf, denn Schleim ist der Urstoff des Lebens, an dem wir *k-leben*.

Energiespiel

Wir ärgern uns beispielsweise, wenn wir uns übergangen fühlen oder glauben, dass andere bevorzugt werden. Mit Ärger spüren wir uns. Die lange unterdrückte Energie steigt in uns auf. Sie wirkt sich negativ im Körper aus, besonders die Leber leidet darunter. Die positive Variante des Ärgerns und Aufregens ist die Leidenschaft.

Schlüsselfragen

- Wie viel Zeit verbringen Sie damit, sich über sich selbst oder andere zu ärgern?
- Was sind die Ursachen für Ihren Ärger?
- Was könnten Sie in der Zeit, in der Sie sich ärgern, Schönes machen?

Lösungsimpulse
- Entwickeln Sie eine positive Einstellung zu dem, was im Argen ist. Nutzen Sie diesen Grundstoff des Lebens.
- Notieren Sie, was Ihnen zur Verfügung steht, um etwas Schönes in Ihrem Leben zu machen, statt sich zu ärgern. Erkennen Sie vor allem, was Ihnen für den nächsten Schritt zur Verfügung steht, und handeln Sie.

Arroganz

Phänomen

Das lateinische *ar-rogare* bedeutet eigentlich, *etwas (Fremdes) für sich beanspruchen* und, übertragen, *sich anmaßen*. Arrogante Menschen stellen sich selbst unter hohen Erwartungsdruck: Sie erwarten zu viel von sich. Arroganz ist anstrengend, irgendwann müssen sie wieder runter, auch wenn es den Zusammenbruch bedeutet. Selbst dann bleiben sie noch, wenn sie jahrzehntelang nach diesem *Muster muster*gültig waren, hochnäsig. Trägt er oder sie die Nase zu hoch, können Sie sicher sein, dass dieser Mensch sich klein fühlt. Das Problem hochnäsiger Menschen: Sie können nicht sehen, wo es langgeht.

Energiespiel

Menschen, die zu Arroganz neigen, haben Angst, Erwartungen nicht zu erfüllen, oder glauben, die Erwartungen zwar erfüllt zu haben, sind sich aber unsicher, ob das auch gesehen wird. Deshalb blasen sie sich künstlich auf, um sich in ihrer Bedeutung sichtbar zu machen. Sie maßen sich etwas an, was ihnen nicht zusteht. Sie erheben sich zum Maßstab.

Schlüsselfragen
- Reagieren Sie mit Hochnäsigkeit auf das Gefühl, zu klein zu sein?
- Welche wichtigen Kompetenzen leben Sie nicht?
- Welche Gefühle lösen hochnäsige Menschen in Ihnen aus?

Lösungsimpulse

- Machen Sie regelmäßig Spiegelarbeit: Blicken Sie in den Spiegel.
- Üben Sie sich in Demut, denn sie schützt vor Hochnäsigkeit.
- Schenken Sie anderen Menschen, die zu Arroganz neigen, *Be-Achtung*. Sie werden sehen, sie sind hilfsbereit, schnell zu motivieren und haben Führungsqualitäten.

ätzend sein

Phänomen

Das Wort *ätzend* bezieht sich auf Säuren oder Laugen, die beispielsweise Flecken entfernen oder etwas zerstören können. Im übertragenen Sinn bedeutet »ätzend sein« sozial auffälliges, provokantes Benehmen. »Etwas ätzend finden« wird häufig von Jugendlichen verwendet.

Energiespiel

Menschen, die andere als ätzend bezeichnen oder sich selbst ätzend benehmen, wollen bei anderen Menschen bleibende Spuren hinterlassen, sie wollen gesehen und in ihrer besonderen Art erkannt werden.

Schlüsselfragen

- Wo fühlen Sie sich in Ihrer Genialität nicht gesehen und anerkannt?
- Wenn sich Menschen in Ihrer näheren Umgebung ätzend verhalten: Beachten Sie die besondere Art an sich und anderen Menschen?

Lösungsimpulse

- Heben Sie Ihre Originalität und die anderer Menschen hervor.
- Schreiben Sie auf, in welchen Bereichen Sie oder andere Menschen, die sich ätzend verhalten, besonders originell sind.

aufbrausen

Phänomen
Zu lange zurückgehaltene Energie verhält sich wie *Brause*. Das niederländische *bruis* bedeutet *Schaum*, *Gischt*.

Energiespiel
Sie brausen auf, und die Gischt spritzt den anderen ins Gesicht. Ihr Gegenüber wird von Ihrer Energie überwältigt.

Schlüsselfragen
- Was halten Sie zurück?
- Was brodelt in Ihnen?

Lösungsimpulse
- Schaffen Sie sich eine Ausdrucksform für Ihre Energie: beispielsweise Tanzen oder expressives Malen.
- Üben Sie sich in guter Streitkultur.
- Lassen Sie nichts anstehen, sprechen Sie Dinge rechtzeitig an.

auffallen

Phänomen
Auffallen bedeutet durch besondere Art Aufmerksamkeit erregen. Auffallen können wir durch unsere Sprache, Kleidung, Verhalten oder Benehmen – beispielsweise wenn wir von einem Erdbeerkuchen nur die Erdbeeren essen. Ähnlich ergeht es Kindern mit auffälligem Verhalten. Ein Kind, das beispielsweise Geld stiehlt, hat keine kriminellen Gene in sich. *Geld* steht für *Geltung*. Es befriedigt sein Geltungsbedürfnis auf materieller Ebene.

Energiespiel
Auffallen will jemand, der sich vergessen oder *fallen gelassen* fühlt. Er will gesehen werden, um jeden Preis.

Schlüsselfrage
- In welchen Momenten fühlen Sie sich nicht gesehen?

Lösungsimpulse
- Sagen Sie, was Ihnen wichtig ist.
- Signalisieren Sie Kompetenz.
- Ein auffälliges Kind braucht Beachtung von seinen Eltern bzw. seinem Lehrer. Die allerdings können die Eltern oder der Lehrer ihm nur geben, wenn sie sich selbst beachtet fühlen.

aufgebracht

Phänomen
Aufgebracht sein steht für Empörung. In *aufbringen* sind die Worte *auf* und *bringen*. Jemand macht sich also auf, um etwas zu bringen bzw. zu zeigen. Wenn dieser Impuls zu lange unterdrückt wurde, führt es dazu, dass Menschen aufgebracht sind.

Energiespiel
Das lang Unterdrückte wird durch einen äußeren Reiz, eine ärgerliche Situation, plötzlich ausgelöst. Wir *entrüsten* uns, gehen aus der Defensive, sind zum Kampf gerüstet und greifen an.

Schlüsselfragen
- Was erdulden Sie schon zu lange?
- Wo sind Sie zögerlich?

Lösungsimpulse
- Üben Sie sich in der direkten Art.
- Lernen Sie, Wichtiges sofort anzusprechen.
- Bringen Sie sich ins Spiel.

aufregen, sich

Phänomen
Aufregen kommt etymologisch von *auf* und *regen*. Synonym steht es für Ärger. Sich regen bringt eigentlich Segen.

Energiespiel
Wenn wir uns aufregen, legen wir Unterdrücktes frei. Dafür können andere Menschen nichts, vor allem nicht, wenn wir Altes auf neue Situationen und Menschen projizieren.

Schlüsselfragen
- Sind Sie besonders rege, wenn Sie sich aufregen?
- Neigen Sie zur Bequemlichkeit?
- Was lähmt Sie?

Lösungsimpulse
- Schaffen Sie sich gute Ausdrucksmöglichkeiten.
- Überwinden Sie Ihre Bequemlichkeit.
- Erleben Sie sich in Ihrer Lebendigkeit.
Siehe auch *ärgern, aufgebracht, empören.*

aufschneiden

Phänomen
Aufschneiden steht für *unglaubwürdiges Übertreiben*. Etymologisch kommt es von *auf* und *schneiden*. Verdecktes wird aufgeschnitten, sodass es zu sehen ist.

Energiespiel
Der Aufschneider glaubt, dass andere Essenzielles an ihm und in ihm nicht sehen. Er *schneidet* auf, damit alle erkennen können, wie toll er ist.

Schlüsselfragen

- Was wollen Sie anderen von sich zeigen?
- In welchen Bereichen oder Situationen glauben Sie nicht an sich selbst?
- Was will Ihnen Ihr Gegenüber wirklich offenbaren, wenn er/sie aufschneidet?

Lösungsimpulse

- Trauen Sie sich, Essenzielles von sich preiszugeben.
- Entdecken Sie das Verborgene in anderen Menschen.

Ausnahme

Phänomen

Ausnahme kommt von *herausnehmen*. Menschen, die sich ausgeschlossen, also aus der Gemeinschaft herausgenommen fühlen, neigen besonders dazu, Ausnahmen zu machen.

Energiespiel

Mit der Ausnahme genießen Menschen eine Sonderbehandlung, machen sich selbst zu etwas Besonderem und stellen sich damit in den Mittelpunkt. Sie brauchen ständige *Sondergenehmigungen*, irgendwann werden sie zu *Sonderlingen*.

Schlüsselfrage

- In welchen Situationen fühlen Sie sich nicht integriert?

Lösungsimpulse

- Glauben Sie an Ihre Einzigartigkeit und Ihre besten Qualitäten.
- Formulieren Sie diese Einzigartigkeit, und stellen Sie diese der Gemeinschaft zur Verfügung.

aufziehen

Phänomen
Aufziehen steht im Sinn von *necken*, das wiederum vom Wort *nagen* kommt und schlimmstenfalls *boshaft reizen* meint. Wir nagen bis zum wunden Punkt und oft auch in der Wunde noch weiter. Indem wir jemanden aufziehen, überdrehen wir das Ärgerlich-Machen bis zum Schmerzlichen. Wir können ein Kind aufziehen, aber auch unseren Nachbarn, indem wir ihn reizen, vielleicht bis aufs Blut.

Energiespiel
Wir können einen Menschen aufziehen, wie wir ein Spielzeug aufziehen, das, wenn es bis zum Anschlag aufgezogen ist, abspult, was wir abgespult haben wollen. Das ist das Gemeine an der Sache. Menschen können nur mit dem aufgezogen werden, was sie noch nicht entwickelt haben.

Schlüsselfragen
- Warum ziehen Sie andere auf, statt sich selbst in Ihrer Wichtigkeit zu zeigen?
- Was liegt bei Ihnen brach?
- Was können Sie jetzt anpacken?

Lösungsimpulse
- Zeigen Sie, wo Sie gut sind.
- Stellen Sie sich für derartige Spiele nicht zur Verfügung.
- Finden Sie Ihre wunden Punkte heraus, und arbeiten Sie – vielleicht auch therapeutisch – daran.

ausnutzen

Phänomen
Ausnutzen steht für *benutzen, einen Vorteil ziehen, schmarotzen*. Jemand, der andere ausnutzt, ist nur auf seinen Vorteil aus. Jemand, der

sich ausgenutzt vorkommt, fühlt sich in seiner eigentlichen Wichtigkeit nicht gesehen.

Energiespiel

Wenn Sie ausgenutzt werden, bedeutet das für Sie, dass es aus ist, nachdem Sie jemandem mit einem Dienst von Nutzen waren: Der andere hat kein Interesse mehr an Ihnen. Menschen, die sich immer wieder ausnutzen lassen, reagieren aus der Retterrolle. Sie erkennen ihr Helfersyndrom nicht.

Schlüsselfragen

- Warum reduzieren Sie andere Menschen auf einen Nutzen?
- Von welchen Menschen fühlen Sie sich ausgenutzt? Wie lange schon?
- Wo fühlen Sie sich nicht gesehen?

Lösungsimpulse

- Helfen Sie, wenn Ihre Hilfe gefragt ist und wenn Sie auch wirklich helfen wollen.
- Achten Sie darauf, im richtigen Maß zu helfen.

ausrasten

Phänomen

Ausrasten steht umgangssprachlich für d*ie Nerven verlieren, ausflippen*. Ausrasten kann auch eine bestimmungslose Wut mit sich bringen. Ausraster bezeichnet man auch als *Ausfälle*. Die meisten unserer Verhaltensmuster laufen nach einem bestimmten Raster ab. Wenn dieses Raster zu eng ist, wir wachsen wollen und nicht wissen, wie, kann es, besonders bei Heranwachsenden, zu Ausrastern kommen.

Energiespiel

Beim Ausrasten ist es aus mit Rast und Ruhe. Zu viel Dampf ist auf dem Kessel. Vorwiegend rasten wir im Beisein anderer aus, um diese für unseren Überdruck verantwortlich machen zu können. Einge-sperrte Energie bricht explosionsartig aus uns heraus.

Schlüsselfragen
- Wo ist Ihr Leben zu fest eingerastet?
- Wo hat sich Langeweile in Ihrem Leben breitgemacht?

Lösungsimpulse
- Lernen Sie, Dinge, die Ihnen wichtig sind, direkt anzusprechen, statt sie anzusammeln.
- Cholerisch veranlagte Menschen könnten atemtherapeutisch an sich arbeiten.

Ausrede

Phänomen
Ausrede steht für eine *vorgeschobene Entschuldigung*, die einen Sach-verhalt verschleiern soll. Ausreden erfinden Menschen, die sich er-tappt fühlen. Sie versuchen, das Offensichtliche wegzuwischen, um gut dazustehen.

Energiespiel
Wer sich herausredet, fühlt sich gefangen und versucht, sich daraus zu befreien. Wir können das Spiel der Ausrede sogar mit uns alleine spielen, solange bis wir selbst an die Ausrede glauben.

Schlüsselfrage
- In welchen Situationen und bei welchen Menschen fällt es Ihnen schwer, Fehler zuzugeben?

Lösungsimpulse
- Erkennen Sie die Stärken hinter Ihren Schwächen.
- Beginnen Sie, zu Ihren Fehlern zu stehen, und machen Sie gute Er-fahrungen damit.

bedauern

Phänomen

Bedauern steht synonym für *Mitleid* und *Betrübnis*, beispielsweise wenn wir etwas verloren haben. Mit Bedauern wird es lange *dauern*. Wir unterstützen niemanden, wenn wir ihn bedauern, sondern verschlimmern seine Lage.

Energiespiel

Wer andere bedauert, lenkt von seiner eigenen bedauerlichen Situation ab. Stellvertretend für sich bedauert er andere.

Schlüsselfragen

- Was bedauern Sie?
- Was gilt es loszulassen?

Lösungsimpulse

- *Be-dauern* verweist auf Geduld. Seien Sie geduldig mit sich und der Entwicklungsgeschwindigkeit anderer.
- Setzen Sie positive Impulse, und bleiben Sie in notwendiger Distanz zu den »Bedauernswürdigen«.

Siehe auch *Mitleid, Helfersyndrom*.

Bedingungen stellen

Phänomen

Die *Be-ding-ung* ist an ein *Ding* geknüpft. Liebe ist frei von Dingen, die uns fremdbestimmen. Bedingungen werden oft mithilfe der Redewendung »Wenn ..., dann ...« gestellt.

Energiespiel

»Wenn du den Teller aufisst, dann hat dich Mami lieb.« Oder auch: »Wenn du den Teller nicht aufisst, dann hat dich Mami nicht mehr lieb.« Wir können nur hoffen, dass der Teller aus essbarem Stoff besteht. Oder es gibt einen Löffel für Papi, für den Onkel, die Tanten – bis das Kind endlich pappsatt ist. Was bleibt ihm anderes übrig, als seine Suppe, die es sich nicht einmal selbst eingebrockt hat, auszulöffeln? Schließlich will es von allen geliebt werden! Die Liebe knüpft sich in diesen Fällen an Bedingungen.

Lehrer reagieren oft mit einem Entzug der Anerkennung, wenn ein Schüler in seinen Leistungen abfällt, wahrscheinlich weil in diesem Fall die eigene Anerkennung des Lehrers mit der Leistung des Schülers verknüpft scheint.

Mit dem Wenn-dann-Denken entstehen psychische, seelische und materielle Abhängigkeiten. Ein ganzes Leben kann danach ablaufen: Wenn ich Abitur habe, dann bin ich wer, dann kann ich studieren, dann bin ich zufrieden, dann bekomme ich eine gute Arbeit und habe für immer ausgesorgt. Doch das wirkliche Leben findet zwischen »wenn« und »dann« statt. Das, was wir vorhaben, wird von nichts mehr abhängig gemacht. Wir können bedingungslos beginnen.

Schlüsselfragen
- In wie viele Ihrer Entscheidungen hat sich ein »Wenn …, dann …« eingeschlichen?
- Machen Sie beruflich das, was Sie lieben?
- Arbeiten Sie mit Menschen zusammen, die Sie mögen?
- Treffen Sie sich privat mit Menschen, die Sie lieben?

Lösungsimpulse
- Beobachten Sie, in welchen Situationen Sie auf »Wenn …, dann …«-Sätze zurückgreifen.
- Reflektieren Sie, wo und von wem oder was Sie sich abhängig fühlen.
- Treffen Sie sich zum Beispiel nur noch mit Menschen, die Sie lieben. Oder treten Sie aus einem Klub oder Verein aus, wenn Sie dort kein Mitglied mehr sein wollen.

- Laden Sie Menschen, die Sie nicht lieben, nicht mehr ein. Vieles löst sich durch Unterlassung.

befehlen

Phänomen
Im Wort *befehlen* ist *fehlen* enthalten. Fehlt uns etwas, lässt uns das zuweilen wütend werden. Dann befehlen wir und hoffen, das zu bekommen, was uns zu fehlen scheint.

Energiespiel
Je mehr einem Menschen fehlt, desto lautstarker kann er unter Umständen befehlen. Wer schreit, hat Unrecht, weiß der Volksmund. Wer befiehlt, fühlt sich ungerecht behandelt. Also behandelt er auch andere ungerecht, indem er sie niederbrüllt.

Schlüsselfragen
- Woher kommt Ihre Ungeduld?
- Was fehlt Ihnen? Fehlt Ihnen das wirklich?

Lösungsimpulse
- Überprüfen Sie, was Ihnen fehlt. Notieren Sie, was Ihnen alles zur Verfügung steht.
- Lassen Sie sich vom Befehlston anderer nicht kleinmachen. Nutzen Sie die therapeutische Möglichkeit der kinesiologischen Stressablösung.

Befindlichkeiten

Phänomen
Befindlichkeit steht für *Überempfindlichkeit*. Menschen mit starken Befindlichkeiten haben sich selbst noch nicht gefunden. Die nicht gelebte Stärke hinter der Befindlichkeit ist eine starke Sensivität.

Energiespiel
Unsere Befindlichkeiten gewinnen erst an Bedeutung, wenn wir uns von anderen nicht anerkannt fühlen.

Schlüsselfrage
- Auf was reagieren Sie besonders empfindlich?

Lösungsimpuls
- Lernen Sie, sich in Ihrer Wichtigkeit zur Sprache zu bringen, und sprechen Sie Wichtiges an.

behäbig

Phänomen
Behäbig kommt von *Habe*, *Besitz*. Ein Mensch, der unersättlich ist und ständig *haben* will, wird leicht behäbig, langsam und schwerfällig. Wer auf seinem *Besitz sitzen* bleibt, wird *eigentümlich* und vielleicht behäbig. Er muss seinen Geist nicht fordern und materialisieren. Er *besitzt* ja schon. Es macht träge und tröge, wenn der Trog immer voll ist. Sie können aber auch behäbig sein ohne Besitz. Das fühlt sich dann besonders schwer an.

Energiespiel
Der Behäbige wirkt schwer und runtergezogen. Er zieht andere mit runter, weil er viel Kraft und damit Macht hat. Allerdings kommt er schwer ins Tun.

Schlüsselfragen
- Lassen Sie sich von behäbigen Menschen runterziehen? Oder machen solche Menschen Sie wütend?
- Was macht Ihr Leben so schwer? Mit was kommen Sie nicht in die Gänge? Warum tun Sie nicht das, was Ihnen Spaß macht?

Lösungsimpulse

- Terminieren Sie Ihre Vorhaben. Legen Sie die Schritte genau fest, damit Sie ins Handeln kommen.
- Betreiben Sie eine Sportart, bei der es auf Ihre Impulse und Schnelligkeit ankommt. Beim Kickboxen können Sie sich Behäbigkeit nicht leisten. Das etabliert neue Muster.

beharren

Phänomen

Ein Mensch, der auf etwas beharrt, rückt nicht von der Stelle, also zum Beispiel von einer Meinung ab.
Siehe auch *recht haben*.

belächeln

Phänomen

Belächeln hängt zusammen mit *lächeln*, in der Bedeutung *nicht ernst nehmen*, *sich über jemanden lustig machen*.

Energiespiel

Menschen, die andere belächeln oder sich über sie lustig machen, nehmen sich selbst nicht ernst.

Schlüsselfragen

- Wie ernst nehmen Sie sich?
- Was tun Sie, wenn Menschen belächelt werden? Werden Sie sauer? Machen Sie mit? Sind Sie gelähmt? Oder lösen Sie die Situation auf?

Lösungsimpuls

- Beobachten Sie sich, wann Sie andere belächeln, in Gedanken und in Worten.

Siehe auch *Ironie*.

belastet

Phänomen

Last geht auf das Wort *laden* zurück. Manche Menschen scheinen schwer beladen zu sein, es lastet viel auf ihren Schultern, sie müssen viel schultern. Wird es zu schwer, ist der Mensch geladen. Er wird zur lebenden Sprengladung.

Das positive Gegenstück zur Überlastung ist der *Auftrag*, der jedem Menschen *aufgetragen* ist. Kennen wir diesen, wird die Last *erträglich*, am Ende kommt sogar ein guter *Ertrag* heraus. Ohne *Auftrag tragen* wir alle möglichen *Lasten* anderer mit, das Leben wird *unerträglich, tragische* Situationen häufen sich, und *last* but not least enden wir in einer *Tragödie.*

Energiespiel

Der Belastete spricht und handelt aus der Opferposition. Um sich zu entlasten, muss er Ballast abwerfen. Leider geschieht das oft durch *Lästern:* Damit belastet er einen anderen Menschen mit seiner *Last.* Das ist eine *Belästigung!* Lästern erleichtert nur für den Augenblick, schon kurze Zeit später sucht man nach neuen Opfern, oder das Lieblingsopfer muss nochmals herhalten.

Andere kompensieren ihre *Belastung,* indem sie einem *Laster frönen,* Drogen nehmen, zu viel essen und sich damit noch mehr belasten. Nur für kurze Momente versüßen sie die Schwere ihres Lebens. Letztlich machen sie sich immer schwerer.

Schlüsselfragen

- Was belastet Sie?
- Mit was belasten Sie andere?

Lösungsimpulse

- Entwickeln Sie ein positives Bild für Ihren Auftrag.

- Tragen Sie gerne Verantwortung, aber nur für das, was in Ihrer Verantwortung liegt.
- Wird Ihnen alles zu viel, dann bedanken Sie sich für die Fülle!
- Entlasten Sie sich durch Familienstellen.
- Erfahren Sie im Coaching Ihre Bestimmung und Ihren Auftrag.

Siehe auch *beschweren*.

beleidigen und beleidigt sein

Phänomen

Etymologisch kommt beleidigen oder beleidigt sein von *Leid*. Beide Positionen führen zu leidvollen Erfahrungen. Ärger legt sich auf die Leber, daher vielleicht der Ausdruck »beleidigte Leberwurst«. Andere beleidigt man aus der Täterposition. Den Beleidigten spielend, nimmt man die Opferposition ein. Wer sein Leid gewandelt hat, wird andere nicht mehr beleidigen. Noch mehr, er wird ein leidenschaftliches Leben führen können.

Energiespiel

Wer andere beleidigt, probiert sein eigenes Leiden an anderen aus. Er verletzt andere. Unbewusst schaut er sich an, wie andere mit diesen Verletzungen umgehen. Jedenfalls hat er in diesem Spiel die scheinbar bessere Position. Wer sich beleidigt zurückzieht, suhlt sich in seinem Leid. Manche Menschen lecken ihre Wunden so sehr, dass sie nicht heilen können.[14]

Schlüsselfragen

- Welches Ihrer Leiden projizieren Sie auf andere, wenn Sie diese beleidigen?
- In welchen Situationen ziehen Sie sich immer wieder beleidigt zurück?

Lösungsimpulse

- Statt andere zu beleidigen, bearbeiten Sie Ihre eigenen alten Kränkungen.
- Leben Sie leidenschaftlich. In der Leidenschaft ist kein Platz für Leiden.

beschweren, sich

Phänomen

Sich beschweren steht für *beanstanden* und *etwas Schweres auf etwas legen* (und es so an seinem Platz festhalten). In der Be-*schwer*-de sind wir schwer, fühlen uns als Opfer. Beschweren wir uns über jemanden, begeben wir uns in die Täterposition. Beschwerde garantiert Schwere. Mit einem Briefbeschwerer können Briefe nicht mehr wegfliegen. Briefe leiden aber nicht darunter, Menschen jedoch sehr! In chronischen Beschwerden spiegelt sich die eigene Geschichte, die eigene Chronik wider. *Er-eignisse* zeigen das *Eigene,* Selbstreflexion ist gefragt.

Energiespiel

Indem wir uns *beschweren,* machen wir uns selbst *schwer.* Dennoch hinterlassen Beschwerden zunächst ein Gefühl der Erleichterung, vor allem wenn wir uns mit anderen verbinden, um uns gemeinsam zu beschweren. Das macht mehr Spaß, als alleine zu projizieren. Nach der Beschwerde allerdings landen wir wieder in der Schwere. Dann neigen wir zur Dauerbeschwerde.

Schlüsselfragen
- An welchen Beschwerden halten Sie fest?
- Welche Erwartungen führen zu Ihren Beschwerden?
- Wie oft und bei welchen Menschen spulen Sie automatisch Ihre »Beschwerdebänder« ab?
- Durch welche Entscheidungen können Sie aus dem Beschwerdehamsterrad aussteigen?

Lösungsimpulse
- Entscheiden Sie! Schaffen Sie sich eine Realität, in welcher kein Raum für Beschwerden ist.
- Ergreifen Sie die Initiative für Ihnen Wichtiges.
- Umgeben Sie sich mit Menschen, die kreativ sind.

- Gehen Sie Ihren Beschwerden auf den Grund (siehe auch *Abb. 27: Die Beschwerdeschaukel*)

Siehe auch *klagen*.

besorgen

Phänomen

Besorgen heißt *etwas beschaffen*, allerdings mit Sorge. Viele Menschen haben sich an den Zustand ständiger Sorgen derart gewöhnt, dass sie nicht mehr einkaufen gehen, sondern *Be-sorgungen* machen. Vermutlich geht dies auf die Zeit der Lebensmittelmarken zurück. Im Gegensatz zum *Entsorgen* bringt *Besorgen* die Sorgen. Wer täglich etwas besorgt, besorgt es sich mit *Sorgen*.

Energiespiel

Sorgen machen klein und unwichtig. Nicht wir wachsen, sondern die Sorgen. Das rechtfertigt den Spruch: »Kleine Kinder, kleine Sorgen – große Kinder, große Sorgen«, was nichts mit den Kindern zu tun hat. Das Energiespiel besteht darin, dass wir uns spüren, wenn wir uns Sorgen machen, uns sogar wichtig fühlen und vor allem dass wir nicht groß werden müssen. Nur wenn wir klein sind, können wir uns verstecken.

Schlüsselfragen

- Warum sorgen Sie sich beim Einkaufen? Haben Sie keine anderen Sorgen?
- Wenn Sie sich keine Sorgen machen, was würden Sie in der Zeit stattdessen tun?

Lösungsimpulse

- Nehmen Sie sich Zeit, und kaufen Sie gerne ein!
- Falsch: »Ich besorge dir das Mittel.« Richtig: »Ich bringe dir das Mittel mit.«

beurteilen

Phänomen

Beurteilen bedeutet *ein Urteil über etwas, jemanden abgeben*. Mancher meint, etwas zu *beurteilen,* obwohl er nichts anderes tut, als *Vorurteile* zu hegen bzw. zu *verurteilen*. Wer fair zu beurteilen versucht, tut dies nach dem *Gut-achten-Prinzip*, das bedeutet, das *Gute* wird *beachtet* und *geachtet*.

In der gering schätzenden *Beur-teilung teilen* wir ein Ganzes, wir zer-teilen die Ganzheit eines Menschen und konzentrieren uns auf die nicht oder wenig entwickelten Teile. Damit verurteilen wir, dies geschieht aus der Täterposition. Wer das mit sich selbst macht, handelt aus der Opferposition.

Energiespiel

Die Konzentration auf das Negative am anderen ist nichts anderes als eine Projektion. Wären wir gerade mit unserer positiven Seite beschäftigt, würden wir auch im Gegenüber als Erstes das Positive erkennen. In dem Maß, wie wir solche *Beurteilungen* aufgeben, lernen wir, frei vor Menschen zu sprechen. Die Angst vor Beurteilung durch andere lässt nach, wenn wir selbst unsere Beurteilungsmaschine stoppen.

Schlüsselfragen

- Mit welchen Beurteilungen anderer halten Sie sich auf?
- Gegen welche Menschentypen hegen Sie Vorurteile?
- Was lehnen Sie an sich selbst ab?

Lösungsimpulse

- Überprüfen Sie Ihre Vorurteile: Sprechen Sie täglich mindestens einen Menschen direkt an, gegen den Sie aufgrund von Äußerlichkeiten Vorurteile hegen. Sie befreien sich dadurch von einem automatisierten negativen Muster.
- Achten Sie auf das Positive in anderen.

- Wenn Sie sich bei der Verurteilung von anderen ertappen, reflektieren Sie, was Sie an sich nicht mögen.

bisschen

Phänomen
Bisschen steht für *ein wenig, etwas*, im Sinn von *klein* oder *nichts*. Ein »Bisschen« ist ein kleiner Biss.

Energiespiel
Das Wort *bisschen* verwenden wir, wenn wir uns nicht trauen, beherzt und ganz zuzubeißen. Dann brauchen wir uns nicht voll einzusetzen und können unverbindlich bleiben. Wollen wir jedoch viel erreichen, gilt es kräftig zuzubeißen.

Schlüsselfrage
- Bei welchen Gelegenheiten sind Sie ein bisschen zu vorsichtig?

Lösungsimpulse
- Statt zu sagen: »Da mache ich auch ein bisschen mit«, sagen Sie: »Gerne mache ich mit. Auf mich kannst du zählen.«

Blender

Phänomen
Als Blender wird jemand bezeichnet, »der andere zu beeindrucken, für sich einzunehmen (und über seine negativen Eigenschaften hinwegzutäuschen) versucht« (Duden, Herkunftswörterbuch). Das Wort wurde im 19. Jahrhundert für Rennpferde mit trügerischen äußeren Vorzügen verwendet.

Energiespiel
Der Blender ist sehr ehrgeizig. Er will blendend sein und hat Angst, dass andere seine Schwächen erkennen könnten. Mit beeindrucken-

den Bemerkungen über seine Spitzenleistungen lenkt er von seinen Schwächen ab.

Schlüsselfragen
- Welche Schwächen versuchen Sie zu verstecken?
- Welche Stärken verbergen sich hinter diesen Schwächen?

Lösungsimpulse
- Machen Sie Ihren persönlichen Stärke-Schwäche-Spiegel.
- Besprechen Sie Ihren Stärke-Schwäche-Spiegel mit einer Person Ihres Vertrauens.

bloß, bloßstellen, sich oder anderen eine Blöße geben

Phänomen
Bloß steht u. a. in den Bedeutungen *nackt, unbedeckt, unbewaffnet, rein, ausschließlich.*

Energiespiel
Viele Menschen haben Angst, sich zu zeigen, wie sie sind, weil sie nicht bloßgestellt, d. h. in ihren Schwächen gesehen werden wollen. Mit dem Satz »Pass bloß auf!« warnen bzw. drohen wir sogar: »Wenn du nicht aufpasst, dann stelle ich dich bloß.« Wir schüchtern andere damit ein. Der Satz »Tu das bloß nicht!« bedeutet: »Geh nicht zu weit, entblöße nicht alles.«

Schlüsselfragen
- Wie sehr nimmt Sie die Angst ein, bloßgestellt zu werden?
- Was ist Ihnen peinlich?
- Was wollen Sie vor anderen verstecken?

Lösungsimpulse
- Sagen Sie, was Sie denken, allerdings zur rechten Zeit am rechten Ort und im richtigen Ton.

- Nehmen Sie Kritik dankbar an. Mit der Annahme können Sie sich verbessern.

Siehe auch *Abtönungspartikel*.

böse

Phänomen
Böse bedeutet im Mittelhochdeutschen für *gering, wertlos, schlecht*. Es steht für *gemein, hässlich, schändlich* und *ärgerlich* und ist eng verwandt mit dem norwegischen *baus*, was *aufgeblasen, geschwollen* bedeutet.

Energiespiel
Menschen, die sich wertlos und schlecht fühlen, blasen sich auf, indem sie böse werden, damit andere sie sehen und vor allem ernst nehmen. Böse reagieren Menschen, wenn sie ihren eigenen Mangel auf andere Menschen projizieren. »Sei mir nicht böse« verwenden Menschen als Sprachmuster, wenn sie Angst haben, es könnte ihnen etwas übel genommen und sie könnten abgelehnt werden.

Schlüsselfragen
- Warum blasen Sie sich manchmal zu sehr auf?
- Warum stört es Sie, wenn sich andere aufblasen?
- Wie stehen Sie zu der Redewendung »Sei mir nicht böse«? Von welchen Menschen haben Sie besonders Angst abgelehnt zu werden?

Lösungsimpulse
- Wie Sie mit aufgeblasenen Menschen umgehen können: In Ruhe lassen, denn sie können nicht ewig die Luft anhalten.
- Statt sich selbst aufzublasen: Nehmen Sie sich mit Ihrer Kompetenz ernst und wichtig.
- Verzichten Sie auf den Satz: »Sei mir nicht böse.« Sagen Sie, was es zu sagen gilt.

brauchen

Phänomen

Ursprünglich stand das Wort *brauchen* für *Nahrung aufnehmen, genießen*. Erst später kam die Bedeutung *nötig haben* hinzu. Manche Menschen betonen, dass sie etwas *brauchen:* Zigaretten, einen Schnaps oder auch den oder die Liebste(n).

Energiespiel

Indem wir etwas oder jemand anderem eine Wichtigkeit geben, kompensieren wir die eigene Bedürftigkeit. Damit verwickeln wir etwas oder jemanden mit unserer Bedürftigkeit, ohne ihm wirklich eine Bedeutung zu geben: »Ich brauche dich.« In der »Wolfsfrau« von Clarissa Pinkola Estés steht sinngemäß folgender Satz geschrieben: »Wenn ein Mann zu dir sagt, ich brauche dich, dreh dich um, und lauf so schnell du kannst.«[15]

Schlüsselfragen

- Wofür brauchen Sie Ihren Partner oder andere Menschen?
- Können Sie alleine sein?
- Was ist Ihr eigentliches Bedürfnis?

Lösungsimpulse

- In *brauchen* ist der *Brauch* enthalten. Schauen Sie, welche Muster in Ihrem Leben, zum Beispiel in Ihrer Beziehung, zur *Gewohnheit* geworden sind. Wenn Sie keinen Spaß mehr an dieser Gewohnheit haben oder sie Ihnen schon längst lästig ist, dann lösen Sie die alte Gewohnheit auf.
- Notieren Sie, was Neues in Ihr Leben kommt, wenn Sie alte Gewohnheiten ablegen.

breit sein

Phänomen

Breit sein wird umgangssprachlich verwendet für *betrunken sein* oder *unter Drogeneinwirkung stehen*. Der Duden führt dazu an: »Der Torkelnde benötigt eine breite Straße.« Breit sein kommt in der Jugendsprache vor und wird von Menschen verwendet, die nicht erwachsen geworden sind.

Energiespiel

Im übertragenen Sinn bedeutet breit sein *nicht bereit sein* bzw. in die *Breite* statt in die Tiefe zu gehen. In Gesprächen, die in die Breite führen, vermeiden wir beispielsweise Tiefe. Dauern sie zu lange, fühlen wir uns »breit in der Birne«.

Schlüsselfrage

• Sind Sie zum Aufbruch bereit? Diese Frage können Sie sich stellen, wenn Sie sich darüber beklagen, dass Ihre pubertierenden Kinder ständig breit sind. Sehen Ihre Kinder ein *Vor-Bild* von Bereitsein und Bereitschaft in Ihnen?

Lösungsimpulse

• Gehen Sie konkrete Projekte an.
• Finden Sie einen Ausdruck für Ihre Lebensfreude: Singen, Tanzen, Spielen.

brüsten, sich

Phänomen

Jemand, der sich besonders hervortun möchte, *wirft sich in die Brust* oder spricht *mit stolzgeschwellter Brust*: Er *brüstet sich*. All diese Wendungen gehen auf die *Brust* zurück. Wohlgeformte Brüste stehen für Fülle und Ansehen. Da Männer selbst über keine großen Brüste verfügen, nehmen sie für sich das Brüsten in Anspruch.

Energiespiel

Wer sich brüstet, hat Angst, in seiner Wichtigkeit nicht geschätzt zu werden.

Schlüsselfragen
- Wie wichtig nehmen Sie sich?
- Nehmen Sie andere in ihrer Wichtigkeit wahr?

Lösungsimpulse
- Formulieren Sie Ihre Wichtigkeit.
- Beginnen Sie zu erkennen, dass Sie gesehen werden.

Siehe auch *angeben, aufschneiden*.

Burnout

Phänomen

Burnout bedeutet übersetzt *ausgebrannt sein*. Der auflösende Gegenpol heißt *Burn-in*: für etwas brennen.

Energiespiel

Menschen brennen beispielsweise aus, wenn sie zu viel arbeiten oder zu lange Dinge tun, die sie nicht mögen. Ohne für unser Leben zu brennen, sind wir nur am Rennen, die Uhr tickt immer schneller, was uns veranlasst, noch schneller zu rennen. Aber macht es wirklich Sinn, die Geschwindigkeit zu erhöhen, wenn man auf dem falschen Weg ist?

Schlüsselfragen
- Für was sind Sie oder waren Sie früher Feuer und Flamme?
- Lieben Sie das, was Sie tun?
- Genießen Sie das, was Sie lieben?

Lösungsimpulse
- Richten Sie Ihre Aufmerksamkeit auf das, was Sie in Ihrem Leben lieben.

- Feiern Sie Ihre Erfolge.
- Pflegen Sie Ihre Senkrechte! Meditieren Sie beispielsweise regelmäßig!

Siehe auch *erschöpft.*

cholerisch

Phänomen

Cholerisch bedeutet *jähzornig, aufbrausend.* Das griechische *cholerikós* bezog sich ursprünglich auf die an Cholera Erkrankten. Das spätere mittellateinische *cholericus* entwickelte sich zur Bedeutung »galliges Temperament oder Zorn(-ausbruch); vgl. unser Wort *Koller*, griechisch *Cholé*, was *Galle* bedeutet« (Duden, Herkunftswörterbuch). Der griechische Arzt Hippokrates teilte die Menschen in vier Temperamente ein: Choleriker, Melancholiker, Phlegmatiker und Sanguiniker, aus »vier verschiedenen Mischungen der Elemente (heiß, kalt, trocken, feucht) [...] Die Mischung heiß-trocken beim cholerischen Temperament zielt auf die Vorstellung des von der Gallenflüssigkeit überschwemmten und gleichsam überhitzten und verbrannten Blutes« (Duden, Herkunftswörterbuch). Dem Choleriker läuft die Galle über. Er schüttet seine Galle ausnahmslos über alle. Er verfügt über eine hohe Grundenergie und kann viel Arbeit auf einmal bewältigen.

Energiespiel

Unterdrücktes brodelt im Choleriker, bis er explodiert. Im Nachhinein fühlt er sich erschöpft und oft schuldig, weil ihn das schlechte Gewissen plagt – bis zum nächsten Ausbruch.

Schlüsselfragen

- Was unterdrücken Sie?
- Welche Ihrer Stärken leben Sie nicht?
- Haben Sie zu hohe Ansprüche an sich?

Lösungsimpulse

- Geduld, Geduld, Geduld. Finden Sie einen sprachlichen Ausdruck für Ihre Gefühle mit guten Gesprächspartnern.

danebenbenehmen, sich

Phänomen

Sich danebenbenehmen steht für schlechtes Benehmen. Von *nehmen*; das indogermanische *nem-* bedeutet *zuteilen*, »*medial sich selbst zuteilen*«.

Energiespiel

Menschen, die sich danebenbenehmen, nehmen sich etwas heraus bzw. teilen sich etwas zu, das ihnen nicht zusteht. Vor allem aber teilen sie aus. Wer nicht bei sich ist, muss sich *danebenbenehmen*.

Schlüsselfragen

- Was veranlasst Sie, sich danebenzubenehmen?
- Was fehlt Ihnen?

Lösungsimpulse

Beobachten Sie, ob Ihr Verhalten angemessen ist.

dazwischenkommen

Phänomen

Dazwischenkommen bedeutet »sich unvorhergesehen ereignen und dadurch etwas unmöglich machen oder verzögern« (Duden, Bedeutungswörterbuch). »Ich mache mit, wenn nichts dazwischenkommt.« Wie oft hören wir diesen Satz! *Dazwischenkommen* kann nur etwas, wenn wir gespalten sind und zweifeln, ob wir tatsächlich wollen. Mit jedem Zweifel, den wir hegen, steigt die Wahrscheinlichkeit, dass etwas dazwischenkommt. Sind wir klar und auf dem Punkt, kann nichts dazwischenkommen.

Energiespiel

Wir wollen uns eine Hintertür offen lassen, schieben aber die Unberechenbarkeit des Lebens vor. Oder wir dokumentieren unsere Wichtigkeit, indem wir z. B. aufzeigen, wie viele Menschen etwas von uns wollen. Wir haben so viele wichtige Dinge gleichzeitig zu managen. Die Wahrscheinlichkeit, dass etwas dazwischenkommt, nimmt mit fehlender Planung und fehlender Struktur zu. Nicht selten verweigern diese Menschen Struktur, um Wesentlichem auszuweichen. Besonders Großes und Wichtiges kann dadurch nicht stattfinden.

Schlüsselfragen

- In welchen Situationen sind Sie unentschieden?
- Was kommt immer wieder dazwischen?
- Auf was warten Sie?

Lösungsimpulse

- Sagen Sie klar und deutlich, ob Sie bei etwas mitmachen oder nicht.
- Konzentrieren Sie sich auf Ihre Kernaufgaben.
- Strukturieren und terminieren Sie Wichtiges.

demotiviert

Phänomen

Demotivation heißt *weg von der Motivation sein.* Jeder *Motivation* liegt ein gutes und schönes *Motiv* zugrunde. Ein Motiv ist ein Bild, das uns Energie gibt, uns zieht und uns bewegt. Das lateinische *motivum* bedeutet *Beweggrund, Antrieb.* Wir unterscheiden *intrinsische* und *extrinsische Motivation.* Intrinsisch heißt *von innen her,* extrinsisch *von außen.* Intrinsische Motivation geht auf innere Bilder, auf eigene Impulse zurück. Sie ist unerschöpflich, solange der Kanal zu den inneren Bildern offen ist. Extrinsisch motiviert sind wir, wenn wir gefallen und Aufmerksamkeit erzielen wollen oder materielle Anreize erhoffen.

Energiespiel

Extrinsische Motivationen bergen einen Suchtfaktor. Wir wollen automatisch immer mehr. Alles will wachsen. Auch finanzielle Zuwendungen sollen größer werden. Doch im Gegensatz zur intrinsischen stößt die extrinsische Motivation irgendwann an eine Grenze, sie erschöpft sich von selbst. Bleiben finanzielle Zuwendungen beispielsweise aus, lässt auch die Motivation nach.

Die Koppelung an extrinsische Motivationen entsteht schon im Kindergarten mit Fleißkärtchen und Bonbons, wenn Kinder gute Leistungen zeigen, in der Schule durch Geld für gute Noten. Dabei handelt es sich letztlich um die Koppelung von Liebe und Leistung. Eine große Rolle spielen auch Fremdbilder durch Film und Fernsehen, die uns an klischeehafte Bilder und Motive binden. Wir leben nicht mehr selbst. Die eigene Schöpfungskraft verkümmert.

Schlüsselfragen

- Was treibt Sie innerlich an?
- Wie stark sind Ihre inneren Bilder?

Lösungsimpulse

- Erinnern Sie sich an gute Motive Ihrer Kindheit, Ihrer Schulzeit, Ihrer Pubertät.
- Legen Sie alte große Träume wieder frei.

<u>deprimiert</u>

Phänomen

Die lateinische Vorsilbe *de*, die »zur indogermanischen Sippe von *zu* gehört, tritt in zwei Funktionen auf. Sie bezeichnet einmal eine Abtrennung oder Loslösung, hat oft aber auch nur verstärkenden Charakter« (Duden, Herkunftswörterbuch). Lateinisch *pressare* heißt *drücken*, *pressen*. Depression bedeutet etymologisch Niedergeschlagenheit, aber auch *weg vom Druck*. Das Wort bezeichnet eine psychische Krankheit, deren Kennzeichen unter anderem in einer gedrückten Stimmung und in Antriebshemmungen bestehen.

Energiespiel

Schwer zu verarbeitende traumatische und negative Erlebnisse scheinen uns zu erdrücken. Unbewusst reagieren wir mit Depression, wir fühlen uns von den Erlebnissen niedergeschlagen und entziehen uns dem alltäglichen Druck. Wir fühlen uns in der Schwere gefangen.

Schlüsselfragen

- In welchen Situationen lassen Sie sich hängen?
- Was verschafft Ihnen Erleichterung?

Lösungsimpulse

- Trennen Sie sich von Unwesentlichem.
- Schaffen Sie sich positive Bilder, die Ihnen Kraft geben.

Menschen mit andauernden und tiefen Depressionen brauchen unbedingt therapeutische Hilfe. Wenn bereits jemand in den Vorgenerationen unter Depressionen litt, ist Familienstellen zu empfehlen.

destruktiv

Phänomen

Destruktiv heißt *zerstörerisch*. Das lateinische *de* bedeutet *weg von*, die Vorsilbe *kon-* bedeutet *mit*. Der Destruktive geht weg von der Struktur, der Konstruktive bleibt in der Struktur. »Du bist destruktiv« wird oft als Vorwurf gegen jemanden verwendet.

Energiespiel

Der Destruktive erkennt vorgegebene Strukturen nicht an, beispielsweise Hierarchien. Vielleicht lehnt er den übermächtigen bzw. den schwachen Vater oder die dominierende bzw. hilflose Mutter ab. Menschen, die sich gegen ihre Ahnen wenden, gehen automatisch in die

Destruktion. Denn da sie ihren Ahnen immer auch ähneln, lehnen sie gleichzeitig Teile von sich ab. Wer hierarchische Strukturen nicht anerkennt, überträgt das oft auch auf sein Verhältnis zu den Lebensstrukturen. Es kann eine Weigerung entstehen, pünktlich zu sein, sich einem Tagesrhythmus unterzuordnen oder Wichtiges zu notieren. Beginnt der Destruktive, Konstruktives infrage zu stellen oder gar zu zerstören, projiziert er sein destruktives Verhalten nach außen und stört ein konstruktives Miteinander.

Schlüsselfrage
- Welche Ordnung wollen Sie nicht anerkennen?

Lösungsimpulse
- Strukturieren Sie Ihr Leben. Schaffen Sie klare Lebens- und Arbeitsrhythmen.
- Positionieren Sie sich.

Doublebind-Sprache

Phänomen
In der Double-bind-Sprache werden zwei widersprüchliche Botschaften ausgesandt, z. B. wenn uns jemand sprachlich auffordert, zu ihm zu kommen, und uns gleichzeitig mit einer Handbewegung von sich weist. Besonders Kinder reagieren darauf verwirrt, und das zu Recht. So zu tun, als ob, gehört zum Doublebind-Verhalten. Kinder können damit schwer umgehen. Wenn wir monoton sagen, »das hast du gut gemacht«, dann sind das zwei sich widersprechende Botschaften, denn mit der monotonen Stimme drücken wir Desinteresse statt Begeisterung aus.

Auch ein Mensch, der mit traurigem Gesicht sagt: »Ich freue mich ja so«, sendet zwei Botschaften. Im Hintergrund plagt ihn eine nicht überwundene Traurigkeit.

Energiespiel

Durch Doublebind-Sprache verknüpfen wir Gegensätzliches, bringen widersprüchliche Bilder zusammen, z. B.: »Das ist schrecklich schön«, »Das ist furchtbar nett«, »Davon bin ich schwer begeistert«, »Das ist ganz schön blöd!« Ist es nun schön oder blöd?

Mit Doublebind-Verhalten übertragen wir unsere Unsicherheit und Unklarheit auf andere Menschen. Es gibt graduelle Unterschiede, letztlich geht es um eine Annäherung an unsere Authentizität: das, was wir denken, in analoge Worte zu fassen und mit Gestik und Mimik zu unterstützen.

Schlüsselfragen
- Fühlen Sie sich hin- und hergerissen?
- Was trauen Sie sich nicht?

Lösungsimpulse
- Entscheiden Sie sich. Stehen Sie zu Ihrer Entscheidung.
- Sagen Sie klar und deutlich, was Sie von anderen Menschen möchten.

Siehe auch *Ironie*.

drängeln

Phänomen

Drängeln steht für »in einer Menge andere zur Seite schieben, um möglichst schnell irgendwohin zu gelangen oder an die Reihe zu kommen« (Duden, Bedeutungswörterbuch). Im Wort »d-rängeln« spüren wir das Gerangel und den D-Rang.

Energiespiel

Der Drängler ist ungeduldig und hat Angst um seinen Rang. Er fühlt sich im Hintertreffen, auf jeden Fall nicht an erster bzw. an der passenden Stelle.

Schlüsselfragen
- Warum fällt Ihnen Warten so schwer?
- Haben Sie Angst, zu kurz zu kommen?

Lösungsimpulse
- Schreiben Sie auf, in welchen Bereichen Sie spitze sind. Machen Sie einen Plan, wo Sie in Zukunft spitze sein wollen.
- Üben Sie sich in Geduld, die entsteht, wenn Sie planvoll handeln.

Drücker, auf den letzten

Phänomen
Die Redensart geht auf das Wort *Druck* zurück. Menschen auf dem letzten Drücker sind getrieben.

Energiespiel
Wer alles auf den letzten Drücker macht, liebt den Nervenkitzel: Schaffe ich es, oder schaffe ich es nicht? Menschen bringen sich in solch eine Not, um sich spüren zu können. Oder um sich selbst eine Wichtigkeit zu geben. Wenn sie es geschafft haben, können sie erzählen, wie knapp es wieder war und wie toll sie sind, dass sie es trotz aller widrigen Umstände geschafft haben.

Menschen, die, wenn es höchste Eisenbahn ist, immer gerade noch den Zug erwischen, spielen mit der Notenergie. Sie erleben sich in höchster Präsenz, die sie erreichen, indem sie energetische Notkammern aufreißen. Ein solches Verhalten zeigt ein Suchtpotenzial, vor allem besteht die Gefahr, sich energetisch zu erschöpfen.

Schlüsselfragen
- Was machen Sie in letzter Sekunde?
- Was schieben Sie immer wieder vor sich her?
- Was haben Sie davon, alles in letzter Sekunde anzugehen?

Lösungsimpulse

- Erleben Sie Ihre hohe Präsenz in Ruhe, durch Konzentration auf das Wesentliche.
- Machen Sie eine Liste, was Sie alles aufschieben.
- Terminieren Sie Ihre Vorhaben mit realistischen Teilzielen.

durchdrehen

Phänomen

Durchdrehen steht für *kopflos werden, die Nerven verlieren*. Normalerweise kommen wir durch Drehen, indem wir täglich das Schwungrad drehen, weiter. Sind wir aber ständig am Drehen, dann drehen wir irgendwann durch. Für durchdrehen sagen wir auch *spinnen*.

Energiespiel

Menschen drehen nonstop, weil sie sich im Mangel fühlen oder weil sie die Ruhe vermeiden wollen. In der Ruhe nämlich müssten sie fühlen.

Schlüsselfragen

- Was gilt es, in Ihrem Leben zu stoppen?
- Welche Gefühle vermeiden Sie?

Lösungsimpulse

- Finden Sie Ruhepole in Ihrem Leben – mithilfe von Pausen und Menschen, die Ihnen guttun.
- Schaffen Sie Konkretes.

durcheinander

Phänomen

Durcheinander sein bedeutet *chaotisch sein*. Die Position hängt davon ab, was derjenige, der durcheinander ist, anstellt. Spielt er nur den Verwirrten, dann befindet er sich in der Opferposition. Wird er aggressiv und verwirrt er andere, dann begibt er sich in die Täterposition.

Energiespiel

Viele Menschen tun so, als seien sie verwirrt. So müssen sie sich nicht positionieren, und vor allem müssen sie nichts entscheiden. Oft fehlt es ihnen an Verbindlichkeit und klarer Verantwortung für etwas.

Schlüsselfragen

- In welchen Situationen kommen Sie durcheinander?
- Wann verlieren Sie besonders schnell die Orientierung?

Lösungsimpulse

- Das Wort enthält bereits die Lösung: Durch einander können wir lernen. Wenn Sie durcheinander sind, dann verbinden Sie sich mit klaren Menschen.
- Konzentrieren Sie sich auf das Wesentliche.

durchwachsen

Phänomen

Ursprünglich heißt durchwachsen »aus mageren und fetten (Speck-) Schichten bestehend« (Duden, Bedeutungswörterbuch). Im übertragenen Sinn steht durchwachsen dafür, sich nicht überaus gut, aber auch nicht ganz schlecht zu fühlen. Es bedeutet mäßig. Wenn wir etwas als durchwachsen bezeichnen, befinden wir uns in der negativen Interpretation, dass es etwas Schwieriges zu überwinden gibt.

Energiespiel

Der Wachstumsprozess erscheint uns zu dicht. Wir können die Lösung nicht sehen und wehren uns. Wir weigern uns zu entscheiden, lassen Positives und Negatives gleichzeitig wachsen.

Schlüsselfrage

- Geben Sie schnell auf, wenn etwas schwierig ist?

Lösungsimpuls

- Die Lösung ist im Begriff enthalten. Das positive Bild lautet: Wir wachsen durch das scheinbar Undurchdringliche hindurch. Durchwachsenes lässt uns wachsen.

eben

Phänomen

Eben steht für die Bedeutungen *einfach*, *genau*, *augenblicklich* und *geebnet*. Eben gehört zu den Abtönungspartikeln, wie in folgendem Satz: »Machst du das eben mal.«

Energiespiel

Eigentlich meinen wir unterschwellig mit *eben*, dass der andere das *gleich* machen sollte. Doch wir bevorzugen eine übervorsichtige Sprache, um nicht angreifbar zu sein.

Wenn jemand sagt: »So ist er eben einfach«, dann sehen wir keinen Menschen vor uns, der einfach und eben ist, sondern eher kompliziert und vielleicht sogar ungehobelt. Mit dieser Formulierung drücken wir indirekt aus, was wir vom anderen erwarten.

Schlüsselfragen

- Bei welchen Menschen sind Sie besonders vorsichtig?
- Was müssen Sie noch *eben* machen, um voranzukommen?

Lösungsimpulse

- Üben Sie sich in Klarheit.
- Der auflösende Satz zu »Kannst du das eben mal machen?« heißt: »Mach das bitte jetzt.«

eifersüchtig

Phänomen

Eifer kommt von *Eifer* und *Sucht*. Im Wort Sucht ist, wenn auch nicht etymologisch, das Wort Suche enthalten. Das französische Wort für Eifersucht, *jalousie*, findet sich im deutschen *Jalousie*, was *Rollladen* heißt, wieder. Wir lassen die Rollläden runter, isolieren uns und sind nur noch mit uns und unserem Leid beschäftigt. Der Eifersüchtige ist zunächst in der Position des Opfers. Wenn er allerdings in Aktion tritt, gelangt er in die Täterposition.

Energiespiel

Der Eifersüchtige bedient das Klischee, die Jalousie einen Spalt breit zu öffnen, um sich zu vergewissern, dass er mit seiner Eifersucht auch richtig liegt. Dabei haben die meisten Eifersüchtigen ihre Rollläden vollkommen heruntergelassen. Sie sehen nichts, sie sind blind vor Eifersucht. Eifersüchtige haben Besitzansprüche und Erwartungen an ihre Partner.

Schlüsselfragen

- Spüren Sie sich ohne Ihren Partner in Ihrer Wichtigkeit?
- Welche Besitzansprüche und Erwartungen stellen Sie an Ihren Partner?
- Erwarten Sie von Ihrem Partner, dass er Sie glücklich macht?

Lösungsimpuls

- »Wenn du etwas gewinnen willst, lass es los.« (Chinesische Weisheit)

eigentlich

Phänomen

Eigentlich gehört zu den Abtönungspartikeln und leitet sich ab von *eigen, das Eigene betreffend*. Der Begriff meint *ursprünglich, wirklich, genau genommen*, wird allerdings verwendet, um das Eigentliche nicht anzusprechen.

Energiespiel

Mit dem Wort *eigentlich* sprechen wir aus unserer Verunsicherung und verstärken diese noch. Zudem verunsichern wir andere. Jemand, der sagt, »eigentlich« gehe es ihm ganz gut, lässt durchblicken, dass es ihm tatsächlich nicht so gut geht.

»Das hast du eigentlich gut gemacht« – das ist kein Lob! Entweder wird jemandem nur ein Teilerfolg zuerkannt, oder der Sprecher schafft es nicht, seine Anerkennung auszusprechen. Oder er traut sich nicht, Klarheit zu schaffen.

Schlüsselfragen

- Wie wichtig fühlen Sie sich?
- Wie ernst nehmen Sie sich?
- Haben Sie Angst, Wichtiges klarzustellen?

Lösungsimpulse

- »Eigentlich« weglassen!
- »Gut hast du das gemacht!« Setzen wir das »gut« an den Anfang, verstärken wir die Anerkennung sogar. Oder sagen Sie: »Folgendes hast du gut gemacht … Im Weiteren kannst du dich noch … verbessern.«
- Stehen Sie zu Ihren Gefühlen: »Mir geht es gut« oder »Mir geht es schlecht«.
- Sprechen Sie an, was wirklich Sache ist: »Privat geht es mir sehr gut, beruflich habe ich momentan meine Probleme.« Die Spezifizierung macht aber nur Sinn, wenn es der Situation angemessen ist und Ihr Gesprächspartner Interesse an Ihnen hat. Wer beispielsweise auf einem Empfang berufliche Probleme erwähnt, ohne dass ein Gespräch entsteht, hinterlässt negative Gefühle bei allen Beteiligten.

einerseits ... andererseits

Phänomen
Einerseits werden die Dinge von zwei Seiten betrachtet und abgewogen, *andererseits* halten wir uns damit oft in einem unnötigen Hin und Her auf.

Energiespiel
In negativer Bedeutung will sich der Sprecher nicht entscheiden, gibt aber vor, die Dinge gut abzuwägen.

Schlüsselfragen
* Warum fällt es Ihnen schwer, sich für eine Sache zu entscheiden?
* Vor welchen Konsequenzen haben Sie Angst?

Lösungsimpuls
* Entscheiden Sie sich, denn viele Probleme entstehen durch Nichtentscheiden.

eingebildet

Phänomen
Das Wort eingebildet kommt von *gebildet* und *Bild*. Gute Bilder führen zu guter Bildung. Der Eingebildete ist jedoch oft nicht im Bilde, was mit ihm passiert und was er tut. Seine Bilder macht er sich selbst und steht dabei nicht in Kontakt mit der Realität und anderen Menschen.

Energiespiel
Eingebildete sind meist der Ansicht, dass die anderen sich nicht das richtige Bild von ihnen machen. Um zu zeigen, wie toll sie sind, überziehen Eingebildete das Bild von sich.

Schlüsselfrage
* Haben Sie ein gutes Bild von sich?

Lösungsimpuls

- Schreiben Sie Ihr gutes Selbstbild auf, und erzählen Sie den Menschen, die Sie lieben, davon.

einsam

Siehe *isolieren*.

einschnappen

Phänomen

Einschnappen bedeutet *beleidigt sein* und *sich zurückziehen*. Wie das Rad einer Maschine an einer Einkerbung einrastet, schnappen Menschen ein, wenn wir in ihre Kerbe schlagen. Wer einschnappt, ist schwer wieder zu öffnen, meist braucht es Zeit.

Energiespiel

Eingeschnappte fühlen sich unterlegen und in Not. So schnappen sie nach allem Möglichen, erfinden Ausreden für einen Rückzug oder schimpfen über alle anderen. Große Differenzierung ist in der Verletzung nicht möglich.

Schlüsselfragen

- In welchen Gefühlen sind Sie gefangen, wenn Sie eingeschnappt sind?
- Haben Sie das Gefühl, zu wenig zu bekommen?

Lösungsimpulse

- Üben Sie sich darin, Ihre Fülle zu erkennen. Schreiben Sie auf, was Ihnen alles zur Verfügung steht, und danken Sie denjenigen persönlich, die Ihnen all das ermöglicht haben.
- Üben Sie sich im Vertrauen, genug zu bekommen und zur rechten Zeit stets das zu erhalten, was Sie brauchen.
- Erkennen Sie die Kraft hinter Ihrer Verletzung, siehe auch *verletzt*.

empfindlich

Phänomen
Laut Duden setzt sich das Wort empfindlich aus der Vorsilbe *emp-* und dem Wort *finden* zusammen. *Emp-* wiederum geht auf die Vorsilbe *ent-* zurück, was normalerweise Trennung ausdrückt. Der *Empfindliche* wird, wenn er Negatives nicht wandelt und nutzt, überempfindlich.

Energiespiel
Empfindliche sind mit sich, ihren Verletzlichkeiten und alten Verletzungen beschäftigt. Sie halten nur ihre eigene Energie zusammen, sie teilen keine Energie mit anderen.

Schlüsselfragen
- Was verletzt Sie immer wieder?
- In welchen Situationen reagieren Sie überempfindlich?

Lösungsimpuls
- Sagen Sie, wie Sie sich finden! Nur Positives gilt.

empören, sich

Phänomen
Empören kommt von *empor* und bedeutet *in die Höhe*. Wer sich *empört,* geht auf die *Empore,* um *von oben herab* andere Menschen zu kritisieren und zu maßregeln.

Energiespiel
Sich empören kann nur, wer sich unten und damit nicht gesehen und geachtet fühlt. Mit der Empörung kompensieren wir einen gefühlten Mangel.

Schlüsselfrage
- Mit welchen Talenten und Fähigkeiten fühlen Sie sich nicht in Ihrer Größe gesehen?

Lösungsimpulse
- Zählen Sie auf, wofür Sie andere, über die Sie sich empören, schätzen.
- Bringen Sie Ihre eigene Größe zu Papier.

Siehe auch *beschweren* und *Abb. 27: Die Beschwerdeschaukel*.

entrüstet
Siehe *aufgebracht*.

Entschuldigen Sie

Phänomen
Das Wort Entschuldigung kommt von *Schuld; die* Vorsilbe *ent-* bezeichnet einen Gegensatz oder eine Trennung: *von etwas weg*. *Ent-schuldigen* bedeutet *weg von Schuld*. Sprachlicher Kontext: »Entschuldigen Sie bitte, wie spät ist es?« Warum sollten wir uns *ent-schuldigen,* wenn wir die Zeit nicht wissen? Auch wenn Sie eine Straße nicht finden, haben Sie nichts verbrochen, für das Sie sich entschuldigen müssten. Es sei denn, Sie fahren schon tagelang im Ort umher und fragen zum x-ten Mal und vielleicht noch immer denselben Passanten nach dem Weg.

Energiespiel
In solchen sprachlichen Wendungen schlägt sich unbewusste Schuld, vielleicht sogar eine Kollektivschuld, nieder.

Schlüsselfragen
- Wie oft und für was entschuldigen Sie sich?
- Was steckt hinter diesem Schuldgefühl?

Lösungsimpulse
- »Guten Tag, wie spät ist es bitte?«
- »Guten Tag, wie komme ich bitte in die Klenzestraße?«
- Beobachten Sie, wie Sie sich fühlen, wenn Sie diese sprachlichen Lösungen verwenden.

Siehe auch *Verzeihen Sie*.

erpicht

Phänomen
Erpicht sein steht für *auf etwas begierig, versessen sein*. Erpicht ist jemand, der verkrampft etwas will. Krampf führt bestenfalls in den Kampf. *Erpicht* kommt von *Pech*. Das ist Pech, denn Pech klebt.

Energiespiel
Der Hintergrund ist unser Mangeldenken, vor allem mangelndes Urvertrauen, dass uns Wichtiges zur rechten Zeit zur Verfügung steht.

Schlüsselfrage
* Was glauben Sie unbedingt haben zu müssen? Wie lange schon?

Lösungsimpulse
* Schreiben Sie auf, was Sie alles loslassen können.
* Und lassen Sie es los, besonders in Ihrem Kopf.

erröten

Phänomen
Menschen erröten aus Verlegenheit, wenn ihnen etwas peinlich ist, etwa weil sie Angst haben, sich zu zeigen, oder beim Lügen erwischt werden.

Energiespiel
Wer aus *Verlegenheit* errötet, verfügt über viel Energie, die er sich besser anders zunutze machen könnte. Ein hochroter Kopf zeigt, dass ein *verlegter* Persönlichkeitsteil, der in einer Verletzungsgeschichte gefangen war, wieder befreit ist. Die freigesetzte Energie schießt in den Kopf. Der Mensch scheint erleuchtet. Das ist aber schon wieder peinlich, weil die anderen denken könnten, er habe gelogen. Also beginnt das Spiel erneut.

Der Lügner hat zwar allen Grund zu erröten – aber warum lügt er? Wohl weil er sich in seiner Echtheit nicht erkennen kann. Sie ist für ihn verborgen, bzw. er hat Angst, sie zu zeigen. Deshalb flüchtet er in Lügen. Und weil er das tut, vergräbt er seine Authentizität noch tiefer. Wird er beim Lügen ertappt, setzt das seine im Verborgenen eingesperrte Energie frei. Seine Wangen werden rot.

Schlüsselfragen
- Welcher alte Schmerz liegt hinter Ihren Peinlichkeiten?
- Welche Ihrer Qualitäten zeigen Sie nicht?

Lösungsimpulse
- Erzählen Sie Ihre peinlichste Situation dem besten Freund, der besten Freundin.
- Schreiben Sie peinliche Situationen der Vergangenheit auf, damit sie darüber mit anderen lachen können.

erschöpft

Phänomen
Das Wort erschöpft steht für *energielos sein*. Etymologisch kommt es von *schöpfen*. In *er-schöpft* ist die Botschaft enthalten, wieder schöpfen zu gehen.

Energiespiel
Erschöpfung gehört zu den zentralen Themen des Menschen. Kein Wunder, wir sind Geschöpfe, also geht es ein Leben lang darum, zu schöpfen bzw. neu zu schöpfen. Mangelndes kreatives Verhalten – *kreativ* heißt nämlich *schöpfen* – führt irgendwann in den Energiemangel. Die meisten Menschen *besorgen* sich Energie, statt sie zu *schöpfen*: mit dem großen Schöpflöffel aus ihrer eigenen Fülle.

Schlüsselfragen
- Wo schöpfen Sie Fremdenergie? Rauchen, Alkohol, übermäßiges Essen, Frustkäufe …?
- Wo zapfen Sie die Energie anderer Menschen an?

Lösungsimpulse
- Nutzen Sie Ihre Talente für erfolgreiche Projekte.
- Genießen, genießen, genießen!

Siehe auch *Vampirismus, Burnout*.

erwarten und enttäuscht sein

Phänomen

Menschen, die etwas er*warten*, sind in der *Warte*position und werden oft *enttäusch*t. *Enttäuschung* kommt von *tauschen*. Eine Täuschung und ein Tausch haben stattgefunden, auch wenn wir damit nicht zufrieden sind.

Energiespiel

In der Erwartung begeben wir uns in die Warteposition, ohne selbst aktiv zu werden. Wenn wir ein Auto *warten*, dann machen wir einen kleinen oder großen Check. Im Erwarten checken wir nichts. Warten wir zu lange, werden wir wider-*wärtig*, vor allem wenn die Antwort auf das lange Warten kommt: die Enttäuschung. Sie ist die Schwester der Erwartung.

In der *Enttäuschung* fliegt die *Täuschung* auf, wir *tauschen* Erwartung gegen Realität. Meist haben wir uns selbst getäuscht, das ist das Bittere. Oft haben wir gehofft, etwas zu bekommen, ein Tausch, der allerdings nicht eingelöst wird, weil wir uns selbst getäuscht haben. Im Grunde genommen ist mit der Enttäuschung ein Nullpunkt gesetzt, wenn wir nicht wieder gleich mit neuen Erwartungen aufwarten.

Mit Erwartungen halten wir Menschen gefangen oder lassen uns von Menschen gefangen halten, obwohl wir für die Erwartungen anderer nicht zuständig sind. Die Befreiung aus den eigenen Erwartungen an andere ist der Schlüssel, sich von Erwartungen anderer frei zu machen.

Schlüsselfragen

- Was erwarten Sie von anderen? Von Ihrem Partner, Ihren Kindern, Ihren Kollegen und Freunden?
- Was war die größte Enttäuschung Ihres Lebens? Was war die größte Erwartung?

Lösungsimpulse

- Beobachten Sie eine Woche lang, was Sie von wem erwarten.
- Schreiben Sie auf, was passiert, wenn Sie Ihre Erwartungen herunterschrauben, vielleicht sogar auf den Nullpunkt bringen.
- Stecken Sie die freigesetzte Energie in ein großes Projekt, das mindestens so groß ist wie Ihre Erwartungen.

erwischt werden

Phänomen

Erwischen kommt von *wischen*, im übertragenen Sinn von *rein machen*, also bereinigen.

Energiespiel

Jemand, der auf frischer Tat *erwischt* wird, würde das Geschehene gerne einfach *weg-wischen* oder *ent-wischen*. Die Angst des Menschen, bei Heimlichkeiten oder Intimitäten erwischt zu werden, ist größer, als wir zunächst vermuten.

Schlüsselfrage

- Was wollen Sie verbergen?

Lösungsimpuls

- Lernen Sie, Fehler und Missgeschicke offenzulegen.

Eskapade

Phänomen
Das Wort Eskapade geht auf das englische *to escape* zurück und bedeutet *entkommen*. Eskapaden stehen für *Tollheiten* und *Verrücktheiten,* was auch pathologisch werden kann: In der Psychologie versteht man unter Eskapismus Vergnügungssucht.

Energiespiel
Eskapaden machen wir, um einer Enge zu entkommen, um Spannung in ein ödes Leben zu bringen oder einem Problem auszuweichen, dem wir zu nah gekommen sind. Eskapaden können auch richtig guttun.

Schlüsselfragen
* Wo ist es eng und langweilig in Ihrem Leben geworden?
* Wovor wollen Sie flüchten?

Lösungsimpuls
* Machen Sie jeden Tag etwas Verrücktes, zumindest etwas, das Sie gewöhnlich nicht tun: Menschen ansprechen, mit denen Sie normalerweise nicht reden würden, neue Wege zur Arbeit gehen etc. Sollten Ihnen die Einfälle ausgehen, fragen Sie Freunde, und verleiten Sie diese dazu, Spaß an schönen Eskapaden zu haben.

Existenzangst

Phänomen
Existenzangst steht für die Angst vor materieller Not, die Angst, nicht existieren zu können. *Angst* geht auf *eng* zurück, und *Existenz* kommt von lateinisch *existere*, das *heraus-, hervortreten, zum Vorschein kommen, vorhanden sein* heißt. Die Bedeutung und die Reihenfolge der einzelnen Aspekte von *existere* sind interessant: Wenn es in der Angst eng wird, sollten wir uns öffnen: *heraus-* und *hervortreten, zum Vorschein kommen,* indem wir uns zeigen. Wir zeigen, wer wir sind und was wir

können. Erst dann fühlen wir uns *vorhanden*, weil wir sehen, was alles *vorhanden ist*. Wir sind da. Präsente Menschen haben keine Existenzangst.

Energiespiel

Menschen, die unter Existenzangst leiden oder von Existenzängsten sprechen, leiden unter der Angst, aus sich herauszukommen, hervorzutreten, sich zu zeigen und sich dem Leben zu stellen.

Schlüsselfrage

- Warum haben Sie Angst, sich mit Ihren Talenten zu zeigen? Was könnte schlimmstenfalls passieren?

Lösungsimpulse

- Schreiben Sie auf, was Ihnen alles zur Verfügung steht.
- Zeigen Sie, wer Sie sind und was Sie können.

explodieren und implodieren

Phänomen

Explodieren kommt vom lateinischen Wort *ex-plodere* und bedeutet *platzen, heraustreiben*. Es steht im Sinn von *zerknallen, bersten*. Beim Implodieren geschieht dasselbe, nur nach innen. In der Täterrolle explodieren und in der Opferrolle implodieren wir.

Energiespiel

Beim Explodieren bricht zu lange Aufgestautes aus uns heraus, wir platzen. Beim Implodieren bleibt das Platzen aus, der unerträgliche Druck nach innen beginnt uns fast zu zerreißen. Wir können an beidem seelisch und körperlich erkranken.

Schlüsselfragen

- Was halten Sie zurück?
- Warum halten Sie etwas zurück?

- Was bringt Sie zum Platzen?
- Haben Sie privat und beruflich Ihren Platz gefunden?

Lösungsimpuls
- Stellen Sie eine gute Aufbruchsstimmung her, die gegen beides hilft: explodieren und implodieren.

Siehe auch *platzen*.

fassungslos

Phänomen
Fassungslos steht für *verwundert*, *bestürzt* und *erschrocken sein*. Es leitet sich ab von dem Wort *fassen*, was *ergreifen*, *einfassen* bedeutet. Der Fassungslose ist seine Fassung los. Er findet vieles unfassbar.

Energiespiel
Fassung ist wichtig, damit die Energie im Rahmen bleibt. Eine Glühbirne kann ohne *Fassung* nicht leuchten. In der Fassungslosigkeit stehen wir im Dunkeln und kriegen Angst, weil wir nichts sehen. Fassungslosigkeit geht meist einher mit Sprachlosigkeit.

Schlüsselfrage
- Welchen Dingen und Menschen gegenüber sind Sie fassungslos?

Lösungsimpuls
- Sprache gibt Form und Fassung. Formulieren Sie Ihre Fassungslosigkeit.

Siehe auch *ängstlich*.

faul

Phänomen
Faul steht für *träge* und heißt laut Duden »in Verwesung … übergegangen; verdorben und dadurch ungenießbar … Schwedisch *ful* bedeutet eigentlich stinkend.«

Energiespiel

Jetzt wissen Sie, warum faule Menschen gerne *stänkern*. Im Grunde genommen stinkt es faulen Menschen, weil ihr Wesen am Verwesen ist, statt Wesentliches zu leben. Sie haben Angst, nicht wesentlich und wichtig zu sein. Wer faul ist, kann sein Wesen nicht erkennen.

Schlüsselfragen

- In welchen Bereichen Ihres Lebens sind Sie träge?
- Wo haben Sie Angst davor, sich zu zeigen?

Lösungsimpulse

- Reflektieren Sie, was in Ihrer jetzigen Lebenssituation wesentlich ist. Terminieren Sie das Wesentliche.
- Sport, Yoga oder Meditation gehören zum Pflichtprogramm.

fertigmachen

Phänomen

Im positiven steht *fertig machen* für *Dinge gut beenden*. *Jemanden fertigmachen* meint, jemanden rundmachen, damit uns seine Ecken und Kanten nicht mehr stören. Fertig geht auf das Wort *Fahrt* zurück und meint im Grunde genommen *zur Fahrt bereit, reisefertig sein*.

Energiespiel

Wer andere fertigmacht, lenkt von sich selbst ab. Wer sich selbst fertigmacht, ist nicht in Fahrt gekommen oder nicht bereit für die Reise.

Schlüsselfragen

- Wozu sind Sie nicht bereit?
- Welchen Lebenstraum setzen Sie nicht um?

Lösungsimpulse

- Schreiben Sie auf, was Sie in Fahrt bringt.
- Und brechen Sie auf.

fertig sein

Phänomen
Im Positiven bedeutet fertig sein, dass etwas zu Ende geführt ist. Im Negativen steht es umgangssprachlich für *erschöpft sein, sich erledigt fühlen.*

Energiespiel
Wer behauptet, fertig zu sein, nimmt sich mit diesem Ausdruck aus einem notwendigen Entwicklungsprozess heraus, indem er unbewusst vorgibt, erschöpft zu sein.

Schlüsselfrage
- An welchen Punkten brechen Sie immer wieder ab?

Lösungsimpulse
- Erledigen Sie wesentliche Dinge, die Sie schon lange aufschieben.
- Bringen Sie auch größere Projekte zu Ende, die Sie bereits angefangen haben.

fluchen

Phänomen
Fluchen kann als Kraftausdruck oder Verwünschung gebraucht werden. Aus dem altenglischen *flocan* abgeleitet, bedeutet das Wort *schlagen.* Laut Duden handelt es sich um »eine die Verwünschung begleitende Ausdrucksbewegung …, sich … mit der Hand auf die Brust zu schlagen«. *Fluchen* ist mit dem Wort *Flucht* verwandt.

Energiespiel
»Verflucht noch mal«: Ein Mensch, der flucht, ist auf der Flucht, auch vor sich selbst. Er macht andere für seine Missgeschicke verantwortlich, statt zugeben zu können, welchen Mist er zuvor selbst gebaut hat. Auf der Flucht machen wir schnell Flüchtigkeitsfehler. Wer also unter diesem Thema leidet, könnte sein Leben wieder ruhiger angehen.

Schlüsselfragen
- Wofür machen Sie andere verantwortlich?
- Wo ist Ihr Leben zu schnell geworden?

Lösungsimpulse
- Lassen Sie Dinge, die Sie nicht verändern können, in Ruhe.
- Genießen Sie den Moment.

frotzeln

Die Herkunft ist unbekannt, das Wort steht im Sinn von *necken, aufziehen*.

Siehe auch *aufziehen*.

gängeln

Phänomen

Gängeln steht für *jemanden kurzhalten*. Sich gängeln lassen entspricht der Opferposition, andere zu gängeln der Täterposition.

Energiespiel

Wenn wir jemanden gängeln, nehmen wir ihn nicht ernst, halten ihn kurz wie ein Kind, das noch nicht alleine laufen kann.

Schlüsselfragen
- Von wem fühlen Sie sich kurzgehalten?
- Wen halten Sie kurz?
- Gängeln Sie vielleicht Ihre Kinder, obwohl diese schon längst laufen können?

Lösungsimpulse
- Reflektieren Sie, in welchen Situationen Sie sich gegängelt fühlen oder andere gängeln, und handeln Sie außergewöhnlich.
- Verlassen Sie Ihre gewohnten Muster.

ganz

Phänomen

Ganz wird oft als Abtönungspartikel verwendet. Ursprünglich bedeutet es *das Ganze betreffend, im Großen und Ganzen, nicht das Detail oder Teile betreffend*. Das Wort *ganz* wird jedoch oft ironisch verwendet und meint dann das Gegenteil.

Energiespiel

Sprachlicher Kontext: »Das hast du ganz gut gemacht«. Das ist ein Lob mit verstecktem Tadel. Gesagt wird: Im Großen und Ganzen ganz gut, beim näheren Hinsehen gibt es allerdings Mängel. Diese werden nicht offen geäußert.

Schlüsselfrage

- Wen erkennen Sie nicht bedingungslos an?

Lösungsimpulse

- »Das hast du gut gemacht.«
- Benennen Sie die Punkte, die es zu verbessern gilt.

gehen lassen, sich

Phänomen

Sich gehen lassen steht im Sinn von *sich vernachlässigen*.

Energiespiel

Menschen, die sich gehen lassen, übernehmen keine Verantwortung für sich selbst. Sie sitzen fest. Sie lassen sich gehen, um dem Gefühl des Festsitzens zu entkommen.

Schlüsselfragen

- Was lieben Sie an sich?
- Was vernachlässigen Sie?

Lösungsimpulse
- Nehmen Sie sich Zeit für sich. Genießen Sie es, sich am Morgen zurechtzumachen.
- Gehen Sie regelmäßig aus, und nehmen Sie sich mit.
- Seien Sie präsent.

geknickt

Phänomen
Geknickt bedeutet umgangssprachlich *bedrückt, enttäuscht* und *deprimiert*. Es geht auf das Wort *knicken* zurück. In der Resignation denken wir, dass wir unsere großen Ideen knicken können.

Energiespiel
Wer ständig *einknickt,* wenn Widerstände auftauchen oder der Gesprächspartner eine andere Meinung hat, wird auf Dauer *geknickt* sein. In dieser Pose brauchen wir nicht mehr a*ufrichtig zu* sein. Allerdings fließt auch die Energie nicht mehr richtig. Das wirkt sich negativ auf die Vorstellungskraft aus.

Schlüsselfragen
- Halten Sie es aus, wenn nicht alles nach Ihrem Willen läuft?
- Wie gehen Sie mit Widerspruch um?

Lösungsimpuls
- Nehmen Sie es nicht persönlich, wenn andere eine andere Meinung vertreten. Meinung meint immer das *Meine*, sie muss mit der Meinung der anderen nicht übereinstimmen.

gemein

Phänomen
Ursprünglich hat gemein die positive Bedeutung *gemeinsam* und *gemeinschaftlich*. Doch statt gemeinsam oder gemeinschaftlich Probleme

anzugehen, werden manche Menschen *gemein*. Zudem steht es in der Bedeutung *herabwürdigend:* die Gemeinen, die von den Adeligen verachtet werden.

Energiespiel

Gemeinheiten entstehen, wenn Menschen sich aus der Gemeinschaft ausgeschlossen und nicht mehr gemeint fühlen. In der Täterposition werden Menschen gemein, um sich über andere zu erheben und sich damit selbst aufzuwerten.

Schlüsselfragen

- Wo fühlen Sie sich ausgeschlossen?
- Wo würden Sie gerne dabei sein?

Lösungsimpuls

- Treten Sie aus der alten Resonanz des sich Ausgeschlossenfühlens aus, indem Sie sich mit dem, was Ihnen wesentlich erscheint, mit Ihren Stärken, einbringen.

Siehe auch *ungehörig*.

genieren, sich

Phänomen

Sich genieren bedeutet *sich Zwang antun, gehemmt sein, sich unsicher fühlen*.
Siehe auch *schämen*.

Gewissen; ein schlechtes Gewissen machen oder haben

Phänomen

Gewissen kommt von *Wissen*. Ein schlechtes Gewissen macht nur Sinn, wenn wir von Schlechtem wissen. Bei manchen Menschen stellt sich ein schlechtes Gewissen automatisch ein, selbst wenn sie nichts Schlechtes getan haben. Manche Menschen bekommen in den ersten

Urlaubstagen ein schlechtes Gewissen, wenn sie zuvor zu lange und zu viel gearbeitet haben. In diesem Fall entsteht das schlechte Gewissen zu Recht, denn es war schlecht, so lange zu arbeiten.

Energiespiel

Menschen, die ständig unter schlechtem Gewissen leiden, verbieten es sich, aus dem Vollen zu leben. Vermutlich haben sie das schlechte Gewissen von ihren Eltern übernommen.

Anderen Menschen ein schlechtes Gewissen zu machen ist als Spiel so alt wie die Menschheit selbst. Wir setzen es ein, um Menschen einzuschränken oder an uns zu binden. Sprachlicher Kontext: »Wenn du nicht pünktlich nach Hause kommst, dann ist Mami ganz traurig.«

Das eigene schlechte Gewissen kann allerdings auch auf moralische Fehler verweisen – es dient uns als ein Regulativ.

Schlüsselfragen

- In welchen Situationen neigen Sie dazu, anderen ein schlechtes Gewissen zu machen, statt klar zu sagen, was Sie möchten?
- Wo ist Ihr schlechtes Gewissen angebracht und wo nicht?
- Wie schnell lassen Sie sich ein schlechtes Gewissen einreden?

Lösungsimpuls

- »Ich möchte, dass du pünktlich nach Hause kommst.« Vermischen Sie eine Aussage nicht mit Ihrem eigenen Befinden.

grantig (vorwiegend in Süddeutschland verwendet)

Phänomen

Grantig sein steht für *griesgrämig sein*. Während Frauen eher launisch sind, neigen Männer, vor allem bayrische, zum *Granteln*. *Grantig sein* entspricht etwa dem *Murren*, das *brummen* und *knurren* bedeutet. Auch Murren gehört vorwiegend in die Sprachmuster der Männerwelt.

Energiespiel

Männer brummen vor sich hin, weil der Brummbär keine Sprache findet. Mit dem Knurren wird's langsam gefährlich; der Bär wird bärbeißig. Wie oft hören Coachs von Klientinnen: »Wie bring ich meinen Mann nur zum Sprechen?« Schwierig, er müsste nämlich zugeben, was allgemein nicht als männlich anerkannt ist: seine *Schwächen* oder seine Bedürfnisse, die ihn *schwach machen*. Er müsste zur Sprache bringen, dass er sich zum Beispiel mehr Zärtlichkeit wünscht. Aber er möchte nicht bedürftig erscheinen, schweigt und *grantelt* oder murrt lieber.

Schlüsselfragen

- Gestehen Sie sich Schwächen ein?
- Reden Sie darüber mit Ihrem Partner?

Lösungsimpulse

- Sprechen Sie mit Ihrem Partner über Ihre Bedürfnisse.
- Fragen Sie andere *Grantler*, wie es ihnen ergeht.

Siehe auch *launisch*.

grausam

Phänomen

Grausam steht für *barbarisch*, *brutal*, *erbarmungslos*. Etymologisch kommt es von *grau* und *sammeln*, denn die Nachsilbe *-sam* leitet sich von *sammeln* ab.

Energiespiel

Der Grausame hat zu viel *Graues eingesammelt*. Seine Aufmerksamkeit richtet sich auf dieses Muster. Der passive Typus (Opferrolle) lebt in grauen Bildern, in einer Welt, in der Grausamkeit dominiert und er immer mehr Graues und Grausamkeit anzieht. Dem Grausamen graut vor seinen eigenen Bildern. Der aktive Typus (Täterrolle) reagiert mit Grausamkeit – gegenüber sich selbst, anderen Menschen oder Tieren. Er wartet nicht, bis das Grau kommt, er stellt es selbst her. Dabei existieren viele Graustufen: je nachdem, wie viel Raum wir den negativen Gedanken zugestehen, die sich Stück für Stück über unsere Heiterkeit schieben, bis unsere Sicht endgültig von grausamen Bildern und Erlebnissen *verhangen* ist und das *Verhängnis* seinen Lauf nimmt.

Schlüsselfragen

- Wie viel Raum geben Sie Ihren negativen Gedanken und Vorstellungen?
- Pflegen und hegen Sie Ängste, etwa dass Ihren Kindern etwas Schlimmes zustoßen oder dass Sie selbst schwer erkranken könnten?

Lösungsimpuls

- Verwandeln Sie negative in positive Gedanken und Vorstellungen, und schreiben Sie diese auf. Da, wo Positives ist, kann das Negative nicht sein.

grinsen

Phänomen

Grinsen gehört in die Körpersprache. Es steht für *höhnisch, spöttisch* oder *widerlich lächelnd*. Es wurde früher auch im Sinne von *weinerlich das Gesicht verziehen, weinen* verwendet. Siehe auch das alte Wort *greinen*, das für *weinen* steht.

Energiespiel

Wer grinst, zeigt sich spöttisch, verhöhnend, innen jedoch ist ihm zum Weinen zumute. Es gibt sogar sogenannte Dauergrinser, bei denen der Gesichtszug festgefahren ist.

Schlüsselfragen

- Was belächeln Sie immer wieder?
- Nehmen Sie sich selbst ernst?
- Wann lächeln Sie, obwohl Ihnen zum Weinen zumute ist?

Lösungsimpulse
- Notieren Sie, wo Sie sich nicht ernst genommen fühlen.
- Bringen Sie sich so ein, dass Sie ernst genommen werden.

Siehe auch *spotten*.

grübeln

Phänomen
Der Begriff ist verwandt mit *Grube, graben, herumstochern*. Grübeln führt direkt in die Grube. Doch wer sucht, der findet! Wir müssen nur tief genug graben und lange genug stochern.

Energiespiel
Solange wir grübeln, müssen wir uns nicht mit der Gegenwart befassen und mit der Zukunft schon gar nicht. Ein dummer Trick, nicht als Versager dastehen zu müssen. Den Gedanken, die wir wälzen, ergeht es wie einem Schneeball: Sie geraten ins Rollen und werden zur Lawine, die in einer Katastrophe endet. Der Gegenspieler zum Grübler ist der Hochstapler.

Schlüsselfragen
- Was haben Sie davon, Gedanken zu wälzen?
- Welches Projekt gehen Sie nicht an?

Lösungsimpuls
- Schreiben Sie täglich in ein Gedankentagebuch, das folgenden Titel trägt: Gedanken, für die ich mich bedanke.

halt

Phänomen
Der Begriff kommt von *halten, anhalten*; *halt* gehört zu den Abtönungspartikeln. Beispiele: »Das ist halt so« oder »Da musst du halt aufpassen«.

Energiespiel

Statt Halt zu sagen, nimmt Ihnen das *halt* die Kraft, die Sie glauben nicht zu haben, um Unwichtiges in Ihrem Leben anzuhalten. Mit jedem *halt* halten Sie stattdessen Ihre Hörer auf. Und wer will schon gerne aufgehalten werden?

Schlüsselfragen

- Was lassen Sie in Ihrem Leben durchgehen?
- Wo zeigen Sie sich immer noch zu gutmütig?

Lösungsimpulse

- Sagen Sie: »Das ist so.«
- Oder: »Pass auf.«

haltlos und ungehalten

Phänomen

Haltlos ist, wer den Halt los ist. Ungehalten steht für *ärgerlich sein.*

Energiespiel

Wer haltlos ist, fühlt sich nicht gehalten. Vielleicht mangelt es ihm oder ihr an entgegengebrachtem Vertrauen, am Halt durch eine Gruppe oder die Familie. Im Ungehaltensein gehen wir über Grenzen. Unter Umständen geraten wir außer Rand und Band.

Schlüsselfragen

- In welchen Situationen fühlen Sie sich nicht gehalten?
- Geben Sie Ihrer Familie und Menschen in Ihrem Umfeld gerne Halt? Ohne sie festzuhalten?

Lösungsimpuls

- Erinnern Sie sich an Situationen aus Ihrer frühen Kindheit, in denen Sie sich gehalten und geborgen fühlten. Geben Sie dieses Gehaltensein weiter, an Freunde, an Ihren Nachbarn oder Menschen, denen Sie begegnen: Schon einfache klare Worte geben Halt, nicht zuletzt Ihnen selbst.

hängen, an

Phänomen
Viele Menschen haben den *Hang,* an anderen, beispielsweise ihren Kindern, zu *hängen.* Die armen Kinder, sie haben es *schwer:* Sie werden mit Erwartungen überfrachtet. Manche Menschen hängen auch an ihrer Arbeit.

Energiespiel
Das *Hängen* an anderen oder an Tätigkeiten verweist auf eine starke *Abhängigkeit.*

Schlüsselfragen
- Wovon fühlen Sie sich abhängig?
- Was haben Sie alles in Ihrer Trickkiste, um andere abhängig zu machen?

Lösungsimpulse
- Freuen Sie sich, dass Ihre Kinder nicht Ihren Weg, sondern ihren Weg alleine gehen und unabhängig von Ihnen sind.
- Hängen Sie öfter einmal ab.
Siehe auch *abhängig.*

hartnäckig

Phänomen
Der Hartnäckige hat einen *harten Nacken,* nach langem Training vielleicht sogar einen Stiernacken. Hartnäckigkeit ist im Grunde genommen ein Krankheitssymptom.

Energiespiel

Hartnäckige halsen sich zu viel auf. Der Hals verbindet Kopf und Bauch. Ist der Nacken hart, ist die Verbindung zwischen Ratio und Emotion gestört. Hartnäckige müssen nicht mehr fühlen, sie nutzen den Nacken als Schutz. Ihr Gefühl bleibt ihnen im Nacken sitzen. Es geht ihnen also nicht verloren, sosehr sie das auch wünschen.

Schlüsselfragen

- Was sitzt Ihnen im Nacken?
- Welche Emotionen unterdrücken Sie?

Lösungsimpuls

- Schalten Sie Ihren Kopf aus, er schafft es nicht alleine: Meditation, Yoga, Schwimmen und vieles mehr kann Ihnen hierbei helfen. Cranio-Sacral-Therapie, eine physiotherapeutische energetische Technik, kann Ihre Impulse wieder in Fluss bringen.

hassen

Phänomen

Hassen steht für eine *feindselige Haltung*, einen *starken Widerwillen* und *eine Abscheu gegen etwas empfinden:* beispielsweise jemanden/etwas zutiefst auf den Tod hassen. Hass geht auf *Groll* zurück und steht auch in der Bedeutung *hetzen.* Auf jeden Fall macht Hass auf Dauer *hässlich.*

Energiespiel

Wer sich gehetzt fühlt, wird auch andere hetzen oder gegen andere hetzen. Aus der Hatz wird der Hass. *H-ass* ist ein Zeichen dafür, als *Ass* nicht anerkannt zu sein. Im Groll bringt der Hassende Grausames ins Rollen. Das Gefühl, gehetzt zu werden, und damit einhergehende, immer schneller drehende negative Emotionen führen in den Hass.

Schlüsselfragen
- Wen hassen Sie? Andere oder sich selbst?
- Wofür steht der Hass in Wirklichkeit?

Lösungsimpulse
- Schreiben Sie auf, was Sie an sich lieben.
- Notieren Sie auch die besten Qualitäten der Menschen, die Sie überhaupt nicht mögen.

<u>hätte</u>

Phänomen
Konjunktiv II von *haben*. Die sprachliche Wendung »hätte ich, dann könnte oder wäre ich« nennen Österreicher »hättiwari«. Sätze, die mithilfe des Konjunktivs auf etwas nicht Reales verweisen, bezeichnet man grammatikalisch als Irrealis. Beispiel: »Ich könnte mir das überlegen«, tu es aber nicht. »Ich wäre gerne in der Sonne«, bin es aber nicht. Ein Konditionalsatz, also ein Satz in der Möglichkeitsform, ist: »Ich käme, wenn ich könnte«. Es ist nicht real, aber an eine Möglichkeit oder Bedingung (wenn) geknüpft. Das Ganze gibt es auch in der Vergangenheitsform: »Ich hätte mir das überlegen können.« »Ich wäre gern in der Sonne gewesen.« »Ich wäre gekommen, wenn ich gekonnt hätte.«

Energiespiel
Mit dem Irrealis schaffen wir keine Realität. Unsere Präsenz nimmt nicht zu. »Hätte ich Geld, dann könnte ich ein Haus bauen.« Die Vorstellung eines Wunsches wird von etwas abhängig gemacht. Der Sprecher bringt sich damit in Abhängigkeiten. Mit »hätte« können wir kein Haus bauen, aber Luftschlösser und davon gleich mehrere. Die Kraft hingegen liegt in der Gegenwart, im Tun.

Schlüsselfrage
- Wovon machen Sie Ihr Handeln abhängig?

Lösungsimpulse
- Notieren Sie, was Ihnen alles zur Verfügung steht.
- Handeln Sie danach, und tun Sie den ersten Schritt.
- Schreiben Sie sich anschließend den nächsten Schritt auf. Beispiel: Bringen Sie Ihre gute Idee in ein Konzept, machen Sie einen Plan, und legen Sie die Schritte zur Erfüllung fest. Mit Datum.

heimlich

Phänomen
Menschen, die vieles *heimlich* machen, fühlen sich noch nicht *zu Hause*. Sonst könnten sie mit anderen ihre Geheimnisse teilen. »Das althochdeutsche *heimilich* bedeutet *zum Hause gehörig, vertraut... Es wird im deutschen Sprachgebrauch nicht mehr als zu Heim gehörig empfunden*« (Duden, Herkunftswörterbuch), sondern im Sinn von *geheim, verborgen* verwendet.

Energiespiel
Heimlichtuer machen sich mit ihrem Verhalten wichtig. Bei sich zu Hause angekommen, wären sie mit ihrem Wesen, ihrem Wichtigsten, verbunden.

Schlüsselfrage
- Welche Geheimnisse tragen Sie in sich?

Lösungsimpuls
- Notieren Sie, was Ihnen alles zur Verfügung steht.

Helfersyndrom

Phänomen
Der Begriff *Helfersyndrom* wurde von dem Psychoanalytiker Wolfgang Schmidbauer in seinem Buch »Die hilflosen Helfer« geprägt.[16] Menschen, die sich selbst hilflos fühlen, neigen dazu, Helferberufe zu

ergreifen: Sozialarbeiter, Psychologen, Coachs, Therapeuten etc. Das muss so sein, es entspricht nämlich dem Gesetz der Resonanz. »Und wenn jemand ganz viel Angst hat, wird er Therapeut«, lautete der Satz eines Coachs aus den 80er-Jahren. Das Helfersyndrom kann alle Menschen befallen, die gerne helfen.

Energiespiel

Wird die eigene Hilflosigkeit nicht mehr genügend reflektiert, neigen die Helfer zur Überheblichkeit. Besonders Coachs, Psychologen und Therapeuten betrachten Probleme ihrer Klienten auf einer Metaebene. Jeder Mensch hat laut C.G. Jung ein höheres Selbst, das er zur Beobachtung »nach oben« schicken kann. Der Blick von der höheren Warte kann den Wunsch auslösen, gleich »oben« zu bleiben. Das bringt die Gefahr des Absturzes mit sich. Noch keiner konnte auf Dauer »oben« bleiben. Mit einem Helfersyndrom können wir nur begrenzt helfen, weil wir mit der Hilfe gleichzeitig unsere eigene Hilflosigkeit transportieren. Das Helfersyndrom funktioniert auch bei Hobbypsychologen und betrifft ebenso *Heiler*, die sich *heiler* fühlen als andere.

Schlüsselfragen

- In welchen Situationen fühlen Sie sich getrieben zu helfen?
- Warum fällt es Ihnen schwer, um Hilfe zu bitten, wenn Sie diese selbst einmal benötigen?

Lösungsimpulse

- Beginnen Sie, Ihre Hilfe gezielt einzusetzen.
- Achten Sie besonders darauf, ob Ihre Hilfe verlangt und gebraucht wird.

heruntermachen

Siehe auch *empören, abkanzeln, fertigmachen* und *Abb. 27: Die Beschwerdeschaukel.*

hinterhältig

Phänomen

Der Begriff geht auf *hinten* und *halten* zurück. Im hinterhältigen Verhalten kommen wir von hinten.

Energiespiel

Der *Hinterhältige* fühlt sich *hinten* nicht *gehalten*. Unbewusst schaut er, was passiert, wenn er andere aus dem Hinterhalt angreift. Das verstärkt seine Angst, von hinten nicht gehalten zu sein.

Praxisbeispiel: Bei einem Vortrag an der Universität taten sich drei Studenten besonders dadurch hervor, dass sie immer wieder von hinten aus der letzten Reihe »schossen«, teilweise sogar unter die Gürtellinie. Der Referent bat die Herren kurzum, doch bitte in der vordersten Reihe Platz zu nehmen, weil er aufgrund seines Alters nicht mehr so gut hören könne. Die Studenten folgten ohne Widerspruch. Nach 20 Minuten fragte der Referent sie: »Ist Ihnen aufgefallen: Seit Sie in der ersten Reihe sitzen, haben Sie kein Wort mehr gesagt. Ich lade Sie zu einem Experiment ein. Das Thema lautet: Warum wird stets von hinten geschossen, wo wir doch von vorne noch gezielter treffen könnten?« Die Studenten willigten ein, wenn auch nicht gerade froh gesinnt. Nachdem sie ihr Familiensystem innerhalb eines vorgegebenen großen Kreises mit kleinen Kreisen für jedes Familienmitglied gezeichnet hatten, stellte sich heraus, dass sich alle drei am Rande oder gar außerhalb des Kreises zeichneten. Ein Symbol dafür, dass sie sich nicht gesehen und ausgegrenzt fühlten und nicht den ersten Platz einnahmen. Die Studenten begriffen sehr schnell, warum sie sich im Vortrag hinten platziert und von dort »geschossen« hatten. Und wie ungewohnt es für sie war, in der ersten Reihe ihre Meinung kundzutun, vor allem eine positive.

Schlüsselfragen

* Wer war in Ihrer Kindheit immer für Sie da und hat Sie gehalten?
* Wie waren Sie in Ihrer Herkunftsfamilie positioniert?

Lösungsimpulse
- Schreiben Sie auf, warum Ihre Position in Ihrer Herkunftsfamilie die richtige Position für Sie war.
- Finden Sie alte Fotos, die dokumentieren, dass Sie gehalten wurden.
- Geben Sie anderen Menschen Halt.

hinterrücks
Dieser Begriff geht auf *hinten* und *Rücken* zurück. Menschen, die sich hinterrücks verhalten, fallen anderen in den Rücken.
Siehe auch *hinterhältig*.

Hintertür

Phänomen
Sich ein Hintertürchen offen lassen ist eine Redensart, die häufig genutzt wird. Durch diese Hintertür können wir verschwinden – oder plötzlich erscheinen.

Energiespiel
Durch die Hintertür verschwinden wir, wenn wir nicht gesehen werden oder uns nicht zeigen wollen, weil wir uns etwas nicht zutrauen oder zu feige sind, etwas zu tun. Wir können so, wenn es brenzlig wird, flugs verschwinden. Die Hintertür entspricht, nicht allein aus feuerpolizeilicher Sicht, einem Notausgang. Dabei geht es immer um die Angst davor, sich ganz auf eine Sache einzulassen. Ängste wachsen, aus der Angst wird die Angst vor der Angst vor der Angst usw.

Praxisbeispiel: Ein Bauer übergab seinen Hof an seinen ältesten Sohn, hielt aber 20 Prozent des Erbes zurück. Das war die Hintertür. Die 20 Prozent entsprachen seinem fehlenden Urvertrauen, das er als Zweifel auf den Sohn projizierte. Der nahm das leider sehr persönlich. Der Hof drohte nach wenigen Jahren an die Wand zu fahren. Der Zweifel war mit dem Hof gewachsen. Aus kleinen Sorgen wurden große Sorgen. Das Hintertürchen zu Beginn war jetzt ein großes Scheunentor.

So etwas kann Ihnen nicht passieren, weil Sie kein Landwirt sind? Hintertürchen haben viele Facetten: etwa wenn wir auf einen besseren Partner warten, den Traumprinzen oder die Prinzessin. Mit solchen Gedanken können wir uns nicht voll und ganz auf das Gegebene einlassen. Ebenso wenn wir nicht bereit sind, bedingungslos zu geben, oder wenn wir einem Projekt zögerlich zustimmen.

Schlüsselfragen
- Wie heißen Ihre Hintertürchen?
- Wie groß ist Ihre Hintertür? Türchen oder Scheunentor?
- Warum können Sie sich nicht bedingungslos auf eine Sache einlassen?

Lösungsimpulse
- Hinterfragen Sie getroffene Entscheidungen nicht mehr, sondern handeln Sie.
- Sagen Sie »Ja!« zu Ihrer Wahl: Ja zu Ihrem Partner. Ja zu Ihrer Arbeit …

hochmütig

Phänomen
Hochmütig steht für ein *erhöhtes Selbstgefühl*, in Kombination mit Überheblichkeit und Stolz: sich als etwas Besseres fühlen.

Ein Sprichwort besagt: »Hochmut kommt vor dem Fall.« Zunächst hieß es in der Bibelübersetzung: »stolzer Mut kommt vor dem Fall.« Wenn Mut mit Stolz gepaart ist, wird es gefährlich. Fallen schmerzt. Siehe auch *Stolz*.

hochnäsig
Siehe *Arroganz, Stolz.*

höhnisch
Siehe *spotten.*

Ich
Siehe *Individualist.*

ignorieren

Phänomen
Das lateinische *ignarus* heißt *unwissend* und steht in der Bedeutung *nicht wissen wollen, absichtlich übersehen, nicht beachten.*

Energiespiel
Ignoriert zu werden schmerzt, aber nur wenn wir das Energiespiel nicht verstanden haben. Denn der Ignorant will, dass es schmerzt. Er demonstriert, dass Sie keinen Deut wert sind, also keine Bedeutung haben. Dabei versteht er nicht, wie viel Energie es kostet, jemanden beispielsweise nicht mehr zu grüßen. Wir können sogar Energie gewinnen, wenn wir den anderen, der uns verletzt hat, weiterhin grüßen mit der Achtung, die ihm gebührt, egal, was er getan hat. Er ist ein Mensch in Entwicklung.

Das Ignorieren von Gegebenheiten ist ein Trick, sich nicht damit auseinandersetzen zu müssen. Bewusst oder unbewusst blenden wir *Unangenehmes* aus. Wundern Sie sich nicht, es wird immer wieder auftauchen, denn *Unangenommenes* kehrt so oft wieder, bis es bereinigt und damit angenommen ist. Alles, was wir *unter den Teppich gefegt* haben, *kehrt* wieder, bis wir es endlich *aufkehren* und ans *Reinemachen gehen.*

Schlüsselfragen

- Was und wen blenden Sie in Ihrem Leben aus?
- Warum wollen Sie sich diesen Themen oder Menschen nicht stellen?

Lösungsimpulse

- Ziehen Sie Menschen, die Ihnen wohlgesinnt sind, bei der Beantwortung der Schlüsselfragen zu Rate.
- Reflektieren Sie die Kraft hinter dem Ausgeblendeten. Schenken Sie Menschen, die Sie ignorieren, gebührende Beachtung, ohne eine Gebühr zu nehmen.

Siehe auch *vermeiden, problematisieren.*

im Mittelpunkt stehen

Phänomen

Es gibt viele *Mittel*, in den *Mittelpunkt* zu rücken: etwa auffälliges Verhalten, extravagante Kleidung oder auch Pannen, die die Aufmerksamkeit der anderen auf sich ziehen. In der Mitte werden wir von allen gesehen. Daraus kann ein Zwang entstehen, immer im Mittelpunkt stehen zu müssen.

Energiespiel

Notorisches Zuspätkommen, dafür aber früher gehen zu müssen gehört zum Standardwerkzeug. Das bringt am Anfang die volle Beachtung und am Ende die Sicherheit, sich ins Gedächtnis der Leute einzuprägen. Die einzigen positiven Alternativen hierzu sind: positives Verhalten, hohe Kompetenz und Charisma. Denn die dahinter liegenden Stärken einer Person, die stets im Mittelpunkt stehen muss, sind gute Führungsqualitäten und die Kraft, Wesentliches in der Mitte auf den Punkt bringen zu können.

Schlüsselfrage

- Wie holen Sie sich Aufmerksamkeit?

Lösungsimpulse
- Signalisieren Sie in angemessenem Rahmen Kompetenz.
- Fangen Sie an, sich zu positionieren, wenn es darauf ankommt.

implodieren

Siehe *explodieren*.

Individualist

Phänomen

Ein *Individualist* ist ein *betont eigenwilliger Mensch, Einzelgänger*. Das Individuelle heißt letztlich *nicht dividierbar*, also *unteilbar*. Der Individualist bleibt unteilbar mit dem Ganzen verbunden. Nur beide Pole zusammen, der Geist der Individualität und der Kollektivität, ergeben das große Ganze. Das lateinische *collectivus* bedeutet *angesammelt*, wovon sich auch das Wort Kollekte ableitet. Der Individualist könnte mit seiner Schöpfungskraft der Gemeinschaft dienen.

Praxisbeispiel: In Trainings nach der Wende war auffällig, dass die Teilnehmer der neuen Bundesländer vorwiegend das »Wir« benutzten, wenn sie sich beispielsweise vor der Gruppe positionierten. Sie verwendeten diese Form auch, wenn es ausschließlich um sie ging. Sie sagten zum Beispiel »Wir wollen das nicht so«, obwohl sie zunächst nur für sich selbst sprachen. Umgekehrt verwendeten die Teilnehmer aus den alten Bundesländern das »Ich«. Selbst wenn es inhaltlich um Gemeinsames ging, sprachen sie in der Ich-Form.

Problematisch wird es, wenn »ich« und »wir« nicht ausbalanciert sind und vor allem nicht im rechten Moment das entsprechende Personalpronomen verwendet wird. Würde jemand sagen: »Wir gehen auf die Toilette«, wäre das komplett daneben, auch wenn er alle anderen in der Toilette träfe. Würde Frau Merkel sagen: »Ich manage die Finanzkrise«, käme der Satz einer Selbstüberschätzung gleich. Krisenbewältigung braucht den Teamgeist.

Energiespiel

Der zu starke »Ich-Geist« spricht aus der Täterposition. Im extremen Fall sieht das »Ich« nur noch sich selbst, die anderen spielen keine wesentliche Rolle. Der Mensch wird *egoistisch*, am Ende steht der *Egomane*.

Schlüsselfragen

- Wie leben Sie Ihre Individualität? Was ist Ihr ganz persönlicher Ausdruck?
- Lösen Sie Probleme alleine, oder nutzen Sie den Teamgeist?

Lösungsimpulse

- Nehmen Sie sich zurück.
- Geben Sie anderen Menschen mehr Wichtigkeit. Hören Sie zu, und ermutigen Sie andere Menschen, ihre Meinung zu sagen.
- Zeigen Sie sich. Nehmen Sie sich ernst, Ihre Meinung ist wichtig. Beginnen Sie auszusprechen, was Sie denken – natürlich zur rechten Zeit, am rechten Ort und im richtigen Maß.

Hintertreffen, ins ... geraten

Phänomen

Im übertragenen Sinn ist *in eine ungünstige Position geraten* gemeint. Der Begriff kommt aus der Heeresterminologie: Wer aus der kämpfenden Linie in die hinteren Reihen, zur Reserve, geriet, wo die geringste Gefahr bestand, verlor an Ansehen.

Energiespiel

Jemand, der meint, schuldlos ins Hintertreffen geraten zu sein, hält sich in Wahrheit lieber hinten auf, weil er glaubt, dass er vorne keine Chance habe zu treffen, und sich davor fürchtet, vorne »seinen Mann zu stehen«.

Schlüsselfragen

- Warum geraten Sie in chancenlose Situationen?
- Wen oder was machen Sie dafür verantwortlich?

Lösungsimpulse
- Machen Sie einen konkreten Projektplan, aus welchem die terminierten Teilziele und das Endziel klar hervorgehen.
- Lassen Sie sich von einem Berater oder Coach unterstützen, damit Sie dicht am Ball bleiben.

Siehe auch *Mobbing*.

Interpretation

Phänomen

Mit Interpretation ist an dieser Stelle gemeint, dass wir aktuelle Situationen und Erlebnisse mit alten negativen Gefühlen in Zusammenhang bringen. Der Begriff leitet sich ab vom lateinischen *interpres*, das *Vermittler* heißt. *Inter* bedeutet *über, zwischen*. Eine *Interpretation* nennen wir auch *Deutung*. Das, worauf ich mit dem Finger *deute,* bekommt Aufmerksamkeit und damit wachsende *Bedeutung*.

Energiespiel

Eine Interpretation ist zunächst neutral, erst negativ bewertende Interpretationen werden zum Problem, vor allem, wenn wir die Interpretation nicht als solche erkennen, sondern die eigenen Gedanken für wahr halten. Dabei kompensieren wir mit der Interpretation lediglich eigene Schwächen und Störungen. Geschieht etwas, das wir als Negatives erachten oder nicht richtig einordnen können, startet sofort unsere Interpretationsmaschine. Wir können »nicht nicht« interpretieren, aber zwischen positiven und negativen Interpretationen, Einstellungen und Vorstellungen unterscheiden und das Positive wählen. Wenn wir also schon Geschichten erzählen müssen, macht es Sinn, gute Geschichten zu erzählen, in denen keiner zum Täter oder Opfer wird, sondern alle gut wegkommen.

Mit negativen Interpretationen lassen wir andere Menschen übergroß und bedrohlich oder klein und lächerlich erscheinen – je nachdem, wie wir uns gerade fühlen. Fühlen wir uns zu klein, suchen wir Interpretationen, die Menschen zu Mitleidenden, zu Gurus oder Tätern machen. Sind wir in der Selbstüberschätzung, werden sie zu Menschen, die uns unseren Platz streitig machen oder die zu langsam und zu faul sind. Diese Automatismen wirken so lange, wie wir nicht reflektieren und positive Interpretationen pflegen. Die Vision ist die stärkste positive Interpretation. Wir nutzen die Energie unserer Schöpfungskraft, indem wir positive, starke Bilder in die Zukunft projizieren und in einem Projekt Realität werden lassen.

Schlüsselfragen
- Welche negativen Interpretationen hegen Sie gegen sich selbst?
- Was stört Sie an anderen?

Lösungsimpulse
- Erkennen Sie sich an, wie Sie sind, mit allen Ihren Stärken und Schwächen. Erstellen Sie hierzu Ihren Stärke-Schwäche-Spiegel.
- Beziehen Sie das, was Sie bei anderen als störend finden, auf sich selbst, und schreiben Sie Ihre Störungen auf.

insofern und insoweit, inwiefern und inwieweit

Phänomen
Diese Begriffe sind sehr komplex, weil sie gleichzeitig unterschiedliche Sprachbilder liefern. *Insofern* besteht aus *in, so* und *fern*, d. h., wir können uns fragen, ob wir so drin sind oder fern. Andere Wendungen für *insofern* und *insoweit* sind *aus diesem Grund* und *unter der Voraussetzung, dass*. Inwiefern fragt, »auf welche Weise, in welcher Hinsicht, wie, wieso (überhaupt)«; inwieweit, »bis zu welchem Grad, in welcher Hinsicht, wie, wieso (überhaupt)«.

Energiespiel
Diese Ausdrücke haben eine positive Funktion, wenn sie der differenzierten Darstellung von Sachverhalten dienen. Werden sie jedoch unbedacht eingesetzt, machen sie die Aussage unnötig kompliziert, weil

sie verwirren und unentschieden klingen. Wir erzeugen Klarheit, indem wir die Dinge beim Namen nennen. »Aus diesem Grund komme ich nicht!«, ist eine klare Aussage. Das gilt auch für den Gebrauch als Fragewörter.

Schlüsselfrage
- Welche Gründe haben Sie, keine klaren Ansagen zu machen?

Lösungsimpulse
- Wir können uns positionieren, indem wir fragen: »In welcher Hinsicht gilt das, was du sagst?« oder »Wieso sagst du das überhaupt?«. Auf diese Weise haben wir eine größere Chance, eine klare und wegweisende Antwort zu erhalten.
- Notieren Sie, was passiert, wenn Sie die Dinge beim Namen nennen.

integer, nicht integer

Phänomen
Integer bedeutet *unbescholten; ohne Makel; unbestechlich*. Menschen, die nicht integer sind, fühlen sich nicht *integriert*. Der Mensch hat das Grundbedürfnis, Teil einer Gemeinschaft zu sein, sich zugehörig zu fühlen.

Energiespiel
Ein Mensch, der nicht integer ist, versucht unbewusst, Aufmerksamkeit auf sich zu ziehen. Er will von anderen gesehen werden. Werfen wir einem Menschen vor, dass er nicht integer ist, wird sich dessen Verhalten in der Regel verstärken. Mit dem Vorwurf entfernt er sich noch weiter von der Gemeinschaft und fühlt sich noch mehr ausgeschlossen.

Schlüsselfragen
- Was können Sie tun, damit andere Menschen sich integriert fühlen?
- Wo fühlen Sie sich nicht integriert?

Lösungsimpulse

- Nehmen Sie Menschen, die sich nicht integriert fühlen, an, wie sie sind, laden Sie sie ein, an Gemeinschaftsaktionen teilzunehmen, und stärken Sie deren Stärken.
- Lernen Sie, sich einzubringen.

intrigieren

Phänomen

Das Wort *intrigieren* kommt aus dem lateinischen *in-tricare* und bedeutet *verwirren*. Voraussetzung für intrigantes Sprechen und Verhalten ist, dass sich Menschen nicht aufgehoben, sich nicht in einem sozialen Netz gehalten fühlen und keine Wachstumsmöglichkeiten für sich sehen. Sie fühlen sich allein gelassen und von ihrem Erfolg abgeschnitten. Erfolgreich sind wir stets durch andere. Sind wir nicht in der Lage, andere zu gewinnen, uns Türen zu öffnen, beginnen wir negative Verbindungen zu knüpfen: Wir schmieden Intrigen. Geschmiedetes hält allerdings nicht ewig.

Energiespiel

Intrigen werden geschmiedet, indem wir andere durch Halbwahrheiten, einseitige Darstellung, Lügen und eine egoistische Absicht auf unsere Seite ziehen. Sie funktionieren, weil wir unser Wissen als Machtinstrument nutzen, um andere in Abhängigkeit zu uns zu bringen. Es entsteht kein Netzwerk, sondern ein Wirrwarr mit gegenseitigen Abhängigkeiten. Menschen werden für Zwecke missbraucht und fallen gelassen, wenn sie diesem Zweck nicht mehr dienen. Intrigieren und Integrität haben eine große sprachliche und inhaltliche Ähnlichkeit. Menschen, die sich integriert fühlen, schmieden keine Intrigen.

Schlüsselfragen

- Was lösen Machtintrigen in Ihnen aus? Ohnmacht oder Aggression? Oder gehen Sie entspannt damit um?
- Sind Sie sicher, Ihre gesetzten Ziele zu erreichen?

Lösungsimpulse
- Schaffen Sie sich ein gutes soziales Netzwerk und halten Sie es lebendig.
- Verhelfen Sie Menschen, die Sie schätzen, zum Erfolg. Öffnen Sie Türen.

irgendwie, irgendwo, irgendwann, irgendein, irgendwer, irgendjemand

Phänomen

Wenn wir etwas nicht wissen oder uns nicht positionieren wollen, bedienen wir uns gern dieser Adverbien und sagen: »Irgendwie geht das schon«, »irgendwann komme ich dazu«, »irgendein Fehler muss da sein« oder »irgendwer oder irgendjemand hat das gemacht«. Hierbei handelt es sich um Begriffe, die Dinge oder Personen zur beliebigen Sache machen und Persönliches anonymisieren.

Energiespiel

Diese Wörter haben eine Schutzfunktion: bloß nicht festlegen, bloß keine Blöße geben! Letztlich drücken wir damit aus, dass wir unsicher sind. Und verunsichern zugleich andere Menschen. Denn Unsicherheit ist hochgradig ansteckend.

Schlüsselfragen
- Was trauen Sie sich nicht zu sagen?
- Glauben Sie, dass andere kompetenter sind als Sie?

Lösungsimpuls
- Schreiben Sie auf, in welchen Situationen und in Anwesenheit welcher Menschen sich diese Wörter in Ihrem Sprachschatz häufen.

Ironie

Phänomen

Ironie kommt aus dem Griechischen (*eironeía*) und steht für *erheuchelte Unwissenheit, Verstellung*. Ironie ist, wenn man das Gegenteil des Gemeinten sagt. Sie ist eine Vorstufe von Spott und Sarkasmus, feiner, versteckter Spott, weshalb gerade Kinder ganz schwer mit ironischen Bemerkungen ihrer Eltern, Erzieher und Lehrer umgehen können. Sie wissen nicht, woran sie sind. Ironie verletzt, besonders wenn sie im Machtgefälle der Erziehung gebraucht wird. Etwa wenn wir einem Kind, dem eine Aufgabe misslungen ist, sagen: »Das hast du wieder schön hingekriegt.«

Es gibt allerdings auch eine nicht verletzende Ironie, wie beispielsweise Kabarettisten sie einsetzen und damit ein Machtgefälle mit ironischem Witz entlarven. Diese Ironie zielt auf die Mächtigen, nicht auf Abhängige.

Energiespiel

Entscheidend ist der Hintergrund. Negativ wird Ironie, wenn ich mich ausgeliefert fühle und deswegen andere, vor allem mir anvertraute Menschen wie Kinder oder Schüler, mit piesackenden Sprüchen malträtiere, mein Kleinsein auf die Kleinen projiziere.

Schlüsselfragen

- Was verletzt Sie am stärksten? Wo fühlen Sie sich klein und minderwertig?
- Wie reagieren Sie auf verletzende Ironie?

Lösungsimpuls

- Arbeiten Sie an Ihrer authentischen Größe. Schreiben Sie auf, wo Sie sich geschätzt und geachtet fühlen.

Siehe auch *spotten*.

isolieren

Phänomen

Der Begriff kommt von dem lateinischen *insula*, das *Insel* bedeutet. *Isolieren* steht in der Bedeutung *absondern, vereinzeln*. Menschen, die sich isolieren, ziehen sich auf ihre Insel zurück oder fühlen sich ausgegrenzt. Der Rückzug entspricht der Opferposition. Menschen, die andere isolieren, positionieren sich als Täter. In der Isolation schneiden wir uns von Energieströmen ab.

Energiespiel

Sich zu isolieren als positives Phänomen besagt, dass wir uns zurückziehen, um uns in der Einsamkeit zu sammeln. Dabei werden wir uns immer ähnlicher, authentischer. Wir können uns aber auch beleidigt zurückziehen. In diesem Fall versinken wir in unserem Leid. Siehe auch *beleidigen* und *beleidigt* sein. Viele Menschen ziehen sich resigniert zurück und schneiden sich damit ein Stück ihrer Möglichkeiten ab.

Isolieren wir andere, fühlen wir uns selbst getrennt. Ohne diese Voraussetzung kämen wir gar nicht auf die Idee, andere auszugrenzen.

Schlüsselfragen

- Von welchen Menschen ziehen Sie sich beleidigt oder resigniert zurück?
- Welche Menschen grenzen Sie aus, wen lassen Sie zumindest nicht näher an sich herankommen?

Lösungsimpulse

- Finden Sie Ihre Sprache, wenn Sie sich verletzt fühlen, und sprechen Sie es an.

- Erweitern Sie Ihren Freundes- und Bekanntenkreis. Wenn Sie ein Fest machen, könnten Sie folgendes Spiel einführen: Jeder Ihrer Freunde und Bekannten bringt einen Menschen mit, den Sie noch nicht kennen.

Siehe auch *resignieren*.

jammern

Phänomen
Jammern geht auf das altsächsische *jamar* zurück und bedeutet *traurig, betrübt*. *Jammer* bedeutet *Herzeleid, schmerzliches Verlangen*. Beim *Betrübten* ist die Sicht *getrübt*. Jammern drückt sich vor allem durch einen leidenden Tonfall aus.

Energiespiel
Im Jammern versinken wir im Selbstmitleid. Jammern macht auf die Dauer *jämmerlich*. Um das Leben eines Jammerlappen ist es jammerschade. Er schadet sich selbst. Den darunterliegenden echten Schmerz drückt er trotz des Jammerns nicht aus.

Siehe auch *Abb. 27: Beschwerdeschaukel*.

Schlüsselfragen
- Welche jämmerlichen Gründe zu jammern haben Sie?
- Wie gehen Sie mit dem Gejammer anderer um?
- Was lassen Sie einfach laufen, sodass es Ihnen davonzulaufen scheint?

Lösungsimpulse
- Gestalten Sie das, was Ihnen wirklich fehlt.
- Wenn Sie das Verlangen nach etwas oder jemandem haben, dann sagen Sie das, statt in der stillen Kammer zu jammern.

keine Ahnung

Phänomen

Viele Menschen geben »keine Ahnung« zur Anwort, obwohl sich beim Nachhaken herausstellt, dass die Gefragten doch eine Ahnung haben, diese aber nicht mitteilen wollen. Besonders Jugendliche machen häufig Gebrauch von dieser Wendung. Mit der Antwort »keine Ahnung« kann sich der Sesam jedoch nicht öffnen.

Energiespiel

Wer keine Ahnung hat, muss sich nicht zeigen. Wer sich nicht zeigt, ist nicht angreifbar. Heimlich darf er seine Ahnung feiern. Oder er ärgert sich, dass er es wieder nicht gesagt hat.

Schlüsselfrage

- Wie oft kennen Sie einen Sachverhalt, melden sich jedoch nicht zu Wort?

Lösungsimpulse

- Sagen Sie, was Sie wissen. Nehmen Sie sich gegebenenfalls Zeit zur Reflexion, indem Sie statt »keine Ahnung« »lass mich nachdenken« sagen.
- Erinnern Sie sich an Situationen, in denen Sie sich zu Wort meldeten und wie gut das ankam. Sammeln Sie diese guten Momente, und schreiben Sie sie auf, um Ihr Selbstbewusstsein zu stärken.

kippeln, kappeln (vorwiegend in Süddeutschland verwendet)

Phänomen

Die Herkunft ist ungewiss und kommt wahrscheinlich vom niederdeutschen *kippe*, was *Spitze*, *Kante*, *Ecke* bedeutet. Kippeln wird als Begriff für die Vorstufe des Streitens verwendet.

Energiespiel

Besonders Ehepartner und Geschwister kippeln gerne, wodurch der Friede auf der Kippe steht. Zwei Kippelnde sagen Dinge, die das

Gleichgewicht in der Beziehung leicht gefährden – nur leicht, denn an Großes wagen sie sich nicht. Kippeln ist ein Zeichen, neue Wege zu gehen, etwa den Weg größerer Offenheit.

Schlüsselfragen
- Was trauen Sie sich nicht zu sagen?
- Welche Beziehungen sind eingefahren?
- In welcher Beziehung gilt es Neues zu wagen?

Lösungsimpulse
- Gehen Sie Wagnisse ein.
- Machen Sie das, was Ihnen am Herzen liegt. Falsche Rücksichtnahme zerstört gute Beziehungen.

klagen, sich beklagen

Phänomen
Klagen und *beklagen* bedeuten ursprünglich unter anderem *vor Trauer oder Schmerz schreien, jammern*. Wir klagen mit leidendem oder lautem Tonfall. Wenn Sie über Umstände klagen und sich beklagen, sind Sie in der Opferposition. Als Kläger vor Gericht wechseln Sie in die Täterrolle.

Sich beklagen heißt wörtlich, dass wir uns selbst beklagen. Es ist reflexiv, ohne dass der sich Beklagende diesen Umstand reflektiert.

Energiespiel
Im Klagen besorgen wir uns vom Zuhörenden Energie, wobei die Sorgen immer größer werden. Irgendjemand ist immer schuld, dass wir uns beklagen müssen. Klagen macht *kläglich*, vor allem wenn Sie sich in allen *Lagen* beklagen.

Schlüsselfragen
- Worüber beklagen Sie sich immer wieder?
- Wie gerne erzählen Sie Ihre Klagestory?

- Wie gehen Sie mit den Klagen anderer um? Erkennen Sie, in welcher Lage sich Ihr Gegenüber befindet? Sprechen Sie die Lage an?

Lösungsimpulse
- Treffen Sie eine Entscheidung, die Sie aus der Klage-Lage herausführt.
- Steigen Sie aus Gesprächen aus, in denen zu viel geklagt wird.
Siehe auch *beschweren*.

Klappe, eine große ... haben

Phänomen
Klappe steht in diesem Fall für *Mundwerk*. Eine große Klappe haben bedeutet *großspurig und ein Großmaul zu sein*.

Energiespiel
»Große Klappe, nichts dahinter«, weiß der Volksmund. Oder »Hunde, die bellen, beißen nicht«. Menschen mit großer Klappe packen ihre Vorhaben nicht wirklich an. Sie haben Angst, fühlen sich klein und minderwertig und markieren den Großen.

Schlüsselfragen
- Machen Sie das, was Sie sagen?
- Sehen Sie Ihre Wichtigkeit?
- Fühlen Sie sich in Ihrer Wichtigkeit gesehen?

Lösungsimpuls
- Achten Sie auf die Hintergrundkulisse: Sprechen Sie nicht aus Angst und Minderwertigkeit. Sagen Sie nur das, was Sie einlösen können.

klatschen
Siehe *tratschen*.

Knatsch

Phänomen

Umgangssprachlich steht Knatsch für *Auseinandersetzung* und *Streit*. Liebende knutschen, und Streitende knatschen. Lautmalerisch wird mit »kn« etwas zusammengepresst, siehe auch das Wort *knuddeln* und *kneifen*. Ähnliches erfolgt auch in der Buchstabenfolge »tschen«, wie im Wort *quetschen*.

Energiespiel

Geknatscht wird bis zum Knall, mit dem sich das Zusammengepresste wieder auflöst.

Schlüsselfragen

- Was bedrückt Sie?
- Wie können Sie kreativ mit diesem Druck umgehen?

Lösungsimpulse

- Lassen Sie Neues in Ihrem Leben geschehen.
- Brechen Sie jeden Tag mit einer Ihrer Gewohnheiten.

Siehe auch *streiten*.

kompensieren

Phänomen

Dieser Begriff kommt von dem lateinischen *compensare* und bedeutet unter anderem *wiegen*. In der Kompensation wird Ungleichgewichtiges ausgeglichen, meist auf künstliche Art. Wenn wir uns minderwertig fühlen, kompensieren wir zuweilen mit Angeberei. Wenn uns etwas zu fehlen scheint, suchen wir nach einem Ersatz. Statt »die Süße« oder »den Süßen« zu lieben, essen wir eine fette Sahnetorte.

Energiespiel

Der Ersatz ist wie die Kopie immer schlechter als das Original. Wer kompensiert, entfernt sich von seiner Originalität und muss das mit immer stärkeren Ersatzmitteln kompensieren. Wir sind süchtig und auf Suchen statt auf Finden geschaltet.

Schlüsselfragen

- Was kompensieren Sie in welcher Form? Fehlende Liebe, Anerkennung, Angst?
- Wer sind Sie im Original?

Lösungsimpulse

- Drücken Sie Ihre Originalität aus.
- Tun Sie das, was Sie lieben.

Komplexe haben

Phänomen

Der Begriff geht auf das lateinische *complecti* (dt.: *umschlingen, umfassen*) und *plectere* (dt.: *flechten, ineinanderfügen, verknüpfen*) zurück. Komplexe sind eine komplexe Vermischung aus negativen Interpretationen und Realität. Aus Geschichten über unsere Minderwertigkeit werden Minderwertigkeitskomplexe. Sie gleichen ineinander verschachtelten Gebäudekomplexen – oder ausweglosen Labyrinthen, in denen sich selbst Therapeuten verlaufen können.

Mit *Komplexen* haben wir es *nicht einfach* im Leben. Es gilt, in die Einfachheit zurückzukehren. Alles, was wir nicht zu entscheiden wagen, führt in komplexe *Umstände*, die das Leben *umständlich* machen.

Energiespiel

Komplexe zeigen uns in unserer Kompliziertheit, sodass unser wahres und schlichtes Wesen für andere verborgen bleibt. Allein finden wir aus dem Labyrinth oft nicht mehr heraus, sind also scheinbar für die

Lösung nicht mehr verantwortlich. Wir neigen dazu, sie beispielsweise einem Therapeuten zu überantworten. Mit der Komplexität unserer Komplexe geben wir uns eine künstliche Wichtigkeit.

Schlüsselfragen
- Was entscheiden Sie nicht?
- Was ist Ihre größte Angst?
- Was ist die größte Kraft hinter Ihrer Angst?

Lösungsimpulse
- Finden Sie eine Ausdrucksform für Ihre größte Kraft.
- Treffen Sie Entscheidungen auf allen Ebenen Ihres Lebens, kleine und große Entscheidungen. Beginnen Sie mit den einfachsten.

Konkurrenz

Phänomen
Das Wort *Konkurrenz* stammt aus dem Lateinischen (*concurrere*) und steht für *zusammenlaufen, zusammentreffen*. Konkurrenz bedeutet im Grunde genommen *mit dem Fluss*. »Konkurrenz belebt das Geschäft«, denn wenn vieles zusammentrifft, sich beispielsweise viele Goldschmiede in einer Straße mit ihren Geschäften niederlassen, dann zieht das viele Kunden in diese Straße. Wo viel ist, kommt immer mehr hinzu. So lautet das Gesetz der Anziehung.

Oft wird Konkurrenz jedoch als Bedrängnis erlebt, weil Menschen beispielsweise um ihre Position fürchten. Daher geben wir dem Wort häufig einen negativen Beigeschmack.

Energiespiel
Viele Menschen mögen Konkurrenz nicht, versuchen sie auszuschalten oder zumindest ihr Wissen vor der Konkurrenz zu verbergen. Dahinter stecken Minderwertigkeitsgefühle und die Angst vor der eigenen Größe. Je mehr wir verbergen, desto mehr bleiben wir im Ver-

borgenen. Je mehr wir uns zurückhalten, desto mehr halten wir damit auch unsere Kompetenzen zurück, und desto schlechter sind folglich unsere Geschäfte. Je freizügiger wir sind, desto freier fühlen wir uns, und desto authentischer und kreativer wirken wir. Authentizität und Kreativität sind gefragte Eigenschaften einer positiv gelebten Konkurrenz.

Schlüsselfragen
- Fühlen Sie Ihre Einzigartigkeit?
- Haben Sie Angst vor Konkurrenz?

Lösungsimpulse
- Öffnen Sie sich gegenüber Mitbewerbern, und lernen Sie von ihnen!
- Schreiben Sie Ihre einzigartigen Merkmale auf, damit Sie sehen können, dass Sie in Ihrer Einzigartigkeit konkurrenzlos sind.

können, könnten

Phänomen
Im sprachlichen Kontext wird *können* und *könnte* oft als eine vorsichtige Formulierung verwendet: »Können/könnten Sie mir bitte die Butter geben?« Diese vorsichtige Formulierung mag je nach Situation sinnvoll sein, sie kann allerdings auch der eigenen Unsicherheit entspringen.

Energiespiel
Mit der Verwendung des Wortes »können« und »könnten« lassen Sie Vorsicht walten, Sie stellen ein Wort zwischen sich und den Sitznachbarn. Wer häufig in solchem Kontext »können« verwendet, sollte sich der Angst, etwas nicht zu können, stellen.

Schlüsselfragen
- Sind Sie sich Ihrer vorsichtigen Art bewusst?
- Welche Angst steckt hinter dieser Vorsicht?

Lösungsimpulse

- Sprachliche Alternative: »Reichen Sie mir bitte den Salat.«
- »Rufen Sie mich bitte an« statt »Können Sie mich bitte anrufen?«. Machen Sie eine klare Aussage, um sicherzustellen, dass man Sie zurückruft, am besten mit Terminierung, damit ist das Wesentliche auf den Punkt gebracht.

Siehe auch *streiten*.

Krach

Siehe *streiten*.

Krankheit und kränken

Phänomen

Der Begriff *Krankheit* geht auf das Wort *Kringel* zurück. *Krank* bedeutete ursprünglich *krumm, gekrümmt, gebeugt*. In dieser Haltung kann die Energie nicht mehr fließen, sodass wir krank werden. Hinter einer körperlichen Krankheit steckt oft eine krank machende geistige Haltung: Der *Erkältete* ist *erkaltet*, nicht mehr in seiner *Verheißung*, also nicht mehr *heiß* darauf, sein Leben zu leben. Das macht ihn anfällig nicht nur für Erkältungen, sondern für alle möglichen Krankheiten.

Haben wir Angst, bei einer Prüfung *durchzufallen*, bekommen wir unter Umständen *Durchfall*. Unser Körper demonstriert uns die Lösung: Loslassen! Das müssen wir spätestens dann, wenn der Druck zu stark wird. Ein gutes Beispiel dafür, wie Geist und Körper direkt miteinander in Verbindung stehen.

Viele Redensarten verdeutlichen, dass der negative Geist körperliche Symptome schafft: Wenn Sie sich *den Kopf zerbrechen,* müssen Sie sich über *Kopfschmerzen* nicht wundern. Wenn Sie sich ärgern, »läuft Ihnen eine Laus über die Leber«. Letztere gilt als Sitz des Lebens und der Wut. Leberschmerzen werden nicht ausbleiben. Wenn Sie *verschnupft sind* und Ihre *Nase* läuft, dann tut sie das stellvertretend für

Sie, da bei Ihnen scheinbar gerade nichts läuft. Die Nase steht für die Zukunft. Wenn Sie sagen, »das ist ja zum Haareraufen«, müssen Sie sich in späteren Jahren nicht über eine Glatze wundern. In Stresszeiten beauftragen Sie mit solchen Sätzen Ihren Körper, sich Mineralien aus den Haarwurzeln zu holen. Sie kennen sicher auch die Redewendung: »Da gehe ich auf dem Zahnfleisch.« Gehen Ihnen viele Dinge »auf die Eier«, sollten Sie rechtzeitig einen Urologen aufsuchen. *Kränken* geht ebenfalls auf *krank* zurück.

Energiespiel

Der Kranke geht in die Opferposition. Die Krux beim Kranksein ist der Gewinn, den man daraus zieht: Wer krank ist, erhält Aufmerksamkeit, endlich wieder Besuch und Geschenke. Das merken wir uns, zumindest unser System merkt es sich. Wir entziehen uns auf diese Weise dem Alltagsstress. Wenn wir nur die lästigen Symptome behandeln lassen und uns nicht mit dem tieferen Sinn der Krankheit auseinandersetzen, wird es schwierig. Damit stabilisieren wir unsere Opferposition und dienen wir lediglich dem Bankkonto der Ärzte und Apotheker.

Jemand, der andere kränkt, ist oder fühlt sich unterdrückt und hat Probleme, sich wieder aufzurichten bzw. aufrichtig zu sein. Wer andere kränkt, fühlt sich selbst gekränkt. Das verstärkt jedoch nur die eigene Kränkung. Kränken führt direkt in die Krankheit.

Schlüsselfragen

- Reflektieren Sie, was Ihre Krankheiten für Sie bedeuten?
- Wissen Sie, welche Geisteshaltung hinter Ihrer Krankheit steht?
- Welche Äußerungen kränken Sie am schnellsten? Was sind Ihre wunden Punkte?
- Kennen Sie die dahinter liegenden alten Verletzungsgeschichten?

Lösungsimpulse

- Lesen Sie Bücher, die den Zusammenhang zwischen Geist und Körper beleuchten.

- Informieren Sie sich über alternative Heilmethoden.
- Arbeiten Sie an alten Verletzungen, beispielsweise mithilfe von Therapie und kinesiologischer Stressablösung.

Siehe auch *verletzt*.

kriegen

Phänomen

Das Verb *kriegen* steht veraltet für *Krieg führen*. Das mittelniederdeutsche *krigen* bedeutete zunächst *sich anstrengen, sich um etwas bemühen, streiten, zanken, kämpfen, Krieg führen*. Wir verwenden *kriegen* für *bekommen* und stehen damit auf Kriegsfuß mit dem Leben. So könnten wir *zu viel kriegen*, was *sich aufregen, die Beherrschung verlieren* bedeutet.

Energiespiel

Mit der Verwendung des Wortes *kriegen* strengen wir uns und andere an. Wir drücken unsere Ungeduld aus. Im Hintergrund arbeitet die Angst, nicht genug zu haben und das, was wir *not-wendig* brauchen, nicht zur rechten Zeit zu bekommen. Wer sagt: »Ich kriege Bedenken«, ist im Krieg mit seinen Zweifeln.

Schlüsselfragen

- Was geht Ihnen in Ihrem Leben zu langsam?
- In welchen Situationen haben Sie Angst, zu kurz zu kommen?

Lösungsimpulse

- Bringen Sie Ruhe in Ihr Leben.
- Verwenden Sie Wendungen, die Ruhe geben: »Es gilt zu bedenken, dass …« oder »Ich gebe zu bedenken, dass …« statt »Ich kriege Bedenken«.
- Sagen Sie »Gib/reich mir bitte die Butter« statt »Krieg ich bitte mal die Butter«.

kümmern, sich

Phänomen
Kümmern bedeutet *bedrückt sein*, sich *Sorgen machen, kränkeln*. Das Wort geht auf das mittellateinische *cumbrus, combrus* zurück, was *Verhau, Sperre, Wehr, Schutt* bedeutet und auf *Zusammengetragenes* verweist: Es meint alle Not und allen Schutt des Lebens. Trinken Sie einen Kümmerling!

Energiespiel
Kümmern bringt *Kummer* und macht *kümmerlich*. Indem Sie sich kümmern, halten Sie das Negative und Düstere fest. Sie sprechen aus dem Chaos und ernten Chaos.

Schlüsselfragen
* Worum kümmern Sie sich, statt Ordnung zu schaffen?
* Wo in Ihrem Leben gibt es unbewältigte Situationen in Hinblick auf Projekte und Menschen?

Lösungsimpulse
* Ordnen Sie, was nicht in Ordnung ist, besonders Ihre Beziehungen. Familienstellen hilft, die richtige Ordnung herzustellen.
* »Holen Sie Herrn Meyer bitte vom Bahnhof ab« statt »Kümmern Sie sich bitte darum, dass Herr Meyer vom Bahnhof abgeholt wird«.

lächerlich

Phänomen
Lächerlich steht unter anderem in der Bedeutung *töricht, unbedeutend, gering*.

Energiespiel
Wenn Sie jemanden lächerlich machen, dann haben Sie selbst Angst, lächerlich gemacht zu werden, unbedeutend, gering oder töricht zu

sein. Sie projizieren Ihre Angst auf eine andere Person. Diese fällt auf das Spiel nur herein, wenn sie ebenfalls mit unbewältigten Gefühlen der Minderwertigkeit zu kämpfen hat.

Schlüsselfragen
• Wie stark ist Ihre Angst, nicht ernst genommen zu werden?
• In welchen Situationen fühlen Sie sich unbedeutend und gering?

Lösungsimpuls
• Schreiben Sie Ihre Stärken auf, und lesen Sie diese, wenn Sie sich unbedeutend und gering fühlen.

Last, lästern, Laster
Siehe *belastet*.

launisch

Phänomen
Der Begriff *launisch* geht zurück auf das lateinische *luna* (dt.: *Mond*). Der Mond beeinflusst bekanntlich die Gemützustände der Menschen. Für Frauen gilt das im Besonderen, wenn sie ihre *Tage* haben, also in *ihrem Monatszyklus* sind. Sie verfügen in dieser Zeit über eine starke Sensitivität und können sich diese starken Impulse und Erkenntnisse zunutze machen.

Energiespiel
Im Launischsein überlassen wir uns unseren Gemützuständen. Wir fühlen uns ihnen ausgeliefert, sind entweder im Rückzug (Opferrolle) oder im Angriff (Täterrolle).

Schüsselfragen
• Wie können Sie *Ihre Tage* positiv nutzen?
• Wie gehen Sie mit Ihren Launen um? Ziehen Sie sich eher zurück, oder werden Sie angriffslustig?

Lösungsimpulse

- Für Frauen: Kommen Sie zur Zeit Ihrer Menstruation zur Ruhe, und nutzen Sie Ihre erhöhte Sensitivität.
- Für Männer: Treiben Sie Sport, Schwimmen reinigt, Laufen bringt Ihr Leben wieder ins Laufen, die frische Luft belüftet Ihre Seele und vertreibt schlechte Laune.

Siehe auch *grantig*.

<u>mal</u>

Phänomen

Das Wörtchen *mal* findet meistens als Abtönungspartikel Verwendung. Als Substantiv bedeutet *Mal Zeitpunkt*, im Sinn von *Abgestecktes*, *Abgemessenes*, *Maß*; zudem steht es in der Bedeutung *Zeichen*, *Markierung*, siehe *Denkmal*. Wir vermehren eine Zahl, indem wir sie *malnehmen*.

Energiespiel

Sagen wir »mal sehen« oder »schauen wir mal«, geben wir kein Maß vor, wir markieren auch nichts, sondern bleiben im Unbestimmten, wo wir uns nicht festlegen müssen. Wir verstecken uns mit unserer Meinung.

Schlüsselfrage

- In welchen Situationen legen Sie sich nicht gerne fest?

Lösungsimpuls

- Sagen Sie deutlich, was Sie möchten, z. B. ob Sie einer Einladung folgen wollen oder nicht.

leiden

Phänomen

Erstaunlicherweise bedeutete leiden früher *gehen, fahren, reisen.* Im heutigen Sprachgebrauch steht es für *erdulden, ertragen, Schmerz, Kummer empfinden.* »Auf den Bedeutungswandel hat wahrscheinlich die christliche Vorstellung vom Leben des Menschen als einer Reise durch das irdische Jammertal eingewirkt« (Duden, Herkunftswörterbuch); aus *fahren* wurde *erfahren, Leid erfahren.* Das erduldete Leid sichert uns einen guten Platz im Himmel. Gott sei Dank? Hieraus entstand sicher das *Mitleid,* die Fähigkeit des Menschen, mit anderen zu leiden. Wenn ein Missgeschick passiert, kann uns das wirklich leidtun. In diesem Fall empfiehlt es sich, das auch dementsprechend auszudrücken. Menschen mit Hang zum Leiden sollten besonders achtsam mit der Verwendung solcher Wörter umgehen.

Das positive Gegenstück zu *leiden* finden wir im direkt verwandten Begriff *leiten,* das *gehen machen* bedeutet. Aufgelöst ist das Leiden in der Leidenschaft. Ein leidenschaftlicher Liebhaber leidet nicht wirklich.

Energiespiel

Der Leidende ist nicht verantwortlich für sein Leid und damit für sein Leben, besonders wenn ihm dafür ein guter Platz im Himmel in Aussicht gestellt wird. So kann der Leidende nicht aus dem Negativen lernen. Er ergreift nicht die Initiative, damit sein Leben wieder läuft.

Schlüsselfrage

- Worunter leiden Sie besonders? Ist es Ihr Rücken? Sind es die Kinder, die ihr Leben anders gestalten, als Sie es sich vorgestellt haben?

Lösungsimpulse

- Nehmen Sie an, was Ihnen widerfährt, indem Sie hinter die Kulissen blicken und sich fragen, warum gerade Ihnen das passiert.
- Haben Sie Mitgefühl mit anderen Menschen.

- Tun Sie das, was Sie tun, mit Leidenschaft.
- Sprachliche Lösung: »Ich kann nicht kommen« statt »Ich kann leider nicht kommen.«

Siehe auch *Mitleid*.

leider
Siehe *leiden*.

leugnen

Phänomen
Leugnen heißt zu »behaupten, dass etwas von anderen Gesagtes nicht wahr sei« (Duden, Bedeutungswörterbuch). Es bedeutet zudem *Verheimlichung, Verborgenheit*.

Siehe auch *lügen*.

lügen

Phänomen
Lügen geht auf die Verben *leugnen* und *locken* zurück. Mit Lügen locken wir Menschen auf eine falsche Spur.

Energiespiel
Menschen, die lügen, bleiben im Verborgenen, im Dunklen. Sie handeln aus der Täterposition, indem Sie andere verwirren und bewusst hinters Licht führen. Auch Notlügen halten uns im Verborgenen fest. Dort ist noch keiner erfolgreich und glücklich geworden. Letztlich lügen sich also Menschen immer in die eigene Tasche.

Schlüsselfrage
- Was geben Sie von sich nicht preis? Welche Geheimnisse behalten Sie ausschließlich für sich?
- Durch was mogeln Sie sich immer wieder hindurch?

Lösungsimpuls
- Vertrauen Sie sich einem Menschen an, den Sie lieben, und erzählen Sie ihm Ihre tiefsten Geheimnisse.

meckern

Phänomen
Meckern geht auf das mittelhochdeutsche Wort *mecke* zurück und bedeutet *Ziegenbock*. Dieser meckert wahrscheinlich, wenn er Bock hat, eine Ziege anzulocken. Ziegen meckern nicht, weil es etwas zu meckern gäbe, sondern als Ausdruck der Freude. Menschen hingegen meckern aus Unzufriedenheit. Pubertierende, besonders jene weiblichen Geschlechts, meckern in zickiger Weise. *Zickig* geht auf die kleine Ziege, das *Zicklein*, zurück. Sie ist bekannt für ihre Zickzackbewegungen. Zicklein sind schwer zu fangen. Auch Pubertierende nehmen oft keinen geradlinigen Weg, sondern gehen eher zickzack, einmal rauf und einmal runter. Sie einfangen zu wollen macht überhaupt keinen Sinn. Eingefangen wären sie *ungenießbar*.

Energiespiel
Mit Meckern Unzufriedenheit auszudrücken gehört zur Täterrolle. Der Meckernde stört den Frieden, weil er selbst keinen hat. Kennen wir unseren Rahmen, hören wir auf zu meckern. Der Meckernde braucht demnach Klarheit und einen guten Projektrahmen. Zickende brauchen Hinweisschilder für ihren Weg, einfache und klare Impulse. Mehr auch nicht, sonst werden sie noch zickiger. Versuchen Sie vor allem nicht, den Zickzackbewegungen zu folgen. Sie werden irre.

Schlüsselfragen
- Worüber meckern Sie gerne?
- Was macht Sie immer wieder unzufrieden?
- Erkennen und gehen Sie Ihren Weg!

Lösungsimpuls
- Formulieren Sie klare Ziele, und schaffen Sie einen klaren Handlungsrahmen.

Siehe auch *beschweren* und *Abb. 27: Die Beschwerdeschaukel.*

Mitleid

Phänomen
Das Wort setzt sich zusammen aus der Vorsilbe *mit-* und *leiden*. Im Mitleid leiden wir mit einem anderen.

Energiespiel
Menschen, die im Mitleid mit anderen versinken, tragen in sich selbst zu viel nicht aufgelöstes Leid. Sie klinken sich in fremdes Leid mit ein. Zwei Menschen, die im Mitleidssumpf stecken, können sich aber nicht gegenseitig herausziehen. In einer Paarbeziehung beispielsweise ist es genug, wenn einer leidet, mehr verträgt eine Beziehung nicht, sonst versinken beide im Chaos. Das Problem verdoppelt sich, obwohl eine Redensart besagt, geteiltes Leid sei halbes Leid. Das träfe nur zu, wenn wir unser Leid mitteilen: »*Mitgeteiltes* Leid ist halbes Leid.«

Der auflösende Begriff zum Mitleid ist *Mitgefühl*. Im Leid versunkenen Menschen können wir mit Gefühl begegnen.

Schlüsselfragen
- Warum haben Sie Mitleid mit sich selbst oder mit anderen?
- Welches Leid in sich haben Sie noch nicht bewältigt?

Lösungsimpulse
- Schreiben Sie auf, unter wem und welchen Umständen Sie immer wieder leiden.
- Ergründen Sie Ihre eigene Leidensgeschichte.
- Tun Sie, was immer Sie tun, mit Leidenschaft.

Siehe auch *leiden*.

Mobbing

Phänomen

Mobbing äußert sich durch kontinuierliches Spitzenverteilen und Hänseln. Ursprünglich kommt der Begriff von dem englischen Wort *to mobb* und bedeutet *herfallen über, sich stürzen auf.* Der Zoologe, vergleichende Verhaltensforscher und Psychologe Konrad Lorenz prägte ihn als Fachterminus, als er bei niedrigrangigen Graugänsen folgendes Phänomen beobachtete: Instinktiv schlossen sich die Tiere gegen ein Leittier zusammen. Sie fühlten sich von ihm bedroht, weil sie im Kampf alleine chancenlos gewesen wären.

Auf Menschen bezogen, bedeutet *Mob aufgewiegelte Menge.* In der Französischen Revolution etwa erhob sich der *Mob* gegen Adelige. Auch an diesem Beispiel sehen wir, dass sich Mobbing vor allem gegen Höherstehende richtet, wobei es als Anreiz für Mobbing schon genügt, wenn sich jemand nur höherstehend fühlt. Hinzu kommt das Merkmal der Andersartigkeit oder Besonderheit. In der Regel werden Menschen gemobbt, die nicht erkannte besondere Fähigkeiten besitzen.

Energiespiel

Genau genommen ist Mobbing ein Kompliment an das Opfer, das der Mobber als höhergestellt empfindet. Solange sich die gemobbte Person beklagt, wird es keine Lösung geben, weil das nur die Opferrolle stabilisiert und die Gefahr vergrößert, weiterhin oder sogar verstärkt gemobbt zu werden.

Nur wer sich die nicht gelebten Potenziale und Führungsqualitäten bewusst macht, kann das Problem lösen. Ein Mensch, der sich mit seiner Führungsqualität voll aufrichtet, wird von anderen nicht so leicht angegangen, weil seine Stärke offensichtlich ist. In dem Maße, wie der Gemobbte seine Stärken Stück für Stück hervorbringt, nehmen seine Minderwertigkeitsgefühle ab.

Schlüsselfragen

- Welche Ihrer besten Qualitäten leben Sie nicht? Was trauen Sie sich nicht?
- Wo fühlen Sie sich nicht gesehen, erkannt und anerkannt?
- Fühlen Sie sich anderen insgeheim überlegen?

Lösungsimpulse

- Reflektieren Sie, in welcher Position Sie Ihre Qualitäten am besten leben könnten.
- Suchen und finden Sie eine entsprechende Position.

<u>möchten</u>

Phänomen

Das Hilfsverb *möchten* geht auf *mögen* zurück und steht im Sinn von *gern wollen* oder *gern haben*. Es ist verwandt mit dem Begriff *Macht*. Doch wird »Ich möchte« oft in Situationen verwendet, in denen der Sprecher sich seiner Macht nicht bewusst ist.

Energiespiel

Wenn wir im Sprachgebrauch das Hauptverb mit »möchten« abschwächen, drücken wir oft Unsicherheit aus. Damit verunsichern wir gleichzeitig unseren Gesprächspartner. Sprachlicher Kontext: »Ich möchte mich gerne auf Ihre Stelle bewerben.« Der grammatische Grundsatz in der deutschen Sprache lautet: Das Verb steht an zweiter Stelle im Satz und trägt die größte Aussagekraft. Wenn an dieser zweiten Stelle *möchte* als Hilfsverb steht, nimmt es dem Hauptverb die Kraft. Wenn allerdings Ihr Kind sagt, »ich möchte gerne ein Eis«, dann ist das vollkommen in Ordnung. Es sei denn, es hatte schon eines.

Schlüsselfrage

- Wo halten Sie sich zurück?

Lösungsimpuls
- Drücken Sie konkret aus, was Sie möchten.

Siehe auch *können, müssen, sollen, würde.*

motzen

Phänomen

Motzend aufbegehren, jemanden anmotzen, herummotzen – beim Motzen finden wir die Dinge zum Kotzen. Der Terminus ist eine Nebenform zu *mucksen*, das *einen Laut von sich geben, leise murren, aufbegehren* bedeutet.

Energiespiel

Im Grunde genommen ist *motzen* eine Steigerungsform von *mucksen*. Menschen, die motzen, stecken im Schlamassel und wissen nicht, wie sie ihre Lage verbessern können. Sie motzen und machen andere, denen es aus ihrer Sicht besser ergeht, für ihren Schlamassel verantwortlich.

Schlüsselfrage
- Was macht Sie unzufrieden?

Lösungsimpuls
- Ergreifen Sie die Initiative, ändern Sie Ihre Situation mit kleinen Schritten.

Siehe auch *meckern, beschweren.*

Mühe, mühsam

Phänomen

Mühe geht auf das Wort *ermüdet* zurück. Wenn wir uns Mühe geben, *ermüden* wir, besonders wenn wir uns *abmühen*. *Müh-sam* wird es, wenn wir denken, dass das Leben Mühe macht.

Energiespiel

Mühe weist darauf hin, dass etwas nicht leicht sein darf. Wir orientieren uns dabei oft an Althergebrachtem und Übernommenem, beispielsweise aus der Bibel: »Unter Schmerzen sollst du gebären.« »Im Schweiße deines Angesichts sollst du dein Brot essen.« Eine Redensart besagt: »Erst die Arbeit, dann das Spiel.« Das ist ein Problem, denn so kommen Sie nur selten zum Spielen. Manche Menschen haben eine solch mühselige Lebenseinstellung, dass ihnen eine Tätigkeit wehtun muss, damit sie sich selbst überhaupt noch spüren.

Praxisbeispiel: Ein Lehrer, der sich immer besonders viel Mühe bei seinen Vorbereitungen gab, ärgerte sich regelmäßig, dass seine Schüler das nicht honorierten. Der Rat im Coaching: Geben Sie sich zukünftig nicht mehr so viel Mühe, denn Sie geben Ihre Mühe auf diese Art und Weise an die Schüler weiter. Kein Wunder, dass die nicht hocherfreut waren.

Schlüsselfrage
* In welchen Bereichen Ihres Lebens darf es nicht leicht sein?
* Warum müssen Sie sich dabei Mühe geben?

Lösungsimpuls
* Stellen Sie sich vor, dass die Dinge leicht sind, dass der Zufall, der Wunderbares vollbringt, Ihnen immer wieder zu Hilfe eilt. Vorausgesetzt, Sie stehen ihm nicht im Wege.

Siehe auch *anstrengen*.

muffeln

Phänomen

Dem *Muffelnden* stinkt etwas. Laut Duden ist Muff ein »dumpfer, modriger Geruch, Kellerfeuchtigkeit«. Wenn sich der Muffel emotional bereits im Keller befindet, könnte er dort auch gleich aufräumen.

Energiespiel

Mit Muffeln projiziert man das, was (in) einem stinkt, nach außen. Man muffelt vor sich hin und macht sich nicht einmal direkt zum Täter. Der Muffel bleibt nach außen hin in der Opferrolle, wobei er den anderen mit seinem Gemuffel die gute Laune verdirbt.

Schlüsselfragen

- Was stinkt Ihnen?
- Was ist die Ursache für Ihre Unzufriedenheit?

Lösungsimpuls

- Räumen Sie den Müll in Ihrem seelischen Keller auf. Entrümpeln Sie Ihre alten Verletzungen.

Siehe auch *stänkern, murren.*

murren

Phänomen

Der Murrende murmelt mehr oder weniger hörbar in seinen Bart, ab und an wird er etwas lauter. Er ist jedoch noch lange kein Meuterer. Für die *Bounty* wäre er nicht geeignet gewesen. *Murren* geht auf das Wort *murmeln* zurück, das *unwillig sein, sich auflehnen* bedeutet.

Energiespiel

Murren ist wie Knurren, eine Stufe vor dem Bellen. Hinter dem Murren verbirgt sich die Angst, sich zu zeigen und zu positionieren.

Schlüsselfragen

- Wogegen lehnen Sie sich auf?
- Was trauen Sie sich nicht anzugehen?

Lösungsimpuls
- Sprechen Sie aus, was Ihnen nicht passt, allerdings mit mindestens einem konkreten Lösungsvorschlag.

Siehe auch *grantig, muffeln, motzen.*

müssen

Phänomen

Müssen geht auf das Wort *messen* zurück. Im positiven Sinn stecken wir damit einen Handlungsrahmen ab. Das Wort ist in unserer Sprache jedoch oft negativ aufgeladen im Sinn von *gezwungen sein.*

Energiespiel

Schnell assoziieren wir mit *müssen* einen Zwang, der uns die Freude am Handeln verdirbt. Mit einem solchen Sprachmuster ziehen wir Schwere an und fühlen uns auf Dauer mühselig und beladen. Falsch eingesetzt, wirkt das Wort vermessen. Jedenfalls lässt es dem Gegenüber keinen Handlungsspielraum und schränkt seine Möglichkeiten ein.

Die Verwendung verlangt nach Differenzierung. »Diese Sauce müssen Sie probieren!« Ein Gast mit wenig Selbstbewusstsein wird keine Chance sehen, sich zu weigern, ein anderer geht mit dieser Aufforderung selbstbewusst um und entscheidet frei, ob er probieren will oder nicht. Sagen Sie stattdessen: »Möchten Sie die leckere Sauce probieren? Sie ist einfach köstlich!«

Es kann allerdings Sinn machen, die Sprachwendung *müssen* zu wählen, wenn sie der Situation entspricht, beispielsweise im Bezug auf eine Gerichtsverhandlung: Täter, Opfer und Zeugen *müssen* zu diesem Termin erscheinen. Sie werden vom Gericht nicht herzlich eingeladen, sondern *vorgeladen*. Mag sein, dass sie auch *geladen* erscheinen.

Am Beispiel des alltäglichen Problems, wer zu Hause den Müll entsorgt, zeigen wir nun mehrere sprachliche Muster sowie eine Lösungsmöglichkeit auf:

- »Du musst noch den Müll rausbringen.« Damit vergeht einem die Lust. Spätestens in der Pubertät wird sich ein gesundes Kind weigern, den Müll rauszutragen.
- »Bringst du bitte den Müll raus?« Solche Fragen führen nicht unbedingt zum Ziel, weil man mit »ja« und »nein« antworten kann. Ansonsten ist es keine Frage. Und gefragt zu werden, ohne gefragt zu sein, macht sauer.
- »Denkst du bitte an den Müll?« Was machen Sie, wenn Ihr Kind an den Müll denkt, ihn aber nicht rausbringt? Sie haben ein kluges Kind, das Ihnen genau zugehört hat.
- »Wer bitte bringt den Müll raus?« Ganz sinnlos wird es, wenn Sie diese Frage im Kreis Ihrer Familie stellen und sich wundern, dass sich keiner angesprochen fühlt.
- Sprachliche Lösung: »Karla, bring bitte jetzt den Müll raus.« Klare Anweisungen erhöhen die Erfolgswahrscheinlichkeit.

Ähnlich verhält es sich mit der Verwendung des Wortes *müssen*: »Ich muss noch den Rasen mähen, dann muss ich aufräumen, dann muss ich …« Und ist endlich alles getan im Leben, müssen wir sterben. Sprachliche Lösung: »Als Nächstes mähe ich den Rasen, dann räume ich auf …« Es empfiehlt sich, auf den Begriff *müssen* zu verzichten. Wenn Sie keine Freude in den Tätigkeiten entwickeln, fallen Sie automatisch wieder in den Zwang zurück, etwas tun zu müssen.

»Ich muss etwas Unangenehmes mit dir besprechen. Lass uns in den nächsten Tagen einen Termin machen.« Mit dieser sprachlichen Wendung stecken Sie einen Rahmen, besser gesagt, Sie zwängen den anderen in einen Rahmen, indem Sie ihn im Ungewissen lassen. Das ist energetischer Missbrauch. Bis zum vorbestimmten Termin ist der andere – bewusst oder unbewusst – mit der bedrohlichen Ungewissheit beschäftigt. Sprachliche Lösung: »Ich sehe folgendes Problem … Ich will das jetzt mit dir besprechen!« Schaffen Sie Klarheit.

nachtragen

Phänomen

Der Begriff bildet sich aus den Wörtern *nach* und *tragen*, etwa in der bildhaften Wendung: *jemandem etwas hinterhertragen* oder *jemandem etwas nicht verzeihen*. Der Sprecher trägt jemandem, der ihn seiner Einschätzung nach emotional verletzt hat, immer wieder ein negatives Gefühl nach, egal, wo derjenige auch hingeht.

Energiespiel

Wenn wir nachtragend sind, stigmatisieren wir den anderen Menschen als Täter, weil wir ihn für unsere Verletzungen verantwortlich machen. Es geschieht in der falschen Hoffnung, der andere könnte unsere Verletzung heilen. Nachtragen ist sehr anstrengend, weil der Nachtragende ständig in das Bild der Verletzung geht. Auf diese Weise hält er sich überwiegend in der Vergangenheit auf und blendet die Gegenwart wie auch neue Möglichkeiten aus.

Schlüsselfrage

- Was tragen Sie wem nach?
- Wie lange noch wollen Sie sich belasten?

Lösungsimpuls

- Hören Sie auf, Probleme auf andere zu projizieren, auch wenn diese Sie irgendwann verletzt haben. Die anderen sind der Auslöser Ihres Problems, aber nicht das Problem selbst.

necken
Siehe *aufziehen*.

Neid

Phänomen

Neid steht für *jemandem etwas missgönnen*. Im Neid vergleichen wir uns mit anderen. Lesen wir *neiden* rückwärts, entsteht das Wort *dienen*. Das ist auch gleichzeitig die Auflösung für ein Mangelgefühl und die Vorstellung, dass andere es besser haben.

Energiespiel

Menschen, die neidisch sind, leben ihre bunte Vielfalt nicht. Stattdessen *erblassen sie vor Neid* und werden immer fahler. Indem wir gerne etwas für andere tun, ihnen beispielsweise Türen öffnen oder zum Erfolg verhelfen, löst sich unser Neid automatisch auf. *Dienen* gibt uns ein Gefühl von innerem Reichtum.

Schlüsselfragen
• Wem neiden Sie etwas?
• Warum glauben Sie, dass es anderen besser geht?
• Lassen Sie sich vom äußeren Schein blenden?

Lösungsimpulse
• Freuen Sie sich mit anderen über Ihre und deren Erfolge.
• Unterstützen Sie Menschen, die in Ihr Leben treten.
Siehe auch *vergleichen*.

nein, nicht

Phänomen

Nein ist aus dem Neutrum *ein* entstanden und bedeutet *nicht eins*. Mit *nein* und *nicht* drücken wir eine Verneinung aus, es kann eine notwendige Abgrenzung sein oder etwas unbedeutend und wertlos machen: *nichtig*. In der *Nichtigkeit* ist etwas nicht mehr wichtig. Das mag in Bezug auf eine Sache, von der wir uns befreien möchten, positiv sein. Entwerten wir jedoch einen Menschen, so ist unsere Haltung negativ, und wir handeln aus der Täterrolle.

Manche Menschen haben die Angewohnheit, Sätze mit einem Nein zu beginnen, selbst wenn es überhaupt keinen Sinn macht. In diesem Fall hat sich eine ablehnende Haltung verselbstständigt. Viele antworten mit »Nein, das sehe ich nicht so«, bevor sie verstanden haben, was ihr Gegenüber gesagt hat, und ohne nachzufragen, wie der andere es gemeint hat. Der Mensch will gefragt sein. So entsteht eine völlig andere Kommunikation. Manche Menschen antworten auf die Frage »Wie geht es dir?« mit »Nicht schlecht«. Doch aus einer doppelten Verneinung entsteht kein Ja!

Energiespiel

Menschen sind oft auf Negativität eingestimmt: Wie oft antworten wir »Das geht nicht!« oder »Ich kann das nicht!«, bevor wir es überhaupt ausprobiert haben? Wir richten unsere Aufmerksamkeit auf die Unmöglichkeit und wundern uns, dass unser Leben unmöglich wird. Wenn Kinder fragen, ob sie etwas dürfen, antworten Erwachsene oft »Nein«. In den seltensten Fällen reflektiert der Erwachsene erst einmal. So bauen die Kinder ebenfalls eine verneinende Haltung zum Leben auf.

Schlüsselfragen
- Welche negativen Lebenseinstellungen stehen hinter Ihrem »Nein«?
- Was erlauben Sie sich als Erwachsener nicht?
- Projizieren Sie Ihre Verbote auf Ihre Kinder?
- In welchen Situationen sind Sie besonders stark auf »nein« oder »es geht nicht« geschaltet?

Lösungsimpulse
- Stärken Sie Ihr »Ja« zum Leben. Sagen Sie sich täglich mehrmals: »Ja, ich bin!« »Ja, ich mach das!«
- Beginnen Sie Ihre Sätze mit positiven Aussagen.

- Sagen Sie: »Mir geht es gut« statt »Es geht mir nicht schlecht«.
- Hören Sie Ihren Kindern gut zu. Reflektieren Sie, wenn Ihr Kind Sie etwas fragt. Vertrauen Sie Ihren Kindern mehr. Trauen Sie ihnen mehr zu.
- Nehmen Sie das Positive auf, das Ihr Gegenüber sagt, wenn Sie ihm antworten.
- Erkennen Sie das Positive hinter dem Negativen, das Ihr Gesprächspartner formuliert. Dann können Sie wiederum das Positive ansprechen.

nichtsdestotrotz, nichtsdestoweniger

Phänomen
Das Wort ist laut Duden zusammengesetzt aus *nichts desto trotz*. Diese Zusammenstellung verwirrt, weil sie mit einer Verneinung beginnt, um dann doch noch Möglichkeiten zu öffnen, allerdings mit Trotz.

Energiespiel
Der Sprecher scheint zu einem gewissen Teil in der Trotzphase hängen geblieben zu sein. Er trotzt den Widerständen, die ihm seine Eltern, Lehrer oder Erwachsene im Allgemeinen entgegenbrachten. Anscheinend fehlt es ihm an Selbstvertrauen. Dadurch gerät er in Resonanz mit dem, was sich die anderen selbst nicht zutrauen. Nicht selten kommt es zum Streit.

Bei *nichtsdestoweniger* wissen wir überhaupt nichts mehr: Ist da was, oder ist da nichts? Und wenn, wie viel oder wie wenig ist da? Müssen wir vielleicht aufpassen, dass es nicht noch weniger wird?

Nehmen wir folgenden Beispielsatz: »Nichtsdestotrotz muss ich sagen, dass mein Vorredner recht hat.« Es fällt dem Sprechenden sichtlich schwer, jemandem ohne Wenn und Aber zuzustimmen. Sprachliche Lösung: »Ich stimme meinem Vorredner zu.«

Schlüsselfragen
- In welchen Situationen blockieren Sie sich und andere in Ihrem Leben?
- Was könnten Sie einfach in Ruhe lassen, ohne in Widerstand dazu gehen zu müssen?

Lösungsimpuls
- Entwickeln Sie ein positives Verständnis von Widerständen.
- Verzichten Sie beim Sprechen auf Doppelbotschaften.

Siehe auch *trotzdem*.

nörgeln

Phänomen

Nörgeln bedeutet auch *etwas auszusetzen haben*, *mäkeln*. Wir entdecken einen Makel und mäkeln daran herum. Dadurch wird der Makel größer.

Siehe auch *grantig, meckern*.

Null Bock

Phänomen

Null Bock steht für *auf nichts Lust haben, störrisch* und *widerspenstig sein*, so wie Ziegen zickig sind. Das Wort *störrisch* enthält den Begriff *Starre*. Der *Bock* geht auf den *Ziegenbock* zurück. In die Wortfamilie *Bock* gehört auch *Bückling*. Null Bock haben bedeutet, keine Lust zu haben, den Bückling zu machen.

Energiespiel

Wir werden störrisch und starr, wenn wir etwas Eigenes mit aller Macht bewahren wollen und uns gegen das Fremde auflehnen. Bockig sein spielt oft in der Pubertät eine Rolle.

Schlüsselfragen
- Sind Sie sich Ihrer eigenen Kraft bewusst?
- Können Sie sich durchsetzen? Und: Setzen Sie sich durch?
- Achten Sie die individuelle Art anderer Menschen?

Lösungsimpuls
- Entwickeln Sie eine positive Einstellung zu Widerständen: Ihrem eigenen und dem anderer.

Siehe auch *trotzdem, Widerstand*.

Panik

Phänomen
Panik beschreibt eine durch plötzliche, echte oder vermeintliche Gefahr hervorgerufene übermächtige Angst, die zu völlig unüberlegten Reaktionen führt. Panik bedeutet ebenso *lähmend*.

Das Wort geht auf den griechischen Wald- und Hirtengott *Pan* zurück, »dessen plötzliche und unsichtbare Nähe als Ursache für jenen undeutbaren Schrecken angesehen wurde, der Menschen in freier Natur oft unvermittelt befällt und sie wie aufgescheuchte Tiere flüchten lässt« (Duden, Herkunftswörterbuch).

In der Schattentherapie wird unsere Panik als eigener Schatten widergespiegelt, der auf seine Belichtung drängt, damit wir wieder in unsere – unterdrückte – Kraft kommen. Ohne diese Kraft herauszulösen, würde sie als gegen uns selbst gerichtete Panik immer wieder auftauchen. Panik kann attackenartig auftreten. Solche Attacken sind pathologisch.

Energiespiel
In der Panik weigern wir uns, das »Wilde« in uns zum Ausdruck zu bringen, weil wir uns gelähmt fühlen.

Schlüsselfragen

- Was gilt es in Ihrem Leben zu belichten?
- Wovor haben Sie Angst, ohne es sich erklären zu können? Vor der Dunkelheit, im Straßenverkehr, vor Spinnen …?

Lösungsimpuls

- Belichten Sie Ihre Schatten. Oder suchen Sie sich einen guten Therapeuten, der Experte in der Schattenarbeit ist und Sie dabei unterstützt.

Panne

Phänomen

Umgangssprachlich steht Panne für *Missgeschick*. Der Begriff kommt aus dem Französischen und ist ein Fachwort aus der Segelsprache. »Mettre les voiles en panne« heißt laut Duden »die Segel so stellen, dass sie keinen Fahrtwind bekommen«. Panne bezeichnet also einen Zustand des Innehaltens, damit Sie sich wieder sammeln und neu ausrichten können.

Energiespiel

Menschen, deren Lebens-Headline »Pleiten, Pech und Pannen« heißt, fallen immer wieder in Gefühle der Ohnmacht. Allmählich erholen sie sich wieder aus ihrer Niedergeschlagenheit bis zur nächsten Panne. Das geht so lange, bis sie ihren Weg gefunden haben.

Schlüsselfragen

- Welche Missgeschicke wiederholen sich in Ihrem Leben immer wieder? Erkennen Sie eine logische Struktur?
- Sind Sie auf dem richtigen Kurs?

Lösungsimpulse

- Orten Sie sich neu.
- Entdecken Sie Ihre Potenziale, und sagen Sie »Ja« zu ihnen.

Pech/Pechvogel

Phänomen

Pech klebt, Pechvögel können nicht fliegen. Menschen, die vom Pech verfolgt sind, kleben an alten, negativen Geschichten.

Energiespiel

Pech macht schwer und hart. Im Straßenbau ist das ein Vorteil. Nur was noch härter ist, wie etwa ein harter Winter, macht dieses Pech rissig, sodass erneut zarte Pflanzen sprießen können. Menschen, die viel Pech haben, sind hart geworden und halten viel Härte aus. Es dauert, bis sie bereit sind, sich erneut zu öffnen und nach und nach ihre Gefühle wieder zuzulassen und zu zeigen.

Schlüsselfragen
- Können Sie Ihre Gefühle zeigen?
- Umgeben Sie sich mit gefühlvollen Menschen?

Lösungsimpulse
- Verstärken Sie Ihre Kontakte mit positiv gestimmten Menschen.
- Lösen Sie sich von Altem – auch alten Gegenständen. Entrümpeln befreit.

Siehe auch *erpicht*.

peinlich

Phänomen

Peinlich geht auf das Wort *Pein* zurück. Das mittelhochdeutsche *pine* heißt *Strafe* und bedeutet zugleich *Qual* und *Schmerz*, die der Strafe folgen.

Energiespiel

Mit jeder Peinlichkeit verstärken Sie Kummer und Schmerz. Sie bestrafen sich selbst. Treten Sie aus der Peinlichkeit heraus, verschwindet der Schmerz, weil Sie sich zeigen, wie Sie sind.

Schlüsselfragen

- Was ist Ihnen besonders peinlich?
- Warum sind Ihnen diese Dinge peinlich, und welche Gefühle verbinden Sie damit?

Lösungsimpuls

- Erzählen Sie einem Ihnen wohlgesinnten Menschen von diesen Peinlichkeiten. Lösen Sie das Siegel der Verschwiegenheit. Sie werden erkennen, dass Peinlichkeiten eine persönliche Komponente haben und dass ihnen gleichzeitig eine kollektive Angst zugrunde liegt. Dieses Vorgehen hebt die Individualisierung von Problemen auf.

penibel

Phänomen

Penibel steht für *kleinlich bedacht, mühsam, beschwerlich*. Der Begriff geht auf das französische *peine* zurück, was *Strafe* bedeutet. Lateinisch *poena* heißt *Sühne, Strafe, Schmerz*.

Energiespiel

Penible Menschen bleiben im Detail hängen und beschäftigen sich mit Selbstbestrafung. Eine große Sicht auf die Dinge ist so nicht zu erwarten. Problematisch wird es vor allem, wenn sie andere Menschen aus dieser engen, peniblen Sichtweise betrachten.

Schlüsselfragen

- In welchen Details verlieren Sie sich?
- Welche Erwartungen stellen Sie an andere Menschen?

Lösungsimpulse

- Lassen Sie alle Erwartungen los.
- Erkennen Sie sich selbst an für alle Schritte, die Sie schon gegangen sind.
- Gehen Sie regelmäßig in die Berge, und genießen Sie den großen Blick vom Gipfel.

Siehe auch *peinlich*.

perfekt

Phänomen

Das lateinische *perficere* heißt *fertig machen, zustande bringen*. *Perfekt* steht in der Bedeutung *vollendet, vollkommen*. Perfektionistische Menschen sind ständig unzufrieden, nur Vollkommenes können sie vollkommen anerkennen.

Energiespiel

Statt Stück für Stück Projekte zu Ende zu bringen, fühlt sich der Perfektionist am Ende und macht sich und andere damit fertig. *Vollkommen* besagt, dass wir voll gekommen, also präsent sind: ganz im Hier und Jetzt. Dahin ist es ein langer Weg. Der Perfektionist hat Angst, sein Ziel nicht zu erreichen, weshalb er Weg und Ziel verwechselt. Er sieht seine Unvollkommenheit besonders in anderen Menschen. Allerdings ohne zu erkennen, dass sie ihm nur ein Spiegel sind.

Schlüsselfragen

- Wo genügen Sie sich nicht?
- Von wem wollen Sie als perfekt gesehen werden?
- Was geht Ihnen nicht schnell genug?
- Mit wem – außer sich selbst – sind Sie ungeduldig und fortlaufend unzufrieden?

Lösungsimpulse

- Setzen Sie sich klare Ziele.
- Konzentrieren Sie sich auf die einzelnen Zieletappen, und freuen Sie sich über alle Erfolge. Sammeln Sie Positives ein.
- Konzentrieren Sie sich auf die Stärken anderer Menschen, statt nur ihre Schwächen zu sehen.

pessimistisch

Phänomen

Das lateinische *pessimus* heißt *der Schlechteste*. Der Pessimist geht immer vom schlimmsten aller Fälle aus. Wahrscheinlich hat er sogar Angst, fallen gelassen zu werden, wenn er eines Tages zu Grabe getragen wird. Der Gegenpol zum Pessimisten ist der Optimist, der Optimales erwartet und ein Optimum erreichen kann.

Energiespiel

Der Pessimist lebt in dunklen Vorstellungen, in die er andere mit hineinzieht. Vorfreude ist für den Pessimisten ein Fremdwort. Pessimistisches Denken schützt uns davor, zu handeln und Verantwortung zu übernehmen. Es dient als Ausrede.

Schlüsselfragen

- Was haben Sie von Ihren pessimistischen Gedanken?
- In welchen Bereichen Ihres Lebens verweigern Sie die Verantwortung?
- Welche positiven Situationen wollen Sie anziehen?

Lösungsimpulse

- Pflegen Sie Ihre positiven Gedanken und Bilder.
- Übernehmen Sie in kleinen und großen Dingen Verantwortung.

platzen

Phänomen

Der Begriff versteht sich im Sinn von *vor Wut platzen. Platz* bedeutet *freie Fläche, Ort, Stellung, Position, verfügbarer Raum.* Menschen, die sich positionieren, kennen ihren Platz. Sie platzen nicht.

Energiespiel

Der Mensch braucht Raum für seine Möglichkeiten. Wer keinen Platz hat, platzt. Dazu passt die sprachliche Wendung »mir platzt der Kragen«. Wer so spricht, wünscht sich eine größere Kragenweite. Ein Mensch ohne *Platz* haut anderen etwas vor den *Latz*, statt seinen eigenen Platz eigenverantwortlich einzunehmen.

Schlüsselfragen

• Kennen Sie Ihren Platz, Ihre Position?
• Schielen Sie nach besseren Plätzen?

Lösungsimpuls

• Egal, was Sie im Leben machen, beschreiben Sie Ihr »Stellenprofil«, und vergleichen Sie es mit der Realität. Erstellen Sie einen Plan, der Sie näher an Ihr Idealbild heranführt.

problematisieren

Phänomen

Das griechische *problema* bedeutet *das Vorgelegte.* Das Verb *pro-bállein* kommt ebenfalls aus dem Griechischen und heißt *vorwerfen, hinwerfen, aufwerfen.* Das Problem liegt darin, dass wir genau das, was uns vom Leben immer wieder vorgelegt wird, verwerfen und ablehnen. Probleme sind unbeliebt.

Energiespiel

Im *Problem* selbst ist bereits die Lösung *vorgelegt*. Mit einer klaren *Vorlage* können wir Tore schießen. Menschen, die problematisieren, sehen im Vorgelegten keine Chance, sondern Ballast. Sie neigen dazu, anderen Menschen Vorwürfe zu machen.

Schlüsselfragen

- Welche Probleme haben Sie in Ihrem bisherigen Leben gelöst?
- Wie groß ist Ihre Angst vor Problemen?
- Was steckt an Positivem hinter Ihren Problemen?

Lösungsimpulse

- Erkennen und notieren Sie die Lösungsstruktur Ihrer Probleme.
- Reflektieren Sie die Wachstumschancen hinter Ihren Problemen.

Prophezeiung, sich selbst erfüllende

Phänomen

Der englische Fachbegriff lautet *selffulfilling prophecy*, ein Terminus aus der Psychologie. Laut Duden (Fremdwörterbuch) drückt er die »Zunahme der Wahrscheinlichkeit, dass ein bestimmtes Ereignis eintritt, wenn es vorher bereits erwartet wird«, aus. Erwartungen erfüllen sich, weil wir hauptsächlich das sehen, was wir erwartet haben.

Energiespiel

Die sich selbst erfüllende Prophezeiung dient dem Zweck, andere Menschen gemäß unseren Erwartungen zu stigmatisieren. Wir brauchen die anderen für eine von uns vorgedachte Rolle, in der sie stets schlecht wegkommen.

Schlüsselfrage

- Nach welchen negativen Erwartungsmustern sollen andere funktionieren?

Lösungsimpulse

- Reflektieren Sie, welche Erwartungen Ihre Eltern an Sie stellten.
- Reflektieren Sie die Erwartungen, die Sie an sich selbst und an andere Menschen stellen.

provozieren

Phänomen

Das lateinische *pro-vocare* heißt *heraus-, hervorrufen, herausfordern*. *Vocare* bedeutet *rufen*. Provokant steht für *aufreizend*.

Energiespiel

Provokante Menschen suchen und brauchen den Reiz. Sie reizen andere, um an deren Kraft zu kommen. Ihre eigene Kraft bleibt ihnen anscheinend verschlossen. Diese Mechanismen erfolgen meist unbewusst.

Schlüsselfragen

- Wen provozieren Sie gerne? Was möchten Sie von diesem Menschen?
- Was von dem, das Sie bei anderen provozieren, steckt in Ihnen selbst?
- Warum lassen Sie sich provozieren?

Lösungsimpulse

- Reflektieren Sie, von was und wem Sie sich provozieren lassen.
- Finden Sie heraus, was in Ihnen steckt und was Sie bisher nicht zeigen.

projizieren

Phänomen

Bei der Projektion wird eine innere Vorstellung – wie bei einer Filmvorführung auf eine Leinwand – nach außen projiziert. Im psychologischen Sinn ist gemeint, dass wir unsere eigenen negativen Eigenschaften unbewusst auf andere Menschen projizieren. Wir nehmen es dort wahr und lehnen es ab.

Energiespiel
Das, was wir an uns nicht mögen oder ablehnen, fällt uns an anderen Menschen auf. Wir erkennen nicht, dass wir selbst die Projektion sind. Der Projektion folgt bisweilen der Versuch, andere zu verändern, um uns selbst nicht ändern zu müssen. Der Mensch hat die Möglichkeit, aus seinem Leben klare *Projekte* zu machen, oder er wird automatisch das, was er nicht lebt, seine Un-Möglichkeiten, auf andere projizieren.

Schlüsselfragen
- Was stört Sie an anderen am meisten?
- Welche Menschen nutzen Sie für Ihre Lieblingsprojektionen?

Lösungsimpulse
- Reflektieren Sie Ihre eigene Störung.
- Planen und führen Sie gute Projekte durch: Solange wir etwas Gutes tun, haben wir keine Zeit zu projizieren.

protzen
Ein *Protz* ist ein *Angeber, Wichtigtuer*. Im Protz sind Rotz und Trotz des Trotzalters stecken geblieben. Menschen, die protzen, finden vieles zum Kotzen. Der Protzende erhöht sich selbst, weil er kein natürliches Selbstbewusstsein entwickelt hat.

Siehe auch *trotzdem* und *angeben*.

quengeln

Phänomen
Quengeln bedeutet *zwängen, drücken, bedrängen*.

Energiespiel

Wer quengelt, bedrängt andere, ihm etwas zu geben. Der Quengelnde stellt sich anderen in die Quere und schneidet sie damit von der Lebenslust ab. Dadurch erreicht der Quengelnde, dass die anderen ihm nachgeben.

Schlüsselfragen

- Als Quengelnder: Woher kommt Ihre Ungeduld?
- Als Nachgebender: Warum geben Sie dem Quengeln, beispielsweise Ihrer Kinder, nach? Warum grenzen Sie sich nicht genügend ab?

Lösungsimpulse

- Gehen Sie die Dinge in Ruhe und Schritt für Schritt an.
- Reagieren Sie nicht auf jedes Quengeln.
- Unterstützen Sie beispielsweise Ihre Kinder, die Dinge selbst in die Hand zu nehmen.

Siehe auch *drängeln*.

Rache

Phänomen

Rache bedeutet *Vergeltung, Bestrafung, Verfolgung*. Menschen, die keinen Ausdruck für ihre Gefühle finden, neigen verstärkt zu Rachegelüsten. Rache ist süß, behauptet der Volksmund. Scheinbar so süß, dass manche den *Rachen* nicht voll genug bekommen.

Energiespiel

Eine tiefe Verletzung lässt sich nach der engen Vorstellung mancher Menschen nur mit Rache ausgleichen. Das ist beispielsweise bei der Blutrache der Fall. Zur Ruhe jedoch kommen diese Menschen nicht, selbst wenn sie sich gerächt haben. Rache kennen wir auch als alltägliches Thema im Sinne von *jemandem etwas heimzahlen*. Wir suchen nach einem Ausgleich für Ungerechtigkeiten: »Wie du mir, so ich dir.«

Schlüsselfrage

- Welche alten Verletzungen treiben Sie zu Rachegefühlen?

Lösungsimpulse

- Machen Sie sich zurückliegende tiefe Verletzungen bewusst.
- Finden Sie Ihr inneres Gleichgewicht, indem Sie schwierige Situationen nicht dramatisieren.

randalieren

Phänomen

Menschen am Rand der Gesellschaft und jene, die sich am Rand ihrer Entfaltungsmöglichkeiten sehen, neigen zur Randale. Das setzt unterdrückte Kräfte frei. Etymologisch geht *randalieren* auf *rinnen* zurück, das *lärmen*, *Krach machen* bedeutet.

Energiespiel

Krach soll Verfestigtes wieder zum Laufen bringen. Randalierende Menschen machen mit Gewalt auf sich aufmerksam.

Schlüsselfragen

- Was unterdrücken Sie?
- Haben Sie eine Ausdrucksform für Ihre Größe?

Lösungsimpuls

- Bringen Sie Ihre Kräfte in positive Projekte ein.
- Wenn Sie mit Menschen arbeiten, die zur Randale neigen, gewinnen Sie diese für gute Projekte.

reagieren

Phänomen

Das Wort setzt sich zusammen aus der Vorsilbe *re-*, die für *wieder* steht, und *agieren*, was *aktiv werden* bedeutet. *Wieder aktiv werden* heißt, dass Sie vorher nicht aktiv waren.

Energiespiel

Mit dem *Re-agieren* kommt Ihre *Aktivität* wieder in Schwung. Reagieren verschafft Ihnen keine Freiheit, denn Sie bleiben mit Ihrer Eigeninitiative immer in Verzug. Reagieren ähnelt der *Retour-Kutsche,* Agieren gibt Ihnen Freiheit, weil Sie die Initiative ergreifen.

Schlüsselfragen

- Auf welche Reize und bei welchen Menschen reagieren Sie allergisch?
- Warum ergreifen Sie nicht die Eigeninitiative?

Lösungsimpulse

- Beobachten Sie sich in »reizvollen« Situationen: Reagieren oder agieren Sie?
- Üben Sie sich darin zu agieren, statt zu reagieren. Tun Sie den ersten Schritt.
- Erleben Sie sich im Agieren. Achten Sie dabei auf Ihre Impulse.

rebellieren

Phänomen

Rebellieren geht auf das französische *rebelle* zurück und bedeutet *aufrührerisch, aufsässig.* Das lateinische *rebellis* heißt *den Krieg erneuernd.* Rebellen wiegeln andere Menschen auf, sich zur Wehr zu setzen.

Energiespiel

Unterdrücktes, vor allem kollektiv Unterdrücktes, führt zur Rebellion. Ein Rebell kommt selten allein, er sucht sich Gleichgesinnte. Das Rebellische in uns ist oft ein Überbleibsel aus der Pubertät. Vergessen Sie jedoch nicht, es gibt auch eine gesunde Portion Rebellion, wenn Sie sich etwa für eine sinnvolle Sache einsetzen.

Schlüsselfragen

- Rebellieren Sie nur des Rebellierens willens, oder setzen Sie sich für sinnvolle Veränderungen ein?
- Mit welchen Menschen verbünden Sie sich gerne gegen Autoritäten?

Lösungsimpulse

- Finden Sie einfache und klare Wege, etwas direkt zur Sprache zu bringen.
- Leben Sie Ihre Größe.
- Gewinnen Sie Menschen für Projekte, die Sie gemeinsam durchführen wollen.

Siehe auch *randalieren*.

recht haben

Phänomen

Recht haben heißt »die eigene Meinung immer für die richtige haltend und auf ihr beharrend« (Duden, Bedeutungswörterbuch). Dem *Rechthaber* geht es weniger um den Erfolg, sondern darum, sich gegenüber anderen zu behaupten. Die Sache selbst scheint zweitrangig.

Energiespiel

Wer stets recht haben will, kompensiert das eigene Minderwertigkeitsgefühl und die Angst, etwas nicht zu wissen. Der Rechthaber (Täterrolle) braucht Menschen, die im Unrecht sind (Opferrolle). Lösungen kommen erst in Sicht, wenn wir nicht mehr recht haben müssen. So entsteht Raum für Kommunikation und Neues.

Schlüsselfragen

- Wem gegenüber und in welchen Situationen wollen Sie immer wieder recht haben?
- Was bringt Ihnen das Rechthaben?

Lösungsimpulse

- Schreiben Sie auf, was es Ihnen bringt und was es Sie kostet, immer recht zu haben.
- Erinnern Sie sich an Situationen, in denen Sie nicht recht behalten und dennoch etwas gewonnen haben.

Siehe auch *beharren*.

rechtfertigen

Phänomen

Rechtfertigen bedeutet »etwas, das eigene Verhalten oder das Verhalten eines anderen so erklären, dass es als berechtigt erscheint« (Duden, Bedeutungswörterbuch). Menschen, die meinen, sich stets rechtfertigen zu müssen, leiden unter einem schlechten Gewissen.

Energiespiel

Wer all sein Tun stets begründet, fühlt sich haltlos und sucht in der Rechtfertigung festen Grund. Dabei wird Recht im Nachhinein *gefertigt*. Viele Rechtfertigungen erfolgen aus Angst, dass andere das eigene Handeln missverstehen oder gar als Unrecht ansehen könnten. Manche Menschen rechtfertigen sich auch, weil sie genau wissen, dass sie etwas Unrechtes getan haben. Die Rechtfertigung verhindert, dass einen das schlechte Gewissen plagt.

Schlüsselfrage

- Können Sie Fehler und Schwächen zugeben?

Lösungsimpuls

- Erinnern Sie sich daran, was Gutes passiert ist, wenn Sie in der Vergangenheit Fehler und Schwächen eingestanden haben.

reserviert

Phänomen

Das lateinische *reservare* bedeutet *aufsparen, aufbewahren, vorbehalten*. Wer reserviert ist, *hält* sich zurück.

Energiespiel

Reservierte Menschen bleiben mit sich und ihrer Kraft im Verborgenen. Sie sind auf Reserve geschaltet. Ein Reserverad kommt nur im Notfall zum Einsatz. Reservierte Menschen haben *Vorbehalte* gegen sich und andere.

Schlüsselfragen

- Wofür reservieren Sie Ihre Energie?
- Was haben Sie davon, wenn Sie sich nicht zeigen?

Lösungsimpulse

- Lernen Sie, direkt zu sein.
- Zeigen Sie sich, wie Sie sind.

resignieren

Phänomen

Das lateinische *resignare* bedeutet *wieder mit einem Zeichen versehen, entsiegeln*. In der Resignation sehen wir jedoch nicht nach Zeichen, sondern sind mit unseren negativen Gefühlen beschäftigt.

Energiespiel

Resignierten Menschen ist nicht bewusst, dass hinter der Lähmung und Blockade ihre eigentliche Kraft steht. Sie ziehen andere in ihre Resignation bzw. lassen andere für sich initiativ sein.

Schlüsselfragen

- Was ist die frühere Ursache für Ihr Gefühl der Resignation?
- Können Sie sich erinnern, was damals genau passiert ist?

Lösungsimpulse

- Bewegen Sie sich viel. Schwimmen löst Lähmungen auf. Sie beginnen, sich wieder zu spüren.
- Nutzen Sie die Möglichkeit der kinesiologischen Stressablösung. Siehe auch *isolieren*.

Retourkutsche

Sie ist die »kleine Schwester« der Rache.

retten

Phänomen

Retten bedeutet im übertragenen Sinn *entreißen, lösen, befreien.*

Energiespiel

Der Retter ist auf Not geschaltet. Er hilft, wenn er sich schon selbst nicht helfen kann, zumindest anderen. Wenn er diese Projektion versteht, kann er gleichzeitig anfangen, sich selbst zu helfen.

Schlüsselfragen

- Wen müssen Sie retten?
- Halten Sie es aus, wenn es Ihren Kindern oder Ihrem Ehepartner nicht gut geht?
- Warum müssen Sie helfen?
- Wo ist Ihnen selbst nicht zu helfen? Wo verweigern Sie Unterstützung?

Lösungsimpuls
- Reflektieren Sie Situationen, in denen Sie anderen helfen.
- Achten Sie besonders darauf, ob Sie Energie verlieren und ob Ihre Hilfe angefragt wurde.

Siehe auch *Helfersyndrom, Retourkutsche, Rache.*

revanchieren
Siehe *Rache.*

runtermachen
Siehe *beschweren* und *Abb. 27: Die Beschwerdeschaukel.*

sarkastisch

Phänomen
Sarkasmus kommt vom griechischen *sarkazein* und bedeutet im übertragenen Sinn *zerfleischen.* Sarkastische Menschen zeigen sich aggressiv.

Energiespiel
Menschen, die andere sarkastisch verhöhnen, fühlen sich selbst klein und nicht geachtet, sie lassen ihre eigene Zerrissenheit an anderen aus. Im Kabarett wird der Sarkasmus als Stilmittel genutzt. Das ist legitim, wenn es nicht darum geht, Menschen herunterzumachen, sondern negative Zustände offenzulegen.

Schlüsselfrage
- Verbindet Ihre Art von Humor, oder schließt sie andere aus?

Lösungsimpuls
- Nutzen und pflegen Sie gesunden Humor. Humor verbindet, auch das, was scheinbar getrennt ist.

Siehe auch *Ironie, spotten* und *Zynismus.*

schlappmachen

Phänomen
Schlappmachen steht im übertragenen Sinn für *nicht mehr können, aufgeben.*

Energiespiel
Menschen, die eine Schlappe erleiden, müssen eine Niederlage hinnehmen. Wer das Leben nicht spannend findet, wird schlapp. Damit steigt zugleich die Wahrscheinlichkeit, eine Schlappe zu erleiden. Nach der Arbeit schlappt der Waschlappen mit Hausschlappen durch die Wohnung bis zum Fernsehsessel.

Schlüsselfragen
- Wie schlapp sind Sie nach der Arbeit?
- Wie spannend ist Ihr Leben?

Lösungsimpulse
- Bringen Sie Spannung in Ihr Leben, indem Sie täglich Neues ausprobieren.
- Beginnen Sie mit kleinen Schritten, Außergewöhnliches zu tun.
- Verlassen Sie träge *Gewohnheiten*, die meist schon zu lange in Ihnen *wohnen*.

scheu

Phänomen
Wer scheu ist, hat Angst, sich zu zeigen. *Scheu* geht auf *scheuchen* zurück. Es bedeutet *abschreckend*, *verzagt* und *hässlich*.

Energiespiel
Scheue Menschen haben Angst – nicht gut genug, nicht schön genug zu sein oder einer Erwartung nicht zu genügen. Mit dieser Angst verscheuchen sie andere und ebenso den eigenen Erfolg.

Schlüsselfragen
- Wovor scheuen Sie zurück?
- Was trauen Sie sich nicht zu zeigen?
- Warum wollen Sie nicht zeigen, was in Ihnen steckt?

Lösungsimpulse
- Öffnen Sie sich kontinuierlich.
- Trauen Sie sich Schritt für Schritt und mit Plan immer mehr.

Siehe auch *schämen*.

schleimen

Phänomen
Wer schleimt, redet anderen nach dem Mund. Schleim dient Schnecken als Schmierstoff, um voranzukommen. Menschen ebenso.

Energiespiel
Menschen, die sich getrennt fühlen, schleimen sich bei anderen ein. Sie glauben, damit Beziehungen wieder in Fluss zu bringen, die ihnen nützlich sein können.

Schlüsselfragen
- Wem reden Sie nach dem Mund?
- Was trauen Sie sich nicht zu sagen?

Lösungsimpulse
- Verbinden Sie sich mit Menschen auf ganz natürliche Art und Weise.
- Lernen Sie, positiv zu kommunizieren. Wenn Ihnen das schwerfällt, belegen Sie einen Kommunikationskurs.

schlimm

Phänomen
Schlimm geht auf *Schleim* und *Schlamm* zurück. Das Wort verweist darauf, dass etwas im Argen ist. Es liegt ein Schlamassel zugrunde.

Energiespiel
Menschen, die das Wort *schlimm* ständig gebrauchen, haben Altes nicht bewältigt. Sie sind in schlimmen Ereignissen stecken geblieben, die sie in neuen Situationen immer wieder entdecken.

Schlüsselfrage
• Was ist Schlimmes in Ihrem Leben passiert?

Lösungsimpulse
• Welchen Nutzen hatte das Schlimme?
• Wie kann Ihnen das Schlimme dabei helfen, eine zurückliegende Verletzung zu überwinden?
Siehe auch *ärgern*.

schmachten

Phänomen
Jemanden anzuschmachten bedeutet, ihn *schwärmerisch ansehen*. Ursprünglich steht der Begriff für *verhungern*, *verdursten*.

Energiespiel
Der Schmachtende hat Angst vor Schmach und Erniedrigung. Er fühlt sich schmächtig statt mächtig.

Schlüsselfragen
• Wonach bzw. nach wem schmachten Sie?
• Von welchen Menschen schwärmen Sie?

Lösungsimpulse
- Notieren Sie, was Sie in diesen Menschen sehen.
- Nehmen Sie diese Menschen als Vorbild, und entwickeln Sie diese Fähigkeiten in sich selbst.

schmeicheln

Phänomen
Der Schmeichler tut schön. Laut Duden bedeutet das Wort *schmeicheln streicheln, verlocken.*

Energiespiel
Menschen sind anfällig für Schmeicheleien. Schmeicheln ist eine bewusste Taktik, weil wir uns gegen Lob nur schwer wehren können.

Schlüsselfragen
- Wem schmeicheln Sie?
- Warum meinen Sie, schmeicheln zu müssen?
- Wie gehen Sie mit Schmeicheleien um?

Lösungsimpuls
- Stärken Sie Ihr Selbstbewusstsein.
- Mit einer klaren Kommunikation kommen Sie schneller ans Ziel.

schmollen

Phänomen
Schmollen steht für *gekränkt schweigen.*

Energiespiel
Menschen, die beleidigt sind, ziehen sich schmollend zurück und zeigen einen entsprechenden Gesichtsausdruck. Sie sind nur noch mit Schmollen beschäftigt. Der *Schmollmund* gehört in die frühkindliche Phase.

Schlüsselfragen
- Warum ziehen Sie sich schmollend zurück?
- Durften Sie als Kind schmollen, oder war das verboten?
- Wie gehen Sie mit Ihrem schmollenden Kind um? Was braucht es?

Lösungsimpuls
- Lächeln Sie. Dann ist Schmollen nicht mehr möglich.

schnippisch

Phänomen
Schnippisch kommt von *aufschnuppen*, d. h. *Luft durch die Nase ziehen*. Ursprünglich stand es für *hochmütig*, später für *frech* und *dreist*.

Energiespiel
Der Schnippische schnippt seine Weisheiten in die Runde. Die anderen dagegen schnappen meist nach Luft. Schnippische Menschen halten sich künstlich oben. Andere müssen achtgeben, von ihnen nicht abgeschossen zu werden.

Schlüsselfragen
- Wenn Sie selbst schnippisch sind: Warum müssen Sie immer »on top« sein?
- Wenn andere schnippisch mit Ihnen umgehen: Fallen Sie auf das Spiel herein? Schnappt bei Ihnen die Falle zu?

Lösungsimpulse
- Nehmen Sie sich in Ihrer schnippischen Art zurück, und erkennen Sie, dass alles in Ordnung ist, wenn Sie nicht mehr schnippisch reagieren.
- Wenn andere schnippisch mit Ihnen umgehen: Fühlen Sie sich nicht persönlich gemeint, es betrifft immer die schnippische Person selbst.

Siehe auch *zickig* und *einschnappen*.

Sprücheklopfen

Phänomen
Der Sprücheklopfer macht sich mit markanten Sprüchen bemerkbar. Er klopft, damit er gehört und ihm aufgemacht wird.

Siehe auch *angeben*.

schuften

Phänomen
Schuften heißt *sich mühen, schwer arbeiten* und geht zurück auf das Wort *Schuft*, im Sinne eines als niederträchtig geltenden Menschen. Wir sagen oft *schuften* statt *arbeiten* und meinen damit die Schwere des Lebens. Ein Schuft wird zur Zwangsarbeit verdonnert, weil er etwas angestellt hat. Was haben Sie getan, dass Sie schuften müssen?

Energiespiel
Wer schuftet, statt zu arbeiten, empfindet seine Arbeit als eine Strafe beziehungsweise stöhnt unter der Schwere seines Lebens. Je schwerer das Schuften, desto stärker sein Stöhnen. Wer schuftet, gibt sich mit der Opferrolle des *Schuftes* Wichtigkeit. Es gibt ähnliche negative Worte für arbeiten: Wer malocht, tut sich genauso schwer. Und auch mit Ackern wird es nicht leichter.

Schlüsselfragen
- Macht Ihnen Ihre Arbeit Spaß?
- Darf Ihre Arbeit leicht sein?

Lösungsimpulse
- Entscheiden Sie sich für eine Arbeit, die Sie lieben.
- Genießen Sie es, wenn Ihnen Ihre Arbeit leicht von der Hand geht.

Schuld

Phänomen
Schuld geht auf das Verb *sollen* zurück. Es bezeichnet »die rechtliche Verpflichtung zu einer Leistung (Abgabe, Dienst, Strafe und dgl.) […] Aus der Bedeutung *Verpflichtung zur Buße* erwächst schon in althochdeutscher Zeit die Bedeutung Vergehen, Übeltat, Sünde« (Duden, Herkunftswörterbuch). Menschen neigen generell dazu, anderen eine Schuld vorzuwerfen.

Energiespiel
Wir machen Schuldvorwürfe, wenn wir selbst für etwas nicht verantwortlich sein wollen.

Schlüsselfrage
- Wofür machen Sie andere verantwortlich oder sprechen sie schuldig?

Lösungsimpuls
- Übernehmen Sie die Verantwortung für Dinge, für die Sie zuständig sind, und nur für diese Dinge.
- Sprachbeispiel: »Du bist schuld, dass Frau Müller nicht zum Termin erschienen ist!« Daraufhin geht der Angesprochene entweder in die Lähmung oder zum Gegenangriff über: »Nein, du hast das vermasselt, schieb es nicht auf mich!« Fragen Sie stattdessen: »Wurde Frau Müller eingeladen?«, »Wissen Sie, warum Frau Müller nicht gekommen ist?« oder »Wie können wir sicherstellen, dass Frau Müller zukünftig eingeladen wird?«

Siehe auch *Vorwurf.*

schwatzen
Siehe ,*tratschen.*

selffulfilling prophecy
Siehe *sich selbst erfüllende Prophezeiung*.

schämen, sich

Phänomen
Scham ist verwandt mit *Beschämung* und *Schande*. *Schämen* bedeutet *bedecken*. *Sich schämen* steht im übertragenen Sinn für *sich scheuen*, *sich zieren* und reicht bis hin zu *sich verstecken*.

Energiespiel
Indem wir uns schämen, bedecken wir Wichtiges. Menschen, die sich schämen, haben ihre Wichtigkeit und Bedeutung noch nicht entdeckt. Sie bleiben in ihrem Versteck, aus Angst nicht richtig oder sogar falsch gesehen, verlassen und ausgeschlossen zu werden. Im positiven Sinne heißt das, dass ihre Zeit noch nicht reif ist. Allerdings gibt es auch Menschen, die allen Grund hätten, sich zu schämen, die aber oft nicht in der Lage dazu sind.

Schlüsselfragen
- In welchen Situationen scheuen Sie sich zu sagen, was ist?
- Was ist Ihnen das Wichtigste?

Lösungsimpuls
- Lernen Sie, sich zu entdecken und allmählich aufzudecken, was in Ihnen steckt.

Siehe auch *verlegen sein, erröten, sich genieren, peinlich*.

Schwermut

Phänomen
Der Begriff setzt sich zusammen aus *schwer* und *Mut*. Schwermut ist eine Vorstufe zur Depression.

Energiespiel

Der Schwermütige kommt nur schwer in seinen Mut. Er lässt beispielsweise in einer Beziehung seinen Partner den aktiven Part übernehmen. Ohne an sich zu arbeiten, landet der Schwermütige in der Depression.

Schlüsselfragen

- Wie lange halten Sie es in Ihrer Schwere aus?
- Was verbirgt sich hinter Ihrer Schwere?

Lösungsimpulse

- Warten Sie auf nichts.
- Mit Mut und Aktion lösen Sie Ihre Schwere auf.

Sockel, auf ... den heben/stellen

Phänomen

Denkmäler stehen in der Regel auf einem Sockel. Der Sinn eines Denkmals heißt: *Denk mal!* Heben Sie andere auf den Sockel, sind Sie selbst in der Opferposition. Aus der Täterposition handeln Sie, wenn Sie sich selbst auf den Sockel stellen, indem Sie Ihre hervorragenden Leistungen immer wieder hervorheben oder den Guru spielen müssen.

Energiespiel

Wer andere Menschen auf einen Sockel hebt, erlebt seine eigene Größe in anderen. Er traut es sich nicht zu, selbst in seine Größe zu gehen.

Wer sich selbst auf den Sockel hebt, tut dies, weil er nicht wirklich an sich glaubt. Er fühlt sich ebenfalls »unten«, sonst müsste er sich nicht auf den Sockel stellen. Mit *Überheblichkeit* gleicht er das Gefühl der Unterlegenheit aus. Sich *überheben* hat auf Dauer Kreuzschmerzen zur Folge.

Schlüsselfrage
- Wissen andere von Ihrer Wichtigkeit und Kompetenz?

Lösungsimpulse
- Üben Sie sich in der Anerkennung Ihrer Wichtigkeit.
- Loben Sie sich öfter für Schönes, was Sie sich und anderen gegeben haben.
- Machen Sie ein Projekt, in dem sich Ihre Wichtigkeit zeigen kann.

sollen

Phänomen
Sollen findet häufig Verwendung, wenn wir unbewussten Druck oder ein schlechtes Gewissen haben. Das althochdeutsche *sculan* bedeutet *schuldig sein, müssen*, als Substantiv *Schuld* (eigentlich *Verpflichtung)*, besonders in der Kaufmannssprache.

Energiespiel
Mit *sollen* geben wir unseren Druck an unser Gegenüber weiter. Unser eigener Druck wird deshalb nicht weniger. Zudem machen wir anderen ein schlechtes Gewissen und mit besonderem Unterton sogar Schuldvorwürfe.

Schlüsselfrage
- Wie oft verwenden Sie das Wort *sollen*?
- In welchen Situationen verwenden Sie dieses Wort?

Lösungsimpuls
- Üben Sie sich in sprachlichen Alternativen, damit steigen Sie aus negativen Resonanzen aus, etwa: »Lass das bitte sein!« statt »Das sollst du nicht tun«.
Siehe auch *müssen*.

Sorgen machen

Phänomen
Sorge steht in der Bedeutung *Kummer, Gram* und ist laut Duden wahrscheinlich verwandt mit Krankheit. Kein Wunder also, dass Sorgen auf Dauer krank machen. Wenn wir uns Sorgen machen, können diese vorher nicht dagewesen sein. Sonst müssten wir sie uns nicht machen.

Energiespiel
Wer sich Sorgen macht, geht in Resonanz mit Mangel und Not. Damit bringt er hervor und verstärkt, was er eigentlich vermeiden möchte.

Schlüsselfrage
- Um welche Themen kreisen Ihre Sorgengedanken?

Lösungsimpulse
- Richten Sie den Blick auf das, was Ihnen zur Verfügung steht, auf positive Bilder.
- Wenn Ihnen eine Sorge in den Kopf kommt, schreiben Sie diese auf, und setzen Sie dann Ihre Arbeit fort. Terminieren Sie alle aufgeschriebenen Sorgen. Dann können Sie sich zum Beispiel abends von 20 bis 21 Uhr Ihre Sorgen ansehen. Sie werden sich wundern, wie wenige davon übrig bleiben.
- Drücken Sie den Stoppknopf, wenn ein Sorgengedanke in Ihrem Kopf zu nisten versucht.
- Pflegen Sie positive Gedanken. In der Zeit positiven Denkens sind Sie frei von Sorgen.
- Konzentrieren Sie sich auf die Situation, so wie sie ist.
- Konzentrieren Sie sich auf den nächsten Schritt, den es zu tun gilt.

Siehe auch *besorgen*.

spinnen

Phänomen

Ein Spinner ist unrealistisch. Er orientiert sich nicht an der Realität, sondern an seinen Phantasien. *Spinnen* bedeutet ursprünglich *Fäden ziehen*. Eine Spinne spinnt Fäden zu einem Netz. Spinnen wird auch im Sinn von *verrückte Ideen haben* verwendet.

Energiespiel

Der Spinner spinnt sich Ideen zusammen, die nicht an Ideale geknüpft sind, sondern seiner Fantasie entspringen. In unserer Vorstellung können wir alles mit allem verbinden, auch wenn die Verbindung keinen Sinn macht. Ideen, die an Ideale gebunden sind, brauchen als Gegenpol das Reale. Der Spinner entzieht sich der Realität, er positioniert sich nicht.

Nicht selten jedoch werden Menschen zu Unrecht als Spinner bezeichnet, nur weil sich ihre Ideen nicht in naher Zukunft realisieren lassen. Viele Menschen sehen davon ab, ihre Ideen zu kommunizieren, um nicht als Spinner zu gelten.

Schlüsselfrage

• Sind Ihre außergewöhnlichen Ideen realistisch?

Lösungsimpulse

• Trauen Sie sich auch scheinbar utopische Ideen zu.
• Realisieren Sie Ihre Ideen und Träume.

Spitzen verteilen

Phänomen

Der Begriff geht auf das Bild der Pfeilspitze zurück. *Spitzen verteilen* steht für *andere verletzen*.

Energiespiel

Menschen, die sich selbst nicht spitze fühlen, verteilen gerne Spitzen oder strecken andere mit ihren Giftpfeilen nieder. Die Spitzen können besonders verletzen, wenn die Ge- bzw. Betroffenen nicht ahnen, dass bei ihren Angreifern selbst etwas im Argen ist.

Schlüsselfragen

- Wie reagieren Sie auf Menschen, die Spitzen verteilen?
- In welchen Momenten verteilen Sie Spitzen?

Lösungsimpulse

- Schreiben Sie auf, worin Sie spitze sind.

spotten

Phänomen

Spotten ist verwandt mit *speien* und *speuzen*. Den Spott gibt es in unterschiedlichen Stärkegraden, von feiner Ironie über Sarkasmus bis zum beißenden Zynismus.

Energiespiel

Im Spott werden eigene Verletzungen auf andere projiziert, wir speien unser Negatives auf andere.

Schlüsselfragen

- Achten Sie darauf, welche Wirkung Ihr Humor auf andere hat?
- Verbindet Ihr Humor, oder schließt er andere aus?

Lösungsimpuls

- Nutzen und pflegen Sie einen gesunden Humor. Humor verbindet, auch das, was scheinbar getrennt ist.

Siehe auch *sarkastisch, höhnisch, Zynismus.*

stänkern

Phänomen
Stänkern kommt von *stinken* und *Gestank*. Wer stänkert, drückt auf unangenehme Weise aus, dass ihm etwas nicht passt.

Energiespiel
Wer stänkert, dem stinkt etwas. Entwickeln wir unser Wesen nicht, beginnen Teile in uns zu verwesen und zu stinken. Der Stänkerer verpestet mit seinem eigenen Gestank die Luft. Er weiß allerdings nicht, dass er die Wurzel dieses Übels ist.

Schlüsselfragen
- Was stinkt Ihnen?
- Welche Ihrer Wesenseigenschaften laufen Gefahr zu verfaulen?

Lösungsimpuls
- Notieren Sie, was Ihnen in Ihrem Leben wichtig und wesentlich ist.
- Überprüfen Sie, was Sie hiervon bereits leben, und planen Sie Ihre wesentliche Zukunft.

sticheln

Phänomen
Sticheln geht zurück auf den *Stich*, beispielsweise mit einer Stecknadel. Wer stichelt, ärgert und reizt andere mit kleinen Gemeinheiten.

Energiespiel
Menschen, die sticheln, versuchen einen Zugang zu jemandem zu finden. Allerdings wissen sie nicht, wie, und auch nicht, was sie vom anderen wollen. Deshalb sticheln sie wahllos herum. Das endet meist im Streit, weil irgendwann jemand in eine empfindliche Stelle sticht. Der Stichelnde ist selbst verschlossen und hat Angst, verletzt zu werden.

Schlüsselfrage

- Wem gegenüber verschließen Sie sich?

Lösungsimpuls

- Bringen Sie auf den Punkt, was Sie von anderen wollen.

Stolz

Phänomen

Stolz ist verwandt mit dem Wort *Stelze*. Stolze Menschen erhöhen sich.

Energiespiel

Auf Stelzen erscheinen wir größer als die anderen. Demnach fühlt sich ein stolzer Mensch niedrig, wenn nicht sogar erniedrigt, was er durch seinen Stolz auszugleichen versucht. Auf Stelzen haben wir ein Problem, wir können darauf nicht ewig gehen. Irgendwann muss jeder wieder runter.

Schlüsselfragen

- In welchen Situationen neigen Sie zu stolzem Verhalten?
- Welche Unsicherheit liegt dahinter?
- Wem gegenüber treten Sie am häufigsten mit Stelzen auf?

Lösungsimpuls

- Reflektieren Sie vergangene Erlebnisse, in denen andere Menschen Sie erniedrigt haben. Familienstellen, Kinesiologie können Sie dabei unterstützen.

Siehe auch *Hochmut, Arroganz.*

streiten

Phänomen

In der Grundbedeutung ist streiten verwandt mit *Widerstreben, Starrsinn, Aufruhr.* Das altisländische *strídr* bedeutet *hartnäckig, wider-*

spenstig. Streiten steht für *ankämpfen*, *bekämpfen* und *protestieren*. Als Wettstreit gibt es Streit auch in positiver Bedeutung.

Energiespiel

Auslöser für einen Streit ist häufig das Gefühl, nicht gesehen bzw. nicht geachtet zu werden. Im Streit kämpfen wir um Energie. Alle Beteiligten sind bemüht, nicht zum Opfer zu werden, und landen deshalb in der Täterposition. Im Streit können wir eingesperrte Energien wieder freisetzen. Von Paaren wird diese Energie nicht selten für ein Versöhnungsritual genutzt. Vorsicht: Das kann zu einem Muster werden. In der Regel allerdings wird die Streitenergie lediglich hinausgeschleudert. Sie verflüchtigt sich dann ungenutzt. In der Folge fühlen sich die Streitenden erschöpft.

Grundsätzlich gilt: Zum Streiten gehören zwei, zum Lösen einer. Die Verantwortung liegt bei uns selbst, ob wir weiterhin streiten oder das Problem lösen wollen. Ohne diese lösungsorientierte Haltung bleiben wir im Wenn-dann-Denken hängen: Wenn der andere aufhört, dann höre ich auch auf. Ein solcher Satz signalisiert kindliches Trotzverhalten.

Schlüsselfragen
- Aus welchen Gründen geraten Sie in Streit?
- Wie heißen Ihre Lieblingsstreitpartner?

Lösungsimpuls
- Machen Sie den Anfang. Üben Sie sich im Aussteigen aus Streitgesprächen.

Siehe auch *trotzdem, recht haben*.

Stress

Phänomen

Stress geht auf das englische *to stress* zurück und heißt *betonen*. Stress gibt es im positiven wie im negativen Sinne. Der Eustress spornt uns zu Höchstleistungen an. Wir fühlen uns wohl, wenn wir uns den Anforderungen stellen können. Im Dysstress – von lateinisch *distringere* (dt.: *beanspruchen, einengen*) – fühlen wir uns zerrissen und überfordert. Die Zerrissenheit rührt daher, dass wir etwas tun und gleichzeitig an etwas anderes denken, uns beispielsweise Sorgen machen. Dysstress entsteht bei Sorge und Kummer und erzeugt dieselben.

Energiespiel

Menschen in Stress geben sich eine künstliche Wichtigkeit. Sie wollen gefragt sein, und das ständig. Negativer Stress entsteht durch *Überbetonung* negativer Aspekte. Die Lösung liegt auf der Hand: den *Ton* herausnehmen, also die Probleme nicht mehr herbeireden und damit die Bedeutung mindern.

Schlüsselfragen

- In welchen Situationen erzeugen Sie Stress?
- Wozu brauchen Sie den Stress?
- Fühlen Sie sich auch ohne Stress wichtig?

Lösungsimpulse

- Machen Sie das, was Sie machen, bereitwillig und gerne.
- Unterscheiden Sie, was in Ihrem Leben wichtig und unwichtig ist. Entscheiden Sie sich für das Wichtige.

taktlos

Phänomen

Das Wort leitet sich ab vom lateinischen *tangere*, das *berühren* bedeutet. Intakt heißt ursprünglich *unberührt, unversehrt, voll funktionsfä-*

hig. Nicht intakt verweist darauf, dass etwas nicht funktioniert. Taktlos steht für *anstößig, deplatziert* und *peinlich*. *Taktlos* ist, wer seinen Takt los ist.

Intakt ist, was *im Takt*, im Rhythmus ist: beispielsweise im Einklang zu sein mit dem Herzrhythmus, dem Biorhythmus, dem 7-Jahres-Rhythmus des Lebens, den natürlichen Rhythmen der Jahreszeiten oder dem Mondzyklus. Intakt fühlen wir uns, wenn wir uns wohlfühlen und gute Kontakte mit anderen Menschen pflegen – was nur möglich ist, wenn wir zumindest zeitweise einen gemeinsamen Takt haben.

Kontakt (lat.: *kontingere*) bedeutet ebenfalls *berühren*. Wir können andere Menschen mit Worten und Gesten berühren. Mit der *Berührung* entsteht *Bewegung*, wir *rühren uns* und finden unseren Weg, statt aus dem Takt zu geraten.

Im Gegensatz hierzu hat der *Taktlose* kein Gespür für andere und deren Takt.

Energiespiel
Bei Menschen, die taktlos sind, ist etwas nicht intakt. Sie spüren ihren eigenen Takt nicht. Sie gehen auch nicht in Takt und guten Kontakt mit anderen Menschen. Der Taktlose dominiert, indem er andere Menschen mit seiner Taktlosigkeit aus dem Takt bringt. Er sagt oft zur falschen Zeit und am falschen Ort die falschen Worte. Damit erzielt er hohe Aufmerksamkeit. Das ist sein Gewinn.

Schlüsselfragen
- Welche Beziehungen sind bei Ihnen nicht intakt?
- Wie können Sie mit Ihrem Partner in guten *Kon-Takt* gehen?

Lösungsimpulse
- Nehmen Sie sich Zeit für sich, und üben Sie sich in einem klaren Tagesrhythmus. Damit kommen Sie wieder in Takt mit sich selbst.

- Nehmen Sie sich Zeit für Menschen, die Ihnen wichtig sind.
- Trommeln, singen und spielen Sie mit anderen Menschen.

tratschen

Phänomen
Tratschen ist – ebenso wie *schwatzen* – ein lautmalerischer Begriff, der auf *klatschen* und *patschen* zurückgeht. Tratschen bedeutet, über andere Menschen in abfälliger Art und Weise reden, wobei deren kleine Fehler und Schwächen im Mittelpunkt stehen.

Energiespiel
Indem wir über andere tratschen, lenken wir von unseren eigenen Schwächen und Fehlern ab. Vor allem spüren wir uns nicht in unserer Einzigartigkeit. Nahe am Tratsch ist auch der Neid. Das heißt, wir beneiden andere und machen sie dafür runter.

Schlüsselfragen
- Warum lenken Sie von sich ab?
- Wie oft reden Sie schlecht über andere?

Lösungsimpulse
- Schicken Sie bei jedem negativen Gedanken über andere einen positiven hinterher.
- Nutzen Sie so oft wie möglich die Gelegenheit, positiv von und mit anderen Menschen zu sprechen.

trotzdem

Phänomen
Trotzen steht für *sich widersetzen*. Im Grunde genommen signalisieren wir mit *trotz-dem*, einem Menschen oder einer Sache gegenüber zu trotzen. Mit *trotzdem* trotzen wir (all) *dem*.

Energiespiel

Der Trotzende geht in den Widerstand, hält seine Energie zurück und blockiert damit den Gesprächspartner. Die Kommunikation ist nicht mehr im Fluss. Beleidigtes Trotzen kommt aus der Opferrolle, aggressives Trotzen aus der Täterrolle. Trotz gehört ins Trotzalter. Wenn Sie ernst genommen werden wollen, verzichten Sie auf den Trotz.

Schlüsselfragen

- Gegen was oder wen entwickeln Sie Widerstände?
- Wie ist Ihre Pubertät verlaufen? Haben Sie sich durchgesetzt, oder sind Sie im *T-Rotz* hängen geblieben?

Lösungsimpulse

- Verwenden Sie gewinnende Worte, um andere Menschen für etwas zu gewinnen.
- Sagen Sie: »Ich bin der Meinung, dass …« statt »Trotzdem bin ich der Meinung, dass…«.

Siehe auch *nichtsdestotrotz*.

Trübsinn/Trübsal

Phänomen

Trübsinn steht für Traurigkeit. Sie *trübt* unsere *Sinne*, *Sinnlosigkeit* entsteht. Wir verlieren bis zu einem gewissen Grad die *Besinnung*.

Energiespiel

Wer *Trübsal* bläst, ist nicht mehr präsent und nimmt sich aus dem Geschehen. Dadurch ist er für andere nicht mehr greifbar. Unter anderem ein Trick, nicht angreifbar zu sein und nicht angreifen zu müssen. Durch Trübsinn entsteht leicht eine Abwärtsspirale, Trübsinnige rutschen allmählich in die Depression.

Schlüsselfragen
- Was betrübt Ihre Sinne?
- Finden Sie Ihr Leben sinnvoll?

Lösungsimpulse
- Nutzen Sie Ihre Sinne, und betrachten Sie das Schöne und Gute in Ihrem Leben.
- Packen Sie Wichtiges sofort an.

überheblich
Siehe *auf den Sockel heben*.

übernehmen, sich

Phänomen
Sich übernehmen steht für *sich zu viel aufladen*.

Energiespiel
Menschen, die sich zu stark über das Nehmen definieren, weil sie sich im Mangel glauben, neigen dazu, sich zu übernehmen. Sie überlasten sich, bis sie von sich oder die anderen von ihnen genug haben.

Schlüsselfragen
- Haben Sie das Gefühl, dass Ihnen genügend zugeteilt wurde?
- In welchen Bereichen übernehmen Sie sich?

Lösungsimpulse
- Machen Sie sich bewusst, was Ihnen alles zur Verfügung steht.
- Schreiben Sie auf, was Sie schon alles in Ihrem Leben erreicht haben.
- Sagen Sie »nein« zu allem, was Sie überlastet.

überreden

Phänomen
Durch Überreden versuchen wir, jemanden von etwas zu überzeugen. Überzeugen ist positiv, denn der andere wird Zeuge, dass etwas gut ist. *Über-reden* beinhaltet jedoch nicht, dass wir *mit* dem anderen *reden*. Letztlich reden wir über den anderen hinweg.

Energiespiel
Wer überredet, versucht, über Reden zum Ziel zu kommen. Unsere Ratio dominiert, dabei vernachlässigen wir das Gefühl für den anderen. Der andere interessiert uns nicht. Menschen lassen sich vielleicht überreden, für eine Sache gewonnen haben wir sie dadurch allerdings nicht.

Schlüsselfrage
• Gewinnen Sie andere Menschen im Gespräch?

Lösungsimpuls
• Stellen Sie den Menschen in den Vordergrund, nicht Ihre Interessen.

umständlich

Phänomen
Umständlich steht für *kompliziert* und *unpraktisch*. Umständlich geht auf das Wort *umstehen* zurück und ist verwandt mit dem *Herumstehen* und den *Herumstehenden*.

Energiespiel
Umständliche Menschen machen schwierige Umstände für ihre Kompliziertheit verantwortlich. Sie konzentrieren sich auf die Umstände, statt ihre Möglichkeiten zu ergreifen. Das Herumstehen um diese Umstände ist genau das richtige Bild: Menschen stehen herum, statt in

die Gänge zu kommen. Ihr Leben wird immer umständlicher. Dabei machen sie die Umstände dafür verantwortlich, wenn sie ein Thema nicht angehen oder ein Projekt nicht gelingt.

Schlüsselfrage

- Welche Umstände machen Sie für welches Nichtgelingen verantwortlich?

Lösungsimpuls

- Konzentrieren Sie sich nicht auf Umstände. Los geht's, packen Sie die Dinge an.

um zu

Phänomen

»Um-zu-Handeln« ist ein Terminus aus dem Coaching-Kontext, der besagt, dass uns nicht die Sache selber interessiert, sondern diese einen Zweck erfüllen soll: mehr Geld, mehr Anerkennung etc.

Energiespiel

Ein Maler, der beispielsweise malt, *um* Geld *zu* verdienen, wird auf Dauer seine künstlerische Freiheit verlieren. Irgendwann gehen ihm die Motive aus. Er ist nicht mehr motiviert. Das ist der Preis seiner »Um-zu-Handlungen«. Mit *um zu* drehen wir uns im Kreis herum. Dennoch ist nicht jedes *um zu* falsch. Es hängt vom Kontext der Verwendung ab.

Schlüsselfragen

- Wie frei fühlen Sie sich in Ihrem Handeln?
- Gehen Sie in Ihrem Tun auf, oder sind Sie zu sehr auf Ziele fixiert?

Lösungsimpulse

- Zeigen Sie Interesse an den Menschen, mit denen Sie zu tun haben.
- Genießen Sie, was Sie tun.

unangenehm

Phänomen
Unangenehm geht auf *unangenommen* zurück. Unangenehm wird es, wenn wir etwas *nicht annehmen.*

Energiespiel
Hinter Unangenehmem steckt die Verweigerung, etwas anzuerkennen bzw. auch Negatives anzunehmen, wie es ist. Mit dem *Annehmen* entsteht die *Annehmlichkeit.* Wenn uns jemand unangenehm ist, wir etwa einen Menschen *nicht riechen* können – sehen wir einmal von hygienischen Gesichtspunkten ab –, steckt dahinter eine Ablehnung. Damit haben wir das Gespür – oder auch die Nase – für diesen Menschen verloren.

Schlüsselfrage
- Was ist Ihnen besonders unangenehm?

Lösungsimpuls
- Erkennen Sie, was Sie an sich selbst nicht annehmen.

unentschlossen

Phänomen
Unentschlossene können sich nicht entscheiden, was sie wollen. Sie sind *nicht aufgeschlossen,* im Grunde genommen müssen sie sich erst noch gebären.

Energiespiel
Unentschlossene sind übervorsichtig, sie wollen sich nicht festlegen und glauben, es könnte noch etwas Besseres kommen. Damit lassen sie andere in der Schwebe, die dadurch in ein Gefühl der Verunsicherung geraten.

Vor Silvester können Sie feststellen, dass viele geladene Gäste unentschlossen bleiben. Sie sagen einer Einladung nicht 100-prozentig zu oder ab, weil sie hoffen, es könnte vielleicht noch ein größerer Silvesterkracher auftauchen.

Schlüsselfrage
• Was haben Sie davon, sich nicht zu entscheiden?

Lösungsimpulse
• Sagen Sie klar »ja« oder »nein«.
• Schieben Sie Entscheidungen nicht auf.

ungeduldig

Phänomen
Dulden geht auf lateinisch *tolerare* zurück, es bedeutet *(er-)tragen*. *Un-Geduld* ist eine Verneinung der Geduld.

Energiespiel
Ungeduld entsteht, wenn wir etwas bei uns oder anderen nicht ertragen können oder etwas nicht *tragen* wollen. Dadurch wird es besonders *schwer,* was die Ungeduld wiederum verstärkt. Das Leben wird immer *unerträglicher* und kann in einer *Tragödie* enden. Oder wir werden krank. Dann sind wir ein *Patient.* Das lateinische *patiens* bedeutet *erduldend.* Spätestens jetzt haben wir Zeit und können uns in Geduld üben. Wenn wir *ertragen,* was ist, folgt am Ende der *Ertrag.*

Schlüsselfragen
• Mit welchen Menschen sind Sie besonders ungeduldig und warum?
• Haben Sie Angst, etwas nicht zu schaffen?

Lösungsimpuls
• Nehmen Sie sich Zeit: für Ihre Aufgaben, für Ihren Partner, Ihre Kinder etc.

ungehalten
Siehe auch *haltlos*.

ungehörig

Phänomen
Ungehörig steht für *anstößig*, *beleidigend*, *deplatziert*, *frech* und *geschmacklos*. Ungehörigkeit steht für *Ungehorsam*, beide Begriffe sind auf das Wort *hören* zurückzuführen. Wer sich ungehörig benimmt, hört weder auf seine innere Stimme noch auf das, was sich gehört.

Energiespiel
Menschen, die sich nicht zugehörig und nicht gehört fühlen, werden ungehörig. Vor allem Kinder bekommen dann was zu *hören*. Doch wir können schimpfen, soviel wir wollen. Das Verhalten des Kindes wird sich erst verbessern, wenn es sich in seiner Familie oder in einer Gruppe aufgehoben und zugehörig fühlt. Die Ungehorsamen wollen gespürt werden.

Schlüsselfrage
- Was können Sie tun, damit Sie und andere sich stärker zugehörig fühlen?

Lösungsimpulse
- Fragen Sie bei Unstimmigkeiten, was der andere braucht.
- Nicht vergessen: Fragen Sie auch sich selbst, was Sie brauchen, und überprüfen Sie, wie viel Sie davon bekommen.
- Machen Sie einen Plan, wie Sie bekommen, was Ihnen fehlt.

ungehorsam
Siehe *ungehörig*.

unheimlich

Phänomen

Un-heimlich wird es, wenn wir uns *nicht bei uns zu Hause* fühlen, uns von uns selbst entfernt haben. Die Vorsilbe *un-* verneint das Vertraute. Wir sind ängstlich.

Energiespiel

Sich freiwillig ins Abenteuer unheimlicher Situationen zu stürzen – etwa durch Gruselfilme –, kommt einem Spiel mit Energien gleich. Es kribbelt, die Spannung steigt ins Unerträgliche, kalter Schauer läuft über den Rücken. Menschen, die dieses Kribbeln suchen, erzeugen auf künstliche Art und Weise diese Spannung. Menschen, die die Spannung suchen, verwenden gerne das Wort *unheimlich*. Sie finden vieles »unheimlich schön« und Menschen »unheimlich nett«.

Schlüsselfrage

• Finden Sie Ihr Leben spannend genug, oder suchen Sie spannende Situationen?

Lösungsimpuls

• Machen Sie spannende Projekte, in denen Sie sich gefordert fühlen.

unmöglich

Phänomen

Un-möglich ist die Verneinung von Möglichem und Möglichkeiten.

Energiespiel

Menschen, die sich unmöglich verhalten, sehen keine Möglichkeiten. Sie übersehen allerdings dabei, dass sie selbst es sind, die das Mögliche ausschalten, und beweisen sich und anderen mit diesem Sprachmuster immer wieder von Neuem, was angeblich unmöglich sein soll.

Schlüsselfragen

- Wen und was finden Sie unmöglich?
- Warum konzentrieren Sie sich auf das Unmögliche?

Lösungsimpulse

- Schreiben Sie auf, was im Kleinen wie im Großen in Ihrer jetzigen Lebenssituation möglich ist.
- Vollziehen Sie den nächstmöglichen Schritt.

unpünktlich

Phänomen

Unpünktlich sein steht für *nicht in der Zeit sein*, in der Regel für *zu spät kommen*. Es gibt Menschen, die kommen stets zu spät – aber auch andere, die immer zu früh da sind.

Energiespiel

Menschen, die ständig zu früh kommen, leiden oft unter der Angst, ausgeschlossen zu bleiben oder zu kurz zu kommen. Menschen, die zu spät kommen, holen sich die Aufmerksamkeit aller Anwesenden. Sie fühlen sich meist zu wenig gesehen. Unpünktliche sind *nicht auf dem Punkt*, also nicht präsent. Notorische Unpünktlichkeit hat häufig etwas mit einer unklaren Positionierung in der Herkunftsfamilie zu tun. Erst wenn die richtige Ordnung wiederhergestellt ist, können wir mit der Pünktlichkeit dieses Menschen rechnen.

Schlüsselfragen

- Fühlen Sie sich in Ihrer Herkunftsfamilie gut positioniert und anerkannt?
- Haben Sie Angst, ausgeschlossen zu werden?
- Haben Sie Angst, zu kurz zu kommen?

Lösungsimpulse
- Stellen Sie sich innerlich auf die richtige Zeit ein. Üben Sie sich darin, kurz bevor der Wecker rappelt, aufzuwachen.
- Machen Sie beispielsweise Familienstellen, wenn Sie notorisch unpünktlich sind.

unterlegen

Phänomen

Der Unterlegene *unterliegt* im Kampf. Schwächere Tiere unterwerfen sich im Kampf und werden vom Stärkeren in Ruhe gelassen, weil die Rangordnung klargestellt ist. Bei Menschen können Sie sich darauf nicht verlassen.

Energiespiel

Menschen, die früher einmal Ohnmacht erlebt haben, neigen aufgrund der negativ abgespeicherten Informationen dazu, sich auch in Situationen unterlegen zu zeigen, in denen sie in Wahrheit der Stärkere sind. Das Alte hat sie immer noch fest im Griff.

Unterlegensein führt als Dauermuster zu einem Krankheitsbild: Der Unterlegene muss sich nicht zeigen, in seinem Kopf spielt er zuweilen die Rolle des Überlegenen, ohne tatsächlich Stellung beziehen zu müssen. Der Unterlegene lässt andere aktiv werden.

Schlüsselfragen
- In welchen Situationen fühlen Sie sich insgeheim überlegen?
- Welchen Gewinn haben Sie, die Rolle des Unterlegenen zu übernehmen?

Lösungsimpulse

- Konzentrieren Sie sich auf Ihre Stärken. Schreiben Sie Ihre Stärken und auch Ihre Kompetenzen auf. Vor allem: Notieren Sie, in welcher Form Sie diese Stärken und Kompetenzen bisher gelebt und welche Erfolge Sie damit erzielt haben.
- Signalisieren Sie Kompetenz.

unterwürfig

Siehe *unterlegen*.

Unvermögen

Phänomen

Unvermögen geht auf *fehlendes Mögen* zurück. Unvermögende können kein *Vermögen* schaffen, sei es materieller oder geistiger Art. *Unvermögen* steht für *nicht fähig sein, etwas zu tun*.

Energiespiel

Menschen, die sich selbst und das Leben nicht mögen, müssen sich über Gefühle des Unvermögens nicht wundern. Sie bleiben jenseits Ihrer Möglichkeiten und lassen andere für sich kreativ und aktiv sein.

Schlüsselfragen

- Haben Sie in Ihrer Entwicklung gelernt, sich zu mögen?
- Was mögen Sie an sich?

Lösungsimpulse

- Schreiben Sie Ihre besten Qualitäten auf.
- Machen Sie ein Brainstorming, was Sie zu tun vermögen.

unzulänglich

Phänomen

Unzulänglich steht für *fehlerhaft* oder für *Scheitern vor dem Ziel*.

Energiespiel

Menschen, die sich unzulänglich fühlen, trauen sich nicht *zuzulangen*. Je besser sie lernen zuzulangen, desto eher verringert sich ihr Gefühl der Unzulänglichkeit. Als automatisiertes Muster lassen Unzulängliche gerne andere für sich zulangen.

Schlüsselfragen

- Auf was warten Sie?
- Was packen Sie nicht an?
- Warum lassen Sie andere zulangen?

Lösungsimpuls

- Langen Sie zu, packen Sie an, was Sie sich vornehmen.

unzuverlässig

Phänomen

Bei *unzuverlässig* handelt es sich um die verneinende Form von *zuverlässig*. Auf Unzuverlässige können wir uns nicht verlassen.

Energiespiel

Ein unzuverlässiger Mensch fühlt sich *verlassen*. Aus dem Opfer wird ein Täter, indem der Unzuverlässige unbewusst Situationen schafft, um dann zuzuschauen, wie andere reagieren, wenn sie sich verlassen fühlen.

Schlüsselfragen

- Wie fühlen Sie sich, wenn andere unzuverlässig sind?
- Neigen Sie selbst zur Unzuverlässigkeit? Und warum?
- Auf wen/was können Sie sich verlassen?

Lösungsimpuls

- Machen Sie sich bewusst, wie viele zuverlässige Menschen in Ihrem sozialen Netzwerk sind.
- Fühlen Sie sich geborgen.

Vampirismus

Phänomen
Vampire leben von Menschenblut (Energie). Sie entwickeln sich nicht, weil sie sich im Spiegel nicht erkennen. Als Vampirismus bezeichnen wir das Verhalten eines Menschen, der anderen Energie raubt.

Energiespiel
Menschen, die von der Energie anderer leben, wissen nicht, dass sie über eine eigene Energiefabrik verfügen. Sie lassen andere Energie für sich herstellen. Ihr Gewinn ist es, nicht initiativ werden zu müssen und andere für sich arbeiten zu lassen.

Schlüsselfragen
- Mit welchen Menschen verlieren Sie am meisten Energie?
- Wie erzeugen Sie Ihre Energie?

Lösungsimpulse
- Tun Sie das, was Sie begeistert. Stecken Sie andere mit Ihrem Enthusiasmus an.
- Stellen Sie gute Momente her, allein und mit anderen Menschen.
- Gehen Sie aus Situationen heraus, in denen Sie Energie verlieren.

vergelten
Vergelten hat grundsätzlich mit der *Geltung* zu tun. Menschen, die glauben, nichts zu gelten, neigen zu Vergeltung.

Siehe auch *Rache*.

vergleichen, sich

Phänomen
Vergleich bedeutet *prüfend gegeneinander abwägen*. Wer sich mit anderen vergleicht, bewertet, statt zufrieden zu sein mit dem, was ihm gegeben ist. Er fällt aus dem Gleichgewicht.

Energiespiel
Im Vergleichen kommen wir besser oder schlechter als der andere weg. Auch wenn wir meinen, besser zu sein als andere, nützt uns das wenig. Denn wir sind nicht bei uns, orientieren uns nicht an unserem Potenzial und verlieren an Präsenz. Diese setzt Gleichgewicht voraus.

Schlüsselfragen
* Mit wem vergleichen Sie sich gerne?
* Was gefällt Ihnen an anderen? Was davon können Sie in sich selbst entdecken?

Lösungsimpulse
* Reflektieren Sie Ihr Potenzial!
* Notieren Sie, was Sie einzigartig macht.

verherrlichen
Siehe *auf den Sockel heben*.

verlassen
Siehe *unzuverlässig*.

verlegen
Siehe *erröten*.

verletzt

Phänomen
Verletzen steht für *schädigen, verwunden.* Das Wort geht auf das veraltete Verb *letzen* zurück, *das laben, erquicken* bedeutet und sich von *lässig* ableitet. Wer verletzt ist, hat seelische, geistige oder körperliche Wunden erlitten. *Ver-letzt* ist demnach *un-lässig* und *nicht erquickend.*

Energiespiel
Verletzte Menschen fühlen sich als *das Letzte.* Nach alter Redensart beißen den Letzten die Hunde. Menschen, die sich nicht geborgen fühlen oder sich selbst ausgrenzen, laufen besonders Gefahr, verletzt zu werden. Oft haben sie auch ihre Lässigkeit und die Gelassenheit verloren.

Schlüsselfragen
- In welchen Situationen fühlen Sie sich verletzt?
- Warum klinken Sie sich aus der Gemeinschaft und aus dem Gefühl der Geborgenheit aus?

Lösungsimpulse
- Setzen Sie sich mit alten Verletzungen auseinander. Sehen Sie zu, dass diese heilen, oder erkennen Sie, dass sie schon längst geheilt sind.
- Werden Sie sich Ihres sozialen Netzwerks und der Menschen, die an Ihrer Seite stehen, bewusst.

vermeiden

Phänomen
Das Wort kommt von *meiden,* was *den Ort wechseln, verbergen* bedeutet. *Ver-meiden* ist im übertragenen Sinn eine Weigerung, eine Position oder einen Standpunkt zu wechseln.

Energiespiel

Indem wir etwas vermeiden, verharren wir in einer Situation, weil wir einem Menschen, einem Thema oder Problem aus dem Weg gehen. Wir wechseln vielleicht die Straßenseite, aber nicht unsere innere Einstellung. Wer etwas vermeidet, tut so, als ob ein Problem nicht mehr da wäre. Dadurch verschwindet es aber nicht. Im Gegenteil: Durch Vermeiden ziehen wir das, was wir vermeiden wollen, regelrecht an.

Schlüsselfragen
- Welche Kontakte und Situationen vermeiden Sie?
- Warum gehen Sie einem Thema/einer Situation aus dem Weg?

Lösungsimpulse
- Lösen Sie alte Verletzungen auf.
- Nehmen Sie als ersten Schritt innerlich Kontakt auf zu Menschen, mit denen Sie Probleme haben. Schreiben Sie auf, für was Sie diese lieben und schätzen gelernt haben.
- Ergreifen Sie die Initiative für eine Kontaktaufnahme.

Siehe auch *ignorieren*.

versagen

Phänomen

Versagen geht auf *nicht sagen* zurück und steht für die Nichterfüllung eines Leistungsanspruchs oder einer Erwartung.

Energiespiel

Der Versager hat nicht mehr das *Sagen* und ist fassungslos. Zudem hat er die Sprache verloren. Erst wenn er wieder lernt, sich zu *äußern*, verringert sich das *innere* Gefühl des Versagens. Er muss lernen, über sein Versagen zu sprechen.

Schlüsselfragen
- In welchen Bereichen haben Sie Angst zu versagen?
- Mit was begründen Sie Ihre Versagensangst?

Lösungsimpulse
- Lernen Sie, Versagensängste in Worte zu fassen.
- Suchen Sie sich gute Gesprächspartner.

verstecken

Phänomen

Verstecken steht für »heimlich an einem unbekannten Ort unterbringen, sodass die Person/Sache nicht gesehen wird« (Duden, Bedeutungswörterbuch). Sich zu verstecken gehört zum Menschsein. Schon in der Bibel versteckten sich Adam und Eva. Kinder spielen gerne Verstecken, weil es ein Lebensprinzip ist, nicht zu früh entdeckt zu werden bzw. sich zum richtigen Zeitpunkt zu zeigen. Verstecken im Negativen bedeutet, im Verborgenen zu bleiben und Angst davor zu haben, sich zu zeigen.

Energiespiel

Erwachsene, die sich verstecken, wollen nicht erwachsen werden. Denn ein Versteck ist klein und eng. Sie bleiben auf einer kindlichen Entwicklungsstufe hängen. Aus dem ursprünglichen Versteckspiel ist bitterer Ernst geworden. Ihr Gewinn: Wer sich nicht zeigt, kann keine für andere sichtbaren Fehler machen.

Schlüsselfragen
- In welchen Situationen haben Sie Angst, sich zu zeigen?
- Warum wollen Sie sich nicht zeigen, wie Sie sind?
- Vor wem oder was verstecken Sie sich?

Lösungsimpuls
- Trainieren Sie sich darin, vor einer Gruppe zu sprechen. Dazu kann Kommunikations- oder Präsentationstraining hilfreich sein.

verstrickt

Phänomen
Beim Stricken werden Muster hergestellt. Beim *Ver-stricken* haben Sie die falsche Masche drauf. *Verstrickt* sein steht für eine Problemverwicklung mit anderen Menschen.

Energiespiel
Wer sich *ver-strickt,* landet in einem fremden Muster, etwa den Erwartungen der Eltern: Nach dem Gewinnmuster des Vaters oder der Mutter kann der Sohn oder die Tochter nicht erfolgreich werden. Sie brauchen eigene Denk- und Verhaltensmuster. In diesem Fall ist es Zeit, die Maschen fallen zu lassen und nicht mehr *mustergültig* zu sein. Wenn wir unser eigenes Muster nicht entdecken und leben, können wir andere für unseren Misserfolg verantwortlich machen.

Schlüsselfragen
- Mit wem fühlen Sie sich verstrickt?
- An wen in Ihrer Herkunftsfamilie erinnert Sie dieser Mensch?

Lösungsimpulse
- Erkennen Sie Ihre Erfolgs- und Misserfolgsmuster.
- Lösen Sie sich bewusst aus Verstrickungen.
- Nutzen Sie das Familienstellen, um Ihre Verstrickungen aufzulösen.

versuchen

Phänomen
Versuchen geht auf die Vorsilbe *ver-* und *suchen* zurück. Grundsätzlich bleiben wir auf *Suchen* und sind nicht auf *Finden* geschaltet.

Energiespiel
Ein Versuch bleibt im Experiment stecken. Der Ernstfall findet nicht statt. Ohne Ernstfall können wir nicht versagen. Sagen wir: »Ich versu-

che, jemanden anzurufen«, geht die Kraft in das Wort nach dem »Ich«. Wir bleiben im Versuch stecken. Aller Voraussicht nach sind wir erleichtert, wenn der andere nicht ans Telefon geht.

Schlüsselfragen
- Was versuchen Sie so alles im Leben?
- Haben Sie klare Ziele?

Lösungsimpulse
- Stellen Sie sich Ihre Zukunft genau vor.
- Gehen Sie die Dinge direkt an.
- Werfen Sie Ihr zögerliches Verhalten über Bord.

Verzeihen Sie, Verzeihung
Verzeihen geht zurück auf das Wort *zeigen*, im Sinne von *auf jemanden zeigen, jemanden anschuldigen*. Verzeihen bedeutet demnach, dass nicht mehr verächtlich auf mich gezeigt wird.
Siehe auch *Entschuldigen Sie*.

Verzweiflung
Zweifel führt auf Dauer in die Verzweiflung. Siehe auch *Zweifel*.

vielleicht

Phänomen
Verunsicherte Menschen greifen gerne zum Wort vielleicht. *Viel-leicht* verweist im Grunde genommen darauf, dass *vieles leicht* ist.

Energiespiel
Wir sagen vielleicht, wenn wir unsicher sind oder uns nicht festlegen wollen. Sicherer werden wir damit nicht, zudem verunsichern wir unser Gegenüber. Wer *vielleicht* sagt, nimmt *vieles zu schwer*. Statt *einfach* zu antworten, gehen bei ihm *viele Fächer* auf, was er vielleicht noch besser machen könnte.

Schlüsselfragen
- Warum wollen Sie sich nicht festlegen und eine Möglichkeit offenlassen?
- Warum wollen Sie sich nicht positionieren?

Lösungsimpulse
- Legen Sie sich fest, sagen Sie klar »ja« oder »nein«.
- »Vielleicht komme ich mit.« Rechnen Sie besser nicht mit dieser Person, sie will sich nicht festlegen. Wenn Sie der Sprecher sind, sagen Sie eindeutig zu oder ab.

vorlaut

Phänomen

Vorlaut heißt »sich ohne Zurückhaltung in einer Weise äußernd, dass es als unangenehm, unangemessen o.Ä. empfunden wird« (Duden, Bedeutungswörterbuch). Menschen, die vorlaut sind, melden sich zu Wort, obwohl dies nicht erwünscht oder angebracht ist.

Energiespiel

Vorlaute Kinder haben Angst, übersehen zu werden, kein Gehör zu finden und zu kurz zu kommen. Vorlaut heißt, dass sie laut sind, bevor sie gefragt werden. Sie wollen sichergehen, dass sie in ihrer Wichtigkeit gesehen werden.

Schlüsselfrage
- In welchen Situationen hatten oder haben Sie das Gefühl, nicht gehört zu werden?

Lösungsimpuls
- Achten Sie darauf, dass Sie und auch Ihre Kinder zu Wort kommen.

Vorwurf, vorwurfsvoll

Phänomen
Vorwerfen steht für *die Handlungsweise eines anderen heftig kritisieren, sie ihm heftig tadelnd vor Augen führen*. Im Sinn von *Schuldvorwurf*: Wir werfen jemandem die Schuld vor die Füße.

Energiespiel
Mit einem Vorwurf, vor allem mit einem Schuldvorwurf, belasten wir Menschen und entlasten uns selbst. Das lässt sich das Gegenüber in der Regel nicht gefallen. In der Retourkutsche geht der Vorwurf an uns zurück. Wer den großen Wurf selbst nicht wagt, neigt zu Vorwürfen.

Schlüsselfragen
- Welchen großen Wurf wagen Sie nicht?
- Warum wollen Sie für Ihr Tun keine Verantwortung tragen?

Lösungsimpulse
- Erkennen Sie Ihre stillen und lauten Vorwürfe gegen andere.
- Steigen Sie aus diesem Sprachmuster aus.
- Gehen Sie Wagnisse ein!

Siehe auch *Abb. 27: Die Beschwerdeschaukel.*

Wecker, auf den … gehen/fallen

Phänomen
Diese Redewendung benutzen wir, wenn uns andere Menschen nerven. Mit einem Wecker, ganz besonders mit einem alten rappeligen, kann man sich und andere aus dem Schlaf reißen.

Energiespiel
Menschen, die anderen auf den Wecker gehen, erheischen Aufmerksamkeit. Sie lenken die Präsenz der anderen auf sich, damit sie Beachtung finden.

Schlüsselfragen

- Wo fühlen Sie sich nicht gesehen und anerkannt?
- Wo fühlt sich Ihr Gegenüber von Ihnen nicht gesehen?
- Fällt es Ihnen leicht, Beachtung zu schenken?

Lösungsimpulse

- Sagen oder zeigen Sie anderen Ihre Einzigartigkeit, und drücken Sie aus, was Ihnen wichtig ist.
- Wenn Ihnen jemand auf den Wecker geht, können Sie sich selbst aufwecken, indem Sie sich Ihrer negativen Gedanken bewusst werden.

Siehe auch *auf den Zeiger gehen*.

wenn, dann

Siehe *Bedingungen stellen*.

wiederholen, wiederkehren

Siehe *problematisieren, ignorieren*.

Wind, durch den

Phänomen

Durch den Wind sein wird im Sinne von *verwirrt sein* verwendet.

Energiespiel

Wer behauptet, durch den Wind zu sein, hat die größten Turbulenzen schon hinter sich. Er weiß jedoch nicht, dass er schon durch ist, und fühlt sich deshalb gebeutelt.

Schlüsselfrage

- Welche Turbulenzen haben Sie schon hinter sich?

Lösungsimpulse

- Arbeiten Sie mit dem Bild, was Sie bereits alles geschafft haben.
- Planen Sie und beginnen Sie, Ihre Vorhaben in die Tat umzusetzen.

wir
Siehe *Individualist*.

wobei

Phänomen
Der Begriff setzt sich zusammen aus *wo* und *bei*. Die Konjunktion *wobei* leitet häufig einen Satz ein, in dem auf etwas hingewiesen werden soll, das nicht berücksichtigt wurde und das es zu bedenken gilt.

Energiespiel
Interessanterweise hat eine Person, die ständig das Wort *wobei* nutzt, in der Regel das Thema, dabei sein zu wollen. Entscheidend für diese Interpretation ist die Häufigkeit der Verwendung. Sprachbeispiel: »Das stimmt, wobei ich denke, dass …« Sagen wir »wobei«, nehmen wir wie mit einem »ja, aber« dem anderen wieder etwas weg. Gleichzeitig bleiben wir unbestimmt.

Schlüsselfragen
* Wo wollen Sie gern dabei sein?
* Wovon fühlen Sie sich ausgeschlossen?

Lösungsimpuls
* Sagen Sie klar, was stimmt und was nicht stimmt.

würde

Phänomen
Würde gehört zum Konjunktiv II, dem *Irrealis*, der *keine Wirklichkeit* schafft.

Energiespiel

Wer *würde* verwendet, legt sich in der Regel nicht fest, hält sich Möglichkeiten offen. Er lässt den anderen im Ungewissen und projiziert seine Unsicherheit auf ihn.

Schlüsselfrage

• Vor welchen Entscheidungen drücken Sie sich?

Lösungsimpulse

• Sprechen Sie direkt, entscheiden Sie.
• »Ich würde sagen …« Die passende Antwort hierauf müsste lauten: »Warum würden Sie es sagen? Warum sagen Sie es dann nicht?« Sprachliche Lösung: »Meine Meinung dazu ist …«
• »Ich würde mich gerne auf Ihre Stelle bewerben.« Die passende Antwort darauf lautet: »Schade, dass Sie sich nicht beworben haben.« Sprachliche Lösung: »Ich bewerbe mich auf Ihre Stelle.«
Siehe auch *hätte*.

wütend

Phänomen

Der Begriff *Wut* kommt von dem altenglischen Wort *wod* und bedeutet *Ton, Stimme, Dichtung*. Wut ist ursprünglich eine neutrale Grundenergie. *Wüten* steht für *toben, rasen, zerstören*. Als wütend bezeichnen wir Menschen, die *zornig* sind.

Energiespiel

Wütende Menschen stauen Energie auf und entladen sich. Oft ist der Grund ihrer Entladung für Außenstehende nicht sichtbar. Wütende Menschen sind meist unberechenbar, sie verunsichern andere mit ihrer Wut. Dabei sind sie selbst verunsichert, weil sie ihre Energie nicht in sichere, klar berechenbare Projekte geben.

Schlüsselfragen
- Was staut sich in Ihnen?
- Sammeln Sie Negatives zu lange ein?

Lösungsimpulse
- Sagen Sie rechtzeitig, was es zu sagen gilt.
- Geben Sie Ihre Energie in gute, klare Projekte.

Zeiger, auf den … gehen

Phänomen

Diese Redewendung kommt zum Einsatz, wenn andere Menschen uns unangenehm auffallen und stören. *Zeiger* geht auf das Wort *zeigen* zurück, er zeigt die Zeit an und in unserem Fall, dass es Zeit ist, sogar höchste Zeit. Als Zeiger bezeichnet man auch den Zeigefinger. Bedeutungsvoll zeigen wir auf etwas oder jemanden. Wir bedeuten, dass etwas wichtig ist.

Energiespiel

Wenn uns jemand auf den Zeiger geht, will er einen bestimmten wichtigen Aspekt von sich zeigen, tut das aber in versteckter oder unpassender Form. Wer sich nicht traut, sich zu zeigen, geht anderen auf den Zeiger, indem er sich indirekt in Szene setzt.

Schlüsselfragen
- Was trauen Sie sich nicht zu zeigen?
- Was verbirgt derjenige, der Ihnen auf den Zeiger geht?

Lösungsimpulse
- Trauen Sie sich, Ihre Wichtigkeit zu zeigen.
- Wenn der, der Ihnen auf den Zeiger geht, sich nicht traut, Essenzielles zu zeigen, unterstützen Sie ihn. Geben Sie ihm den Raum, damit er zeigen kann, was in ihm steckt.

- Wenn Sie Lehrer sind, stellen Sie den Schüler, der Ihnen auf den Zeiger geht, nicht vor die Tür. Dort kann mit Sicherheit keiner sehen, was in ihm steckt.

Siehe auch *auf den Wecker gehen, auffallen*.

zerrissen
Siehe *Zweifel*.

zickig sein
Pubertierende, besonders jene weiblichen Geschlechts, zicken gern; *zickig* geht auf die kleine Ziege, das »Zicklein« zurück.

Siehe auch *meckern*.

zögerlich

Phänomen
Zögern geht auf *ziehen* zurück. Zögerliche Menschen ziehen Wichtiges in die Länge.

Energiespiel
Wer zögert, scheut sich davor, Entscheidungen zu treffen, und hält damit sich und andere Menschen gefangen.

Schlüsselfrage
- Was entscheiden Sie nicht?
- Warum zögern Sie lieber, statt zu handeln?

Lösungsimpuls
- Schreiben Sie auf, welche Entscheidungen Sie nicht getroffen haben.

zu früh/zu spät kommen
Siehe *unpünktlich*.

zurückhaltend
Siehe *reserviert*.

Zweifel

Phänomen
Das Wort *Zweifel* geht auf die Zahl *Zwei* zurück. Im Zweifel wird ein Ganzes in *zwei* Teile gespalten, zwischen denen ein Zweifler unentschieden hin- und herpendelt. Im positiven Sinn existiert der Zweifel als Grundemotion, um die Dinge überhaupt von zwei Seiten betrachten zu können.

Energiespiel
Das Thema Zweifel begleitet Menschen ein Leben lang. Besonders betroffen sind Scheidungskinder. Die Trennung der Eltern überträgt sich als Prinzip auf ihr Leben. Die Spaltung gleicht einer Schere, deren Schenkel immer weiter auseinandergehen. Im unkontrollierten Zweifel fühlen wir uns noch stärker gespalten, und das Pendeln zwischen zwei Polen, die Unentschiedenheit, verstärkt sich. Das Zweifeln endet in Zerrissenheit und *Verzweiflung*.

Schlüsselfragen
• Woran zweifeln Sie immer wieder?
• Zwischen welchen Polen fühlen Sie sich hin- und hergerissen?

Lösungsimpulse
• Sammeln Sie sich, indem Sie regelmäßig meditieren.
• Erkennen Sie, beispielsweise im Familienstellen, dass Sie geborgen sind.

Zynismus

Phänomen
Zynismus ist *beißender Spott*. Dieser Begriff steht in der Bedeutung *bissig*, *verletzend* und geht auf das griechische *kyon* zurück, was Hund bedeutet.

Kyniker ist der Name einer griechischen Philosophenschule. Deren Anhänger waren laut Duden »... in ihrer Haltung in gewissem Sinne *hündisch* [...] und zwar einerseits in ihrer Bedürfnislosigkeit und gewollten Armut, andererseits hinsichtlich ihrer bissigen und schamlosen Art, mit der sie über geltende Vorstellungen und Lebensformen herfielen«.

Die Auflösung finden wir im Humor. Während Spott, Sarkasmus, Hohn und Zynismus verletzen und damit trennen, verbindet Humor. Menschen lachen gerne zusammen. Das lateinische *humores* bedeutet *Feuchtigkeiten*. Mit Humor werden die menschlichen Körpersäfte wieder in Fluss gebracht.

Energiespiel
Zynische Menschen müssen sich *hündisch* vorkommen. Sie verstecken ihre Minderwertigkeit hinter zynischen Bemerkungen und projizieren ihr eigenes Unreines und Unverarbeitetes nach außen auf andere Menschen.

Schlüsselfrage
• In welchen Situationen werden Sie zynisch?

Lösungsimpuls
• Achten Sie darauf, dass Ihre Art von Humor verbindet.
Siehe auch *Sarkasmus* und *spotten*.

Nachklang – ein Abschlussdialog

Martina: »Joachim, was hat dich dazu bewogen, seit fast 30 Jahren die Kraft der Gedanken und unserer Sprache zu erforschen?«

Joachim: »Im Grunde genommen reflektiere ich meine eigenen seelischen Vorgänge. Eine heile Sprache hat immer gleichzeitig mit dem Streben nach eigener Heilung zu tun.«

Martina: »Was hat das Schreiben dieses Buches in dir bewirkt?«

Joachim: »Mit der Entstehung dieses Buches und den Gesprächen mit dir wurden mir allmählich meine eigenen förderlichen und hinderlichen Sprachmuster bewusst. Es gab eine Phase, in der ich das Schweigen dem Reden vorzog, weil mich meine eigene Sprache zu stören begann. Zeitweise mochte ich mich selbst nicht mehr reden hören. ›eigentlich‹, ›vielleicht‹ und ›äh‹ hatte ich zwar längst aus meinem Wortschatz verbannt, nicht bewusst jedoch waren mir einige automatisierte Sprachmuster, die den verbannten Wörtern in nichts nachstanden.«

Martina: »Um welche Sprachmuster handelt es sich da?«

Joachim: »Nachdem meine Frau und unsere Kinder tagelang mit Korrekturlesen beschäftigt waren, begannen sie das Geschriebene – sichtlich mit Spaß – auf mich und meine Sprachgewohnheiten anzuwenden. Ihnen fiel beispielsweise auf, dass ich immer wieder ›schlichtweg‹ sage, besonders in Situationen, in welchen eine Sache besonders komplex erscheint und ich der Komplexität zu entrinnen versuche. Logisch, bei *schlicht-weg* ist das Schlichte schließlich weg. Es genügt allerdings nicht, schlichtweg auf das Wort ›schlichtweg‹ zu verzichten, wenn meine komplizierten Denkmuster dahinter bestehen bleiben.«

Martina: »Mir erging es ähnlich, wenn meine Kinder Manuskriptteile, die auf dem Tisch lagen, lasen und dann direkt zur Begutachtung meines Sprachverhaltens nutzten.«

Joachim: »Fiel dir bei mir noch etwas auf?«

Martina: »Bei dir fiel auf, wie oft du ›sei mir nicht böse‹ oder ›tut mir leid‹ sagtest, wenn Du etwas nicht mochtest. Haben diese Sprachmuster einen Ursprung?«

Joachim: »Jetzt, nachdem das fertige Manuskript vor mir liegt, weiß ich, dass ich als kleines Kind besonders darunter litt, wenn meine Eltern mit mir böse schienen.«

Martina: »*Super* gehört ja auch zu deinen Lieblingsworten, oder?«

Joachim: »Ich erinnere mich an einen Workshop in einer 9. Klasse eines Gymnasiums in Gütersloh vor 10 Jahren. Die Schüler hatten sichtlich Spaß daran, mir mein Lieblingswort ›super‹ zu spiegeln, denn ich hatte mir angewöhnt, in allen möglichen und unmöglichen Situationen *super* als Ausdruck der Anerkennung zu gebrauchen. Das Wort schien schon völlig abgenutzt. Nach diesem Workshop hatte ich nicht einmal mehr Lust, Super zu tanken. Der Hintergrund dieses Sprachmusters wurde mir erst beim Schreiben dieses Buches bewusst: mein eigener Leistungszwang, immer super zu sein. Gut und sehr gut genügten nicht.«

Martina: »Was empfiehlst du abschließend dem Leser?«

Joachim: »In dem Maße, wie wir persönliche Kontexte reflektieren und erkennen, können wir unsere Sprachmuster ändern. Das braucht Zeit. Nehmen Sie sich diese Zeit, und genießen Sie, wie Sie von Tag zu Tag dank Ihrer positiven Gedanken und Sprache mehr Energie tanken und selbstbewusster werden. Nutzen Sie das Buch zur Selbstreflexion, und gebrauchen Sie es nicht, um andere als Täter, Opfer oder Retter zu identifizieren. Abschließend gebe ich die Empfehlung meiner Frau an uns auch an den Leser weiter: ›Wenn ihr nur 50 Prozent von dem, was ihr da schreibt, tatsächlich umsetzt, geht es euch auf jeden Fall gut!‹ Ihnen wird das ebenfalls so gehen!«

Anmerkungen

[1] Vauvenargues, Luc de: Reflexionen und Maximen, in: *Das treffende Zitat – Gedanken aus drei Jahrtausenden*, Seite 640, 5. Auflage, Ott Verlag: Thun 1974.

[2] Prentice, Mulford: *Meisterschaft des Lebens*, 4. Auflage, Heyne Verlag, München 1997.

[3] Entdeckt wurden die Spiegelneuronen 1996 von einem italienischen Forschungsteam um G. Rizzolatti in der Großhirnrinde von Rhesusaffen. Sie sind auch unter der Abkürzung MNS, *Mirror Neuron System,* bekannt. »Die Spiegelneuronen sind ein Resonanzsystem im Gehirn, das Gefühle und Stimmungen anderer Menschen beim Empfänger zum Erklingen bringt. Das Einmalige an den Nervenzellen ist, dass sie bereits Signale aussenden, wenn jemand eine Handlung nur beobachtet.« Kaufmann, Sabine: *Expedition ins Gehirn*, Planet Wissen, 19.10.2010: http://www.planet-wissen. de/natur_technik/forschungszweige/spiegel-neuronen/index.jsp. Originalliteratur hierzu: Rizzolatti, Giacomo/Sinigaglia, Corrado: *Empathie und Spiegelneurone. Die biologische Basis des Mitgefühls,* Suhrkamp, Franfurt/Main 2008; Bauer, Joachim: *Warum ich fühle, was du fühlst. Intuitive Kommunikation und das Geheimnis der Spiegelneuronen*, Hoffmann und Campe, Hamburg 2005.

[4] In C. G. Jungs Konzept von der Persönlichkeitsstruktur spielte der Schatten eine wichtige Rolle. Der Schatten war für Jung die dunkle, im Verborgenen liegende Seite der Persönlichkeit. Er sah ihn als Teil des Ich-nahen persönlichen Unbewussten, das sich aus all jenen mit den bewussten Identifikationen des *Ich* unvereinbaren Aspekten, Neigungen und Eigenschaften eines Menschen zusammensetzt. Nach Auffassung Jungs findet die Projektion auf andere Personen häufig dann statt, wenn wir uns nicht bewusst mit dem unbewussten Schatten auseinandersetzen. Dies wurde von Jung als das »Schattenkonzept« geprägt. Der Begriff Schattenarbeit wurde unter anderem von Rüdiger Dahlke aufgegriffen. Dahlke, Rüdiger: *Das Schatten-Prinzip. Die Aussöhnung mit unserer verborgenen Seite*, Arkana, München 2010.

5   Zur Terminologie »Täter-Opfer-Retter«: Das Dramadreieck ist ein psychologisches und soziales Modell, das ein Beziehungsmuster zwischen drei Personen beschreibt. Diese nehmen innerhalb des Musters die Rollen des Opfers, Täters oder Verfolgers bzw. des Retters ein. Im Modell des Dramadreiecks wird der Zusammenhang dieser Rollen beschrieben. Stephen B. Karpman entwarf 1968 mit seinem Artikel *Analyse von Märchen und Dramen (Fairy Tales and Script Drama Analysis)* die Grundlage für das später in der Transaktionsanalyse häufig verwendete Dramadreieck.

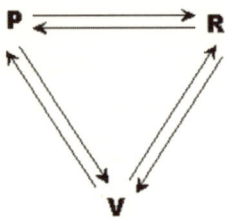

P =   Persecutor (Täter)
R =   Rescuer   (Retter)
V =   Victim   (Opfer)

Originalliteratur hierzu: Karpman, S. B.: *Fairy Tales and Script Drama Analysis*, Transactional Analysis Bulletin, Vol. 7, No. 26, S. 39 – 43, 1968. Karpman, S. B.: *The new drama triangles.* USA TAA/ITAA conference lecture, 11. August 2007. Siehe auch: http://karpmandramatriangle.com/pdf/thenewdramatriangles.pdf.

6   Vgl. mdr-Kultur, Radiosendung vom 09.10.2011.

7   Die Unterscheidung in ein »Zuviel« und ein »Zuwenig« ähnelt der Mesotes-Lehre, einer Tugendlehre von Aristoteles (*Die Nikomachische Ethik*, zitiert in *Ethik-Kurs 11*, Oldenburg, S. 47).

8   Seiwert, Lothar: *Das neue 1 x 1 des Zeitmanagements*, 27. Auflage, Seite: 42 – 43. Gräfe und Unzer Verlag, München 2005.

9   Jovanov, Viviane und Suchomel, Michaela: *Infoblatt zur Stimmbildung 2011.* Siehe auch: www.entra.de.

10   Vgl. Suchomel, Michaela: Infoblatt zum Familienstellen 2011. Siehe auch: www.entra.de.

11   Die Werte- und Leitbildentwicklung für Unternehmen und Verbände kann in einer Extrabroschüre nachgelesen werden: *Profit*

mit viel Profil – Von Werten gleitet gesund wachsen. entia Unternehmer Entwicklung, erscheint Herbst 2012.

12 Scheurl-Defersdorf, Mechthild R.: *In der Sprache liegt die Kraft! Klar reden, besser leben*, 2. Auflage, Herder-Verlag, Freiburg, Basel, Wien 2012.

13 CUS: *Der Coup, die Kuh, das Q. Das erstaunlichste Deutschbuch aller Zeiten*. Eichborn, Frankfurt a. M. 2007, Seite 8.

14 Watzlawick, Paul: *Anleitung zum Unglücklichsein*. Piper, München 1994, Seite 9.

15 Pinkola Estés, Clarissa: *Die Wolfsfrau. Die Kraft der weiblichen Urinstinkte*, Heyne Verlag, München 1997.

16 Schmidbauer, Wolfgang: *Die hilflosen Helfer. Über die seelische Problematik der helfenden Berufe*, Rowohlt-Verlag, Reinbek 1997.

Danksagung

Ein herzliches Dankeschön geht an die achtsamen Korrekturleser für ihr tagelanges Engagement, die wertvollen Hinweise und guten Impulse: Michaela, Ingrid, Joanina, Catalina, Viviane und Peco.

Über die Autoren

Joachim Schaffer-Suchomel, Jahrgang 1951, ist Diplom-Pädagoge, Sprachexperte, Coach und Autor. Nach seinem Studium der Pädagogik und Psychologie arbeitete er als Pädagoge und dozierte später an verschiedenen Universitäten in erziehungs- und wirtschaftswissenschaftlichen Fakultäten. Ein Schwerpunkt seiner Arbeit ist die Konzeptionierung von Strukturen zur Persönlichkeitsentwicklung. Er arbeitet heute vorwiegend in der Wirtschaft als Coach zur Teamentwicklung,

Konfliktlösung sowie in der Werte- und Leitbildentwicklung. 1995 gründete er zusammen mit seiner Frau Michaela Suchomel das Coachinginstitut BRAINFRESH. Die beiden begleiten Menschen bei der Gestaltung ihrer persönlichen und beruflichen Entwicklungsprozesse. Joachim Schaffer-Suchomel hat drei erwachsene Töchter und lebt mit seiner Frau in Barmstedt, Raum Hamburg.

Das Leitbild von BRAINFRESH

Es begeistert uns, Menschen wachsen zu sehen und uns gleichzeitig als Teil dieses Wachstumsprozesses zu verstehen. Im Entwicklungsprozess leben wir unsere Stärken, intuitiv zu denken und zu handeln, fördernde und hemmende Strukturen schnell zu erfassen, neue Denk- und Handlungsstrukturen zu erfinden und spielerisch zu etablieren.

Kooperationen:

BRAINFRESH Gesundheitspraxis: www.brainfresh.net/praxis
entra Unternehmer Entwicklung: www.entra.de
Heilkundeinstitut Dahlke: www.dahlke.at
Seminar-und Coachingzentrum : www.lebensimpulse.eu

Heilkundezentrum Dahlke: www.dahlke-heilkundezentrum .de
Siehe auch: www.brainfresh.net und www.nomenestomen.net

Bücher von Joachim Schaffer-Suchomel

- *Du bist, was du sagst. Was unsere Sprache über unsere Lebenseinstellungen verrät*, Koautor Klaus Krebs, mvg Verlag, München 2006.
- *Nomen est omen. Die verborgene Botschaft der Vornamen*, Goldmann-Arkana, München 2007.
- *Wir sind Wort. Spuren unseres Menschseins in der Sprache*, Shaker Media, Herzogenrath 2008.
- *Werbewirksame Namen leicht gemacht. So finden Sie die besten Namen für Ihre Produkte, Unternehmen und Websites*, Redline Verlag, München 2009.
- *Die Kraft hinter der Angst. Die Entdeckung des wahren Potenzials*, Shaker Media, Herzogenrath 2010.
- *Sage mir deinen Namen, und ich sage dir, wer du bist. Die Bedeutung der 500 wichtigsten Vornamen*, Goldmann-Arkana, München 2010.

Bücher in Kooperation mit Martina Pletsch-Betancourt

- *Profit mit viel Profil – Von Werten geleitet gesund wachsen*, entra Unternehmer Entwicklung, Winnweiler, erscheint Herbst 2012.

Brainfresh-Seminare in Kooperation mit Michaela Suchomel und Viviane Jovanov:

- Coaching-Fortbildungen
- *Sieben in sieben Tagen*, ein 7-Tages-Kurs auf La Gomera/Kanarische Inseln, jährlich im Frühjahr und Herbst
- *Stimmig führen*, ein Stimmtraining für Führungskräfte
- Familien- und Unternehmensaufstellungen

Martina Pletsch-Betancourt, Jahrgang 1967, ist Agraringenieurin, Unternehmensberaterin und Autorin. Sie hat sich auf die Bereiche Unternehmensentwicklung, Projektmanagement und Erwachsenenbildung spezialisiert. Derzeit schreibt sie ihre Dissertationsarbeit zum Thema Organisationales Lernen. Sie arbeitet heute vor allem in der Unternehmensberatung mit dem Fokus auf Mitarbeiterbefragungen und sich daraus ableitenden Verbesserungsprozessen, in der  Begleitung von Netzwerken und in der Koordination von internationalen Weiterbildungsprojekten im Hochschulbereich mit Schwerpunkt Lateinamerika. Sie lebt mit ihrem Mann und drei Töchtern in Nordhessen, Bad Sooden-Allendorf.

Hinweise zu ihren Veröffentlichungen siehe auch: www.profuturas.de

Weiterführende Literatur

CUS: *Der Coup, die Kuh, das Q. Das erstaunlichste Deutschbuch aller Zeiten*. Eichborn, Frankfurt/Main 2007.

Dahlke, Rüdiger: *Das Schatten-Prinzip. Die Aussöhnung mit unserer verborgenen Seite*. Arkana, München 2010.

Duden: *Das Herkunftswörterbuch. Etymologie der deutschen Sprache*. Band 7. Duden-Verlag, Mannheim 2006.

Duden: *Das Fremdwörterbuch*. Band 5. 7. neu bearbeitete und erweiterte Auflage. Duden-Verlag, Mannheim 2001.

Duden: *Das Synonymwörterbuch. Ein Wörterbuch sinnverwandter Wörter*. Band 8. 3. Auflage. Duden-Verlag, Mannheim 2004.

Duden: *Das Bedeutungswörterbuch. Wortbildung und Wortschatz*. Band 10. 2. Auflage. Duden-Verlag, Mannheim 1985.

Duden: *Redewendungen. Wörterbuch der deutschen Idiomatik*. Band 11. 3. Auflage. Duden-Verlag, Mannheim 2008.

Schaffer-Suchomel, Joachim/Krebs, Klaus: *Du bist, was du sagst*. mvg Verlag, München 2006.

Seiwert, Lothar: *Das neue 1 x 1 des Zeitmanagements*. 27. Auflage, Gräfe und Unzer Verlag, München 2005.

Scheurl-Defersdorf, Mechthild R.: *In der Sprache liegt die Kraft! Klar reden, besser leben*. 2. Auflage. Herder-Verlag: Freiburg, Basel, Wien 2012.

Schmidbauer, Wolfgang: *Die hilflosen Helfer. Über die seelische Problematik der helfenden Berufe*. Rowohlt-Verlag, Reinbek 1997.

Worte werden Wirklichkeit

360 Seiten
Preis: 15,90 € (D) | 16,40 € (A)
ISBN 978-3-636-06264-2

Joachim Schaffer-Suchomel
Klaus Krebs

DU BIST, WAS DU SAGST

Was unsere Sprache
über unsere Lebens-
einstellungen verrät

Wir alle tragen einen Sprach-Schatz in uns. Sprache ist all-gegenwärtig und prägt unsere Wirklichkeit. Ohne sie gäbe es keine Freundschaft, keine Liebe, keinen Austausch und keinen Fortschritt. Und immer spiegelt sie unsere Gedanken, Gefühle, Einstellungen und Absichten wider. Joachim Schaffer-Suchomel analysiert Sprache und die dazugehörigen Gefühlswelten. Zusammen mit Klaus Krebs zeigt er, wie man durch Sprache zu einer positiven Lebenseinstellung gelangen kann und die Wirklichkeit selbst und verantwortungsvoll gestaltet, ohne sich in fremden Realitäten zu verlieren.